Distribution and Place Marketing

유통 및 장소 마케팅

곽영식
홍재원
이윤경

publishing and culture
피앤씨미디어

서론

저자들은 매우 개인적으로 친한 사이이다. 저자들은 대우경제연구소의 한 팀으로 일했다. 그러다가 의기투합하여 유통전문컨설팅 회사와 가격전문컨설팅 회사를 2000년에 설립하여 증권, 은행, 극장업, 제과업 등을 대상으로 많은 프로젝트를 수행해 왔다. 각자 학계와 연구소에서 일하면서도 현재까지 유통과 가격관련하여 상호 협조하며 다양한 산업을 대상으로 연구와 컨설팅을 지속해왔다.

이제 저자의 경험을 정리하여 후배에게 전달해야 한다고 생각했다. 그래야 우리가 가진 know-how와 know-where이 후배들의 시행착오를 줄이고, 그들의 가치를 증가시키는 데 다소 도움이 될 것이기 때문이다.

그래서 저자들은 이 책에서 다음과 같은 내용이 독자들에게 전달되기를 원한다.

1. 업종별 유통면에서

- 상품이 풍부한 곳에서 희소성이 있는 곳으로 옮기기만 해도 돈을 벌 수 있는 기회가 있다는 사실과 사례를 제공한다.
- 내 자신이 상품(제품, 서비스, 콘텐츠)을 반드시 새롭게 개발하고 생산해야 한다는 생각을 전환하게 한다.
- 지금 내가 사용하는 유통망이 최소투입자원으로 최대효과를 얻지 못하고 있을 가능성이 있다.
- 내 자신이 상품을 직접 판매한다는 생각을 전환하게 한다.
- 남들이 상품을 유통시킬 때 내가 상품의 부가가치를 높이는 활동으로 끼어들기만 해도 돈을 벌 수 있다는 생각을 하게 한다.
- 특정상품의 유통에 관여하지 않고 모든 상품의 유통에 필수불가결한 자원을 지원해 주는 기능만 해도 수익이 창출될 수 있음을 깨닫게 한다.

2. 업태측면에서

- 현재 내가 팔고 있는 방식이 매출을 극대화하고 비용을 최소화하는 방식이 아닐 수 있다.
- 다른 지역이나 국가에 있는 업태가 우리나라에는 없는 것이 있다. 그것을 발견하라.

- 기존 유통업태에서 우리 업종이 배울 만한 업태가 존재할 수 있다. 다른 업종의 업태를 살펴보자.
- 새로운 유통업태가 나타날 때마다 내 업종에 적용할 수 있는지를 검토하라.
- 업종별 업태의 역사를 보면 미래의 기회를 찾을 수 있다.
- 아직 개발되지 않은 업태가 존재한다.

3. 오프라인 소매유통에 관하여

- 업종마다 특정 지리적 상권에 진입할 수 있는 최소인구요구값이 있다. 이 값이 확보되었을 때만 매장을 개설하라.
- 업종마다 지역선택 – 상권선택 – 사이트선택의 과정을 반드시 거쳐라.
- 지역선택 – 상권선택 – 사이트선택 의사결정은 반드시 계량적인 방법을 통해 매출과 비용을 확인한 후에 진입하라.
- 경쟁자 간에 고객을 빼앗고 빼앗는 정도를 반드시 예측하고 진입하라

4. 온라인 소매유통에 관하여

- 아직도 온라인 소매유통을 실시하지 않는 업종이 존재한다.
- 아직도 충분히 온라인 소매유통을 통해 이익을 창출하지 못하는 업종이 있다.
- 개인이나 회사가 갖고 있는 자원에 따라 선택해야 할 온라인 유통업태가 다르다.

5. Franchise를 개설한 대기업에 관하여

- 제과점뿐만 아니라 은행지점 증권지점 등의 franchise를 선택할 때는 반드시 '상권별 잠재매출액측정 – 현재 진입해 있는 참여자의 매출규모 – 나의 진입 및 철수의사결정 – 진입시 매장콘셉트 – 매장 내 인력 수요예측 – 매장별 잠재 매출 및 비용'측정을 실시하라.

6. 장소마케팅에 관하여 6P에 신경써야 한다.

- 장소마케팅이 더 많은 고객을 유인한다.
- 당신 매장에 있는 제품구성(product merchandising)이 최적인가를 점검하라.
- 당신 매장에 있는 제품가격노출(price presentation tactics)이 최적인가를 점검하라.
- 당신 매장의 외관과 내부인테리어가 매출에 영향을 준다. 매장의 스타일과 주제를 명확히 하라(property).

- 상품과 함께 제공되는 물품과 서비스를 어떻게 노출시키는가가 당신 매장의 인식, 매출, 이익에 영향을 준다(presentation).
- 매장 안팎에 노출된 발행물(publication)들이 고객을 유인한다.
- 서비스 접점인의 서비스 수준과 충분한 권한위임이 상품가치를 높이거나 낮춘다(people, service encounter)

모쪼록 이 책을 읽는 독자들이 이 책에서 조금이나마 도움을 받아서 그들의 이익을 증가시켰으면 하는 간절한 마음을 전한다.

이 책에서 제공하는 각 주제의 논의 순서는 다음과 같다.

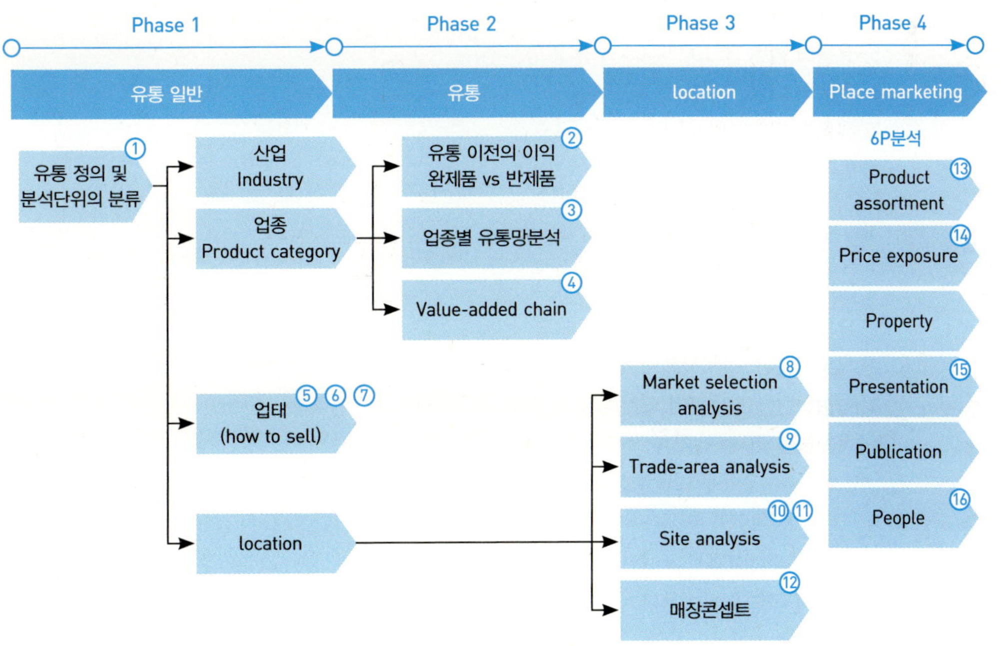

2022년 봄날에
곽영식, 홍재원, 이윤경

차례

PART 1 돈이 되는 유통 ···· 1

Chapter 1 창업, 경영, 유통 ···· 3

1. 창업(創業) • 3
2. 경영(經營) • 5
3. 경영(經營) 안에서 유통의 영역 • 6
4. 유통의 정의 • 8
5. 유통의 범위 • 10
6. 유통의 대상 • 12
7. 유통의 분석단위 • 14
8. 독자의 연습문제 • 16

Chapter 2 상품의 물리적 이동만으로 유통을 통해 돈을 번다! ···· 17

1. 돈이 되는 유통 • 17
2. 유통대상을 상품상태로 분류한 경우 • 22
3. 유통대상이 되는 상품의 특성 • 24
4. 상품이전만으로 돈이 되는 유통에 관한 tip • 24
5. 독자들의 과제 • 25

Chapter 3 유통망분석(distribution network or channel) ···· 27

1. 업종별 유통망분석 • 28
2. 업종별 유통망분석 세부기준 • 28
3. 요약 • 39
4. 독자들의 과제 • 39

Chapter 4 유통과정에서 부가가치 창출하여 돈 벌기 ···· 41

1. 유통망 상의 부가가치 기능과 사회적 자본기능 • 42
2. 사회적 자본 유통기능별 수익창출 • 43
3. 돼지고기: 사회적 자본 유통기능이 많은 사례 • 47
4. 커피: 사회적 자본 유통기능이 많은 사례 • 51
5. 요약 • 55
6. 독자의 과제 • 56

Chapter 5 업태 57

1. 업태의 정의 • 59
2. 업태의 종류 • 59
3. 인터넷 비즈니스의 수익원천 • 70
4. 업태의 탄생과 소멸에서 배우는 창업과 경영의 기회 • 73
5. 요약 • 75
6. 독자들과 토론할 과제 • 76

Chapter 6 새로운 기회, 새로운 업태 79

1. 점포유무에 의한 업태에서 파생한 업태 • 80
2. 촉진중점분야 차이에 따른 업태분류 • 83
3. 상품유무에 의한 업태 분류 • 84
4. 정품(신상품)여부 업태 • 85
5. 시간압박 여부 업태 • 87
6. 수량압박 여부 업태 • 88
7. 요약 • 89

Chapter 7 가격전술에 의한 새로운 업태 91

1. 마케팅가격의사결정의 종류와 업태와의 관계 • 93
2. 요약 • 103
3. 독자의 연습장 • 103

PART 2 offline 매장의 입점위치 찾기 105

Chapter 8 소매시장선택(retail market selection) 109

1. 기업의 매장위치 의사결정과정 • 109
2. 기업의 매장위치 의사결정과정 • 110
3. 요약 • 116

Chapter 9 상권선택(trade area selection) 118

1. 상권의 정의 • 120
2. 상권의 선택과정 • 121
3. 요약 • 131

Chapter 10 사이트선택(site selection) ···· 133

1. 사이트 의사결정과정 • 134
2. 주유소와 편의점 사이트 의사결정기준 • 138
3. 실무자가 제시하는 업종별 사이트평가기준 • 141
4. AHP(Analytical Hierarchy Process)의 활용: 사이트 정하기 • 142

Chapter 11 매장선택모델(store-choice model) 역사와 기회 ···· 150

1. 1세대 매장선택모델(1st generation store-choice model) • 152
2. 2세대 매장선택모델(2nd generation store-choice model) • 159
3. 3세대 매장선택모델(3rd generation store-choice model) • 163
4. 4세대 매장선택모델(4th generation store-choice model) • 170

Chapter 12 매장콘셉트잡기(store concept selection) ···· 177

1. 구매자스펙트럼 • 179
2. 고객장소 적합도(People-Place fit): 스타일(style)과 주제(theme) • 184
3. 증권사 매장의 콘셉트잡기 과정 사례 • 191

PART 3 장소마케팅과 6P ···· 201

Chapter 13 제품구성과 상품기획(product mix and merchandising) ···· 203

1. 제품구성(product mix 또는 assortment) • 206
2. 앵커상품(anchor product) • 211
3. 의류업체의 상품기획(merchandising) • 213

Chapter 14 가격노출전술(price presentation) ···· 218

1. 현재 가격의 이름은 적당한가? 다른 이름은 없는가? • 220
2. 가격노출여부 • 222
3. 가격옵션의 수(More Price Option 원칙, Better Price Option 원칙) • 223
4. 내림차순 또는 오름차순: 어느 것이 좋을까? • 226
5. Grouping or not! • 227
6. Inner Positioning or not! • 229
7. Mad Max!: 미친 척하고 비싼 상품을 맨 앞에 내세우기 • 230
8. 가격인하는 생각하지도 마!(가격기대효과 price expectation effect) • 231
9. 가격 하방 경직성 • 232

10. 가격은 움직이는 거야!(가격변동성) • 233
11. 모를 땐, 2/3법칙! • 235
12. Joker가격전술: 가격간격과 분포문제 • 235
13. 기억하기 쉽지 않은 복잡한 숫자가 좋다 • 237
14. 왼쪽에서 오른쪽으로! • 238
15. 독자들의 연습장 • 239

Chapter 15 판매시설(property), 제공방식(presentation), 발행물 관리(publication) ······240

1. 판매시설 • 241
2. 제공방식(presentation) • 243
3. 발행물(publication) • 248
4. 요약 • 250

Chapter 16 서비스 접점인(people, service encounter) ······251

1. 영업권한 위임(empowerment) • 252
2. customer journey map • 263
3. customer orientation of service encounters(서비스 접점인의 고객지향성) • 265

PART

I

돈이 되는 유통

Chapter 1. 창업, 경영, 유통

Chapter 2. 상품의 물리적 이동만으로 유통을 통해 돈을 번다!

Chapter 3. 유통망분석(distribution network or channel)

Chapter 4. 유통과정에서 부가가치 창출하여 돈 벌기

Chapter 5. 업태

Chapter 6. 새로운 기회, 새로운 업태

Chapter 7. 가격전술에 의한 새로운 업태

제1장에서 제7장까지는 유통 중 업종과 업태에 관한 여러 이슈를 다룬다. 생산도 하지 말고 소매판매도 하지 말고, 생산지에서 소매상까지 상품을 이동시키기만 해도 돈이 된다는 것을 보여주는 것이 제1부이다.

제1장에서는 창업, 경영, 유통의 정의를 내리고, 유통의 범위를 살펴본다. 이를 통해 우리가 이 책에서 다룰 주제의 범위를 제시한다.

제2장에서는 유통만을 통해 이익을 창출할 수 있다는 것을 사례를 들어 설명한다. 특히, 완제품과 반제품 유통 중 반제품 유통이 돈이 된다는 것을 보여준다.

제3장에서는 유통의 전통적인 주제인 유통망분석을 다룬다. 독자는 실제 화장품업종의 유통망분석사례를 발견할 수 있다.

제4장에서는 기업이 직접 유통을 담당하지 않고, 타 회사의 유통을 촉진시키는 다양한 활동을 하면 돈을 벌 수 있다는 것을 돼지고기 유통을 통해 예시한다.

제5장부터는 업태를 배운다. 업태란 상품을 판매하는 방식인데, 제5장에서는 일반적인 온라인과 오프라인 유통업태에 대해 그 생노병사를 진단한다.

제6장은 2022년에 발견할 수 있는 새로운 업태를 소개한다.

제7장에서는 소매가격만을 바탕으로 새로운 업태를 개발할 수 있음을 보여준다.

Chapter 1

창업, 경영, 유통

- 1852년 프랑스 파리의 Le Bon Marche가 최초로 백화점을 세상에 선보였다(신 업태 창업).
- PC방은 한국이 세계최초로 선 보인 서비스업종이다(신 업종 창업).
- 가수 Prince는 세계에서 최초로 자신의 음악을 온라인으로 판매를 시작한 가수이다(신규 업태 제시).
- 11번가는 SK그룹이 만든 한국 내 C2C사이트이다(업태 창업).
- NHN한국사이버결제라는 회사는 국내 최초 온오프통합결제 서비스를 제공한 기업으로 전제결제 서비스, VAN서비스, Payco서비스, 스마트 서비스 등의 사업으로 전자결제 산업에서 1등하는 회사이다(신규 업종 창업).
- BTS의 한국 내 공연티켓은 Weverse shop이라는 온라인 플랫폼에서만 구매할 수 있다. 하지만 많은 가수들의 공연티켓은 인터파크에서 살 수 있다(업태 내 신규 비즈니스모델 제시).
- 2021년 볼보자동차는 한국에서 자동차를 온라인에서만 판매하기로 결정했다(신업태 제시).

1. 창업(創業)[1]

'창업'을 사전적 의미를 해석하는 것에서 책을 시작하자. 창업에서 창(創)은 '비롯하다' 또는 '시작하다'라는 뜻이고, 업(業)은 '생계, 즉 먹고 살기 위한 생계로 살아갈 방도나 형편'을 말한다. 그러므로

창업은 '살아갈 방도를 찾기 시작하는 것'을 말한다.

1) 이 단락은 곽영식 외(2019), Small and smart 경영의 이해, 피앤씨미디어에서 뽑았음

여기서 방도(方道)를 좀 더 구체적으로 말하자면 '방법(方法, method)'과 '길(道, way)'로 나눌 수 있다. '방법(方法)'이란 '어떻게 싸울 것인가'에 관한 의사결정이고, '길(道, way)'은 '어디서 싸울 것인가'의 의사결정문제이다. 여기에서 방법에 해당하는 '어떻게 싸울 것인가'의 문제는 기업의 자원을 어떻게 효율적으로 운영할 것인가에 대한 문제를 말한다. 경영자는 사업을 창업하기 전에 비즈니스를 운영하는 방식을 사전에 결정해야 한다.

다음으로 '어디서 싸울 것인가'는 기업가가 선택해야 할 시장을 어디로 선택할 것인가를 말한다. 즉, 사업의 대상이 되는 제품카테고리(product category)와 시장(market), 사업(business)을 결정한다는 뜻이다. 경영자가 어떤 선택하느냐에 따라 시장의 크기도 결정되고, 경쟁자도 결정된다. 즉, 이 선택에 의해 경쟁강도나 기업생존의 수명 및 확률이 결정된다.

창업 : 살아갈 방도(方道)를 시작하는 것

↓

방법(方法) + 길(道)

↓ ↓

method / way

(How to compete) (Where to compete)

따라서 창업은 기업이 살아남아서 살아가기 위한 시장과 방법을 시작하는 것을 말한다. 즉, 창업이란 살아갈 '방법'과 '길'을 아주 정성스럽고 소중하게 시작하는 것이다.

참고로 '길(way)'을 뜻하는 道의 옛글자(衜)를 보면 '다닐 행(行)'자 사이에 '머리 수(首)'가 놓여 있는 형태이다. 이 뜻은 왼쪽 다리를 하나 내딛고, 머리로 생각하고, 다시 오른쪽 다리를 내딛어 걸어가라는 뜻이다. 그만큼 신중하게 생각하고 행동하라는 뜻이 된다.

창업의 대상이 되는 '시장'과 '방법'을 소매업태만에 한정하여 다른 말로 표현하면, 시장은 '업종(業種)'을 선택한다는 말이고, 방법은 '업태(業態)'를 선택한다는 말로도 좁게 해석할 수 있다.

> ① 업태: 한국 표준 산업 분류상 영업의 종류 중 대분류에 속하는 것으로 가격대와 집하형식으로 기업을 분류하는 것이다. 즉, 영업 또는 기업의 소매업의 형태로서 '어떠한 방법으로 판매하고 있는가'의 의미이다.
>
> ② 업종: 업태 중에서 세분화된 사업의 분류를 뜻하는 것으로 영업 또는 사업의 소매업 형태로서 '무엇을 판매하고 있는가'를 의미한다.

2. 경영(經營)

경영에서 경(經)은 실타래를 잘 '짜다'라는 뜻이고, 영(營)은 군대의 '진영(陣營), 또는 주둔지'라는 뜻이다.

그러므로 경영은 '군사의 진영을 잘 짜다'라고 말할 수 있다.

즉, 전쟁에서는 군사, 물자, 재물을 유기적으로 잘 짜야 이길 수 있듯이, 경영에서는 경쟁자와 싸워 이길 수 있도록 사람, 물건, 돈을 '효과적(effective)'이고 '효율적(efficient)'으로 잘 짜서 만드는 것이다.

여기에서 '효과적'이라는 말은 무슨 일을 하면 성과와 반드시 연계되어 있어야 한다는 말이고, '효율적'이라는 말은 여러 방법 중에 가장 노력과 자원을 적게 투자하여 가장 많은 성과가 높은 것을 선택해야 한다는 말이다.

경영 : 군사의 진영을 짜다

↓ ↓ ↓

군사 (사람) · 물자 (물건) · 재물 (돈)

지금까지 논의된 바를 정리하면 '경영'이란 시작한 업(業)을 효과적이고 효율적으로 운영하기 위해 사람, 물건, 돈을 잘 짜서 배치하는 것이라고 말할 수 있다. 그래서 경영을 영어로 관리(management)라고 말하는 것이다. 즉, 이미 만들어진 조직을 가장 효율적이고 효과적으로 관리하는 방법을 배우는 것이 경영학이 된다. 그렇다면, 창업과 경영의 관계를 유추할 수 있게 된다. 사업(business)을 창업을 하고 난 후에 효율적이고 효과적 경영(management)을 하게 된다.

창업	➡	경영
업(business)		관리(management)

3. 경영(經營) 안에서 유통의 영역

경영의 대상은 사람, 물건(상품), 돈이라고 정리한 바 있다. 경영학에서는 '사람'을 가장 효과적·효율적으로 다루는 것을 인사관리, 조직관리라는 이름으로 배운다. '돈'을 가장 효과적·효율적으로 유입하거나 투자하는 것을 배우는 것을 재무관리와 투자론이라고 한다. '물건'을 가장 효과적·효율적으로 생산하고 물류를 구축하는 것을 생산관리에서 배우고, 마케팅에서는 고객에게 '가치'를 제공하기 위해 고객이 원하는 제품이나 서비스를 구상하고, 이를 고객에게 지속적으로 공급하고, 고객은 기업에게 돈을 지불하는 '교환'을 가장 효율적·효과적으로 하는 방법을 배우게 된다.

여기에서 마케팅의 관리대상을 한 번 살펴보자. 일반적으로 마케팅관리에서 배우는 마케터의 관리대상은 STP(시장세분화(Segmentation), 목표시장선정(Tarkgting), 위치정립(Positioning))과 4P(상품(Prduct), 가격(Price), 촉진(Promotion), 판매장소(Place))이다. 먼저 STP의 구성은 시장을 일정한 기준으로 나누는 시장 세분화(segmentation), 그 세분시장에서 우리 회사가 가장 잘 상품을 팔 수 있는 곳을 선택하는 행위인 목표시장선정(targeting), 그 세부목표시장에 진입하면 경쟁자가 있을 것이므로 경쟁자의 상품과 견주어서 우리 상품을 어떻게 다르게 인식시킬

그림 1-1 마케팅 4P의 하나가 Place

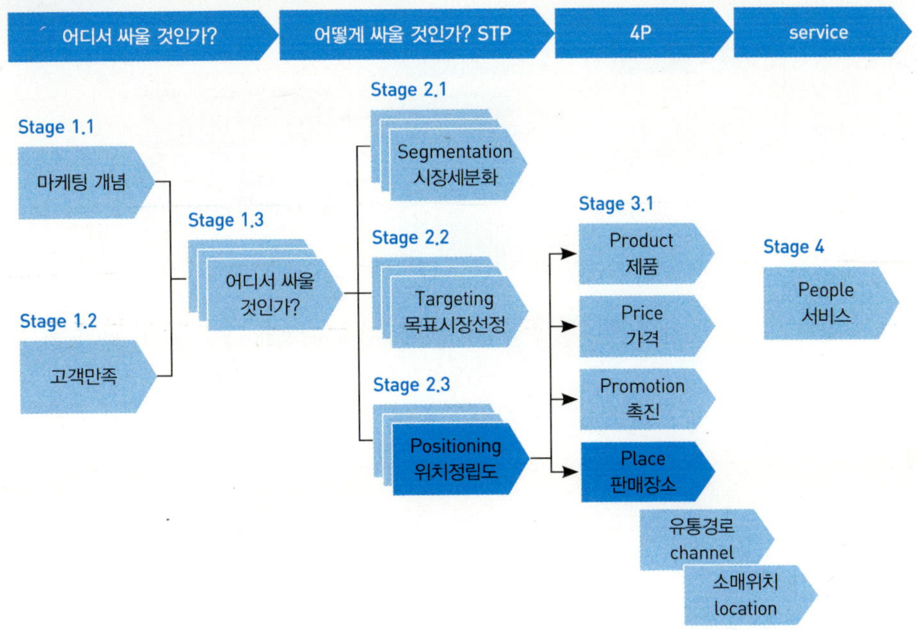

것인가를 다루는 위치정립(positining)으로 이루어져 있다.

위치정립(positioning)에 걸맞는 상품(product)을 개발하고, 위치정립에 가장 적합한 상품의 가격을 결정(pricing)하고, 그 상품을 가장 효과적이고 효율적으로 고객과 소통하는 법을 배우고(promotion), 마지막으로 상품을 어디에 가져다 놓아야 고객이 가장 잘 접근성이 좋게 상품을 살 것인가(place)를 고민하는 것이 마케팅관리이다. 이 중 유통과 관련있는 것이 판매장소(place)에 관한 영역이다. 판매장소(place)에 관한 의사결정은 다시 두 가지로 나누어서 마케터에 의해 관리되는데 하나는 유통경로(channel)이고, 다른 하나는 구체적인 판매위치(location)이다.

생산관리에서 생산된 상품이 물류(logistics)를 통해 마케팅이 담당하는 유통경로(channel)를 통해 고객접점에 위치한 소매위치(location)에 도착하게 된다. 이렇게 생산자로부터 소비자접점에 상품이 흘러가게 하는 것이 유통(流通)이다. 즉, 생산관리 영역의 물류과 마케팅영역의 유통경로와 소매위치를 포함한 것이 유통의 영역이다.

그림 1-2 경영과 유통의 관계

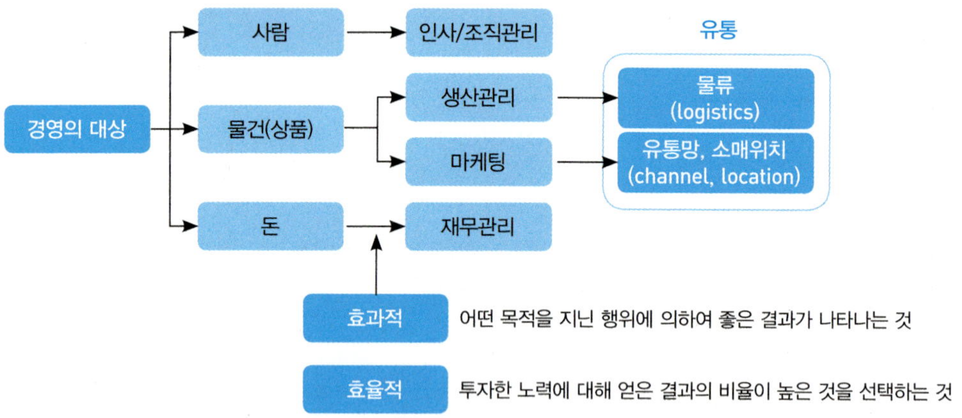

4. 유통의 정의

- 당신의 먹는 것, 입는 것, 자는 것. 모두 트럭이 이동시킵니다. 트럭에 양보해 주십시오(디젤집시).
- 아침에 중국산 자명종 시계에 잠을 깬다. 다이소에서 샀다.
- 목욕탕에 들어가서 머리를 감는데 일본산 '백옥비누 카오'다. 네이버쇼핑에서 샀다.
- 아침에 발효된 요쿠르트에 브라질리언 너겟을 넣어 먹었다.
- 미제 청바지 GAP을 입었는데, 품질표시를 보니 메이드 인 베트남이다.
- 차를 타고 가다가 주유소에서 디젤기름을 넣었는데, 사우디 아라비아 '아람코'가 수출한 것이다.
- 신발은 신었는데, 슬로베니아산이다.
- 친구와 저녁 때 삼겹살을 먹었는데, 스페인산이다.
- 2차로 두부김치를 소주와 먹었는데, 두부재료인 콩이 우크라이나산이다.
- 3차로 커피를 마시러 왔는데, 물 끓이는 주전자는 프랑스제 Tefal이고, 커피는 콜롬비아 산이다.
- 저자 중 한 사람의 성이 곽(郭)가 인데, 고려시대 중국에서 왔다.

유통을 영어로 보면 분배(distribution)인데, 이것을 우리말로 바꾸면서 우리 선조들은 유통으로 해석하였다. 왜 그랬을까? 먼저 유통을 한자로 한번 써보자. '흐를 유(流)'자와 '통할 통(通)자로 구성되어 있다. '흐를 유'자를 보면 왼쪽에 삼수 변이 있고, 나머지 부분은 이 물이 흘러 가는 것을 형상화한 것이다. 물이 자연스럽게 흐르는 것이 '흐를 유(流)'이다. 그리고 '통(通)'자도 보자, '책받침 변'이 있다. 이 책받침 변을 옛날 글자로 보면 앞서 살펴본 데로 '다닐 행(行)'자이다. '다닐 행'자는 오른쪽 다리와 왼쪽 다리를 형상화한 상형문자이다. '통'자의 나머지는 '길 용(甬)'자이다. 甬은 '길', '양쪽에 담을 쌓은 길'을 뜻한다. 누군가가 의도를 가지고 일부러 길을 만들어 놓은 것이 甬이다. 이를 종합하면, 경영자가 의도한 데로 상품이 스스로 걸어가는 것이 通이다.

따라서 이 두 글자를 합하면 유통(流通)이란 경영자가 만들어 놓은 길을 따라 상품이 물이 흘러가고 걸어 가듯이 자연스럽게 통과하여 가게 하는 것이다. 경영학적으로는 유통이란 상품이 생산자로부터 구매자가 구매가능한 장소에 도착하여 판매에 이르는 과정에 관계된 모든 경제활동을 말한다(〈그림 1-3〉 참조)).

이 경제활동은 크게 세 가지로 나눌 수 있다.

- 가장 작게 유통을 해석하면 상품의 물리적 이동에만 초점을 맞춘 경제활동

그림 1-3 유통을 시각화한 그림

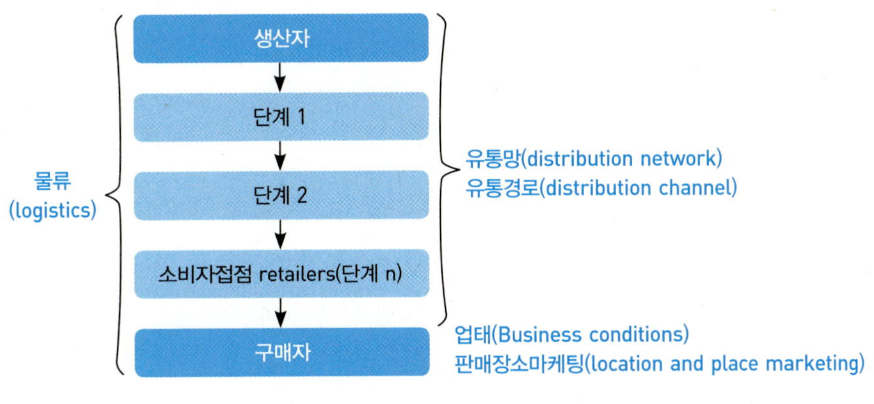

만을 말할 수 있다. 이것이 본원적 물리적 유통기능(original physical distribution)이자 중심경로활동(central route)이다.

- 조금 더 확대하여 유통을 해석하면 특정상품의 물리적 유통의 효과성과 효율성을 도운 경제활동까지 포함한다. 이를 유통의 부가가치기능(value-added function) 또는 주변경로활동(peripheral route or activity)이라 한다.
- 특정상품의 유통을 염두에 두지 않고, 모든 상품의 유통을 위해 존재하는 경제활동 및 기능을 유통을 위한 사회적기반 기능(social capital function for distribution)이라 이름지을 수 있다.

5. 유통의 범위

이 때 기업의 유통관리는 유통의 대상인 상품과 생산자로부터 구매자에 이르기까지 관련된 모든 경제활동을 경영자가 관리의 대상으로 기획하고 통제하는 일체의 행위를 말한다. 유통관리에서 다루어지는 주제를 분류해 보면 1) 유통망(distribution network) 또는 유통경로(distribution channel), 2) 소매위치(location), 3) 장소마케팅(place marketing), 4) 물류(logistics)로 구분할 수 있다.

첫 번째 주제는 유통망(distribution network) 또는 유통경로(distribution channel)이다. 유통관리에서 생산자로부터 구매자에 이르는 과정에 대한 구조를 다루는 것을 유통망 또는 유통 경로분석이라 한다. 상품이 흘러가는 다양한 길을 점(node)와 연결(link)로 설명하면 유통망이라는 이름을 쓰고, 주로 상품이 흘러다니는 여러 길을 구조화와 역할로 설명할 때는 유통경로 또는 유통채널(channel)이라 부른다. 주로 기업이 처한 환경이나 자산을 바탕으로 선택가능한 여러 유통경로 중 어느 것이 가장 효과적 효율적으로 상품을 판매할 수 있는지가 주로 관심사이다. 업종마다 다르며, 주로 업태에 관련된 것을 다루게 된다. 그 선택의 결과인 기업의 성과도 모두 다르다.

그림 1-4 유통의 범위

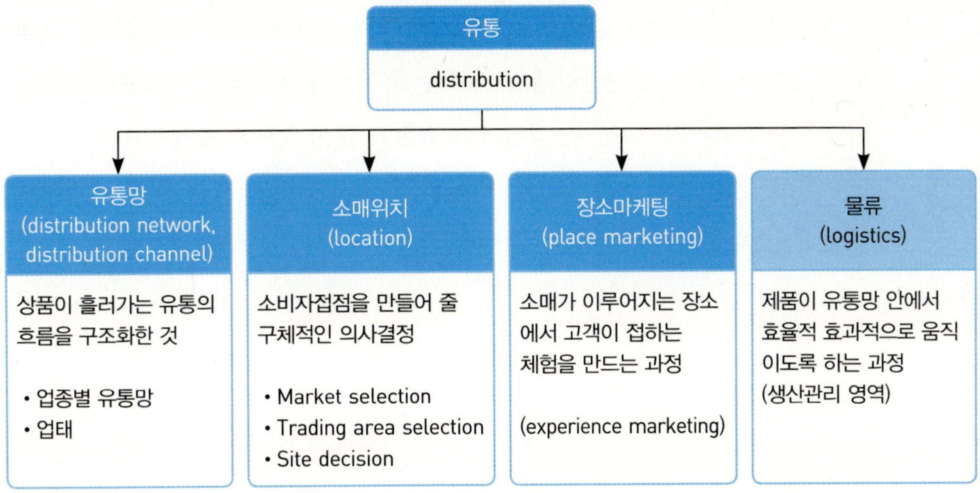

두 번째 주제는 소매위치(location)다. 유통경로의 맨 마지막에 상품이 도착해서 구매자인 고객을 만나는 물리적 장소를 어디에 위치시킬 것인가에 대한 의사결정을 말한다. 당연히 오프라인에서는 지리적 매장위치가 판매성과와 직결된다. 온라인에서도 단독사이트를 구축할지, Shopify처럼 다른 업체가 만들어 놓은 온라인공간에 입점할지의 소매위치의사결정이 필요하다.

독자의 연령이 50세 가까이 되면 전체인구의 60~70%가 소규모 자영업에 종사하게 된다고 보고되고 있다. 그래서 우리 스스로를 돕기 위해서 내가 만약에 조그만 매장을 낸다면 어느 지리적 위치를 찾아가야 할 건지, 그중에 어느 상권에 들어갈 건지 상권 내에서도 어느 사이트에 들어갈 것인지 소매위치에 대한 의사결정이 필요한데, 이런 세 가지 단계별 의사결정을 도울 수 있는 변수가 이 책에서 소개될 것이다.

세 번째 주제는 장소마케팅(place marketing)이다. 소매위치(location)가 결정되고 난 이후에 그 소매장소를 어떻게 상품 및 기타 요소로 꾸밀 것인지에 대한 관리방안에 대한 의사결정에 관련된 것이다. 이 책에서는 6P를 주로 다룬다. 매장 안에 product, price, property, presentation, publication, people을 간단히 다루게 된다.

네 번째 주제는 물류(logistics)이다. 물류는 상품을 물리적으로 언제 어디에서 어떻게 얼마나 얼마 간격으로 출발하여 어디로 운반하는 것이 최적인지를 다루는 것이다. 주로 생산관리에서 다루는 주제이다. 이 책은 마케팅관점에서 소매상을 다루고 있기 때문에, 생산관리 관점이 많이 들어가는 물류는 구체적으로 다루지 않는다.

6. 유통의 대상

유통의 대상은 크게 세 가지이다. 첫째는 제품(product)이다. 특히 물리적 존재가 시각적으로 확인되는 상품을 말한다(physical commodity). 여기서 상품이라는 단어를 해석해 보자. 자신이 생산하고 자신이 소비하면 상품이 아니다. 타인의 구매 및 소비를 위해 생산하여 판매가 이루어져야 이를 상품(commodity)이라 한다. 상품이 전달되면서 화폐와 교환이 이루어지는 대상을 일컫는다. 가장 오래된 유통의 대상이다.

둘째는 서비스(service)이다. 서비스는 판매자가 인간적 요소 및 비인간적 요소로 개입하여 눈에 보이지 않는 상품을 판매할 때 이 판매의 대상을 말한다. 예를 들어 결제 및 주문서비스, 통관서비스, 숙박서비스 등이 여기에 해당한다. 심지어 중국에서는 온라인으로 안마사를 지정하면 손님의 주거지로 안마사가 방문하여 어르신을 위한 안마서비스를 제공한다.

셋째, 콘텐츠(contents)이다. 예를 들어 문화산업이 대표적인 콘텐츠산업 중의 하나이다. 문화산업이란 문화상품의 기획·개발·제작·생산·유통·소비 등과 이에 관련된 서비스를 하는 산업을 말하며, 한국문화산업진흥기본법(시행 2021.6.9.)이 정하고 있는 문화산업의 정의를 보면

- 영화 및 비디오물
- 음악
- 게임
- 출판·인쇄·정기간행물
- 방송영상물
- 문화재
- 만화·캐릭터·애니메이션·에듀테인먼트·모바일문화콘텐츠·디자인(산업디자인은 제외한다)
- 광고·공연·미술품·공예품
- 디지털문화콘텐츠, 사용자제작문화콘텐츠 및 멀티미디어문화콘텐츠의 수집·가공·개발·제작·생산·저장·검색·유통
- 대중문화예술
- 의상, 조형물, 장식용품, 소품 및 생활용품을 포함한다.

문화상품이란 예술성·창의성·오락성·여가성·대중성(이하 '문화적 요소'라 한다)이 체화(體化)되어 경제적 부가가치를 창출하는 유형·무형의 재화(문화콘텐츠, 디지털문화콘텐츠 및 멀티미디어문화콘텐츠를 포함한다)와 그 서비스 및 이들의 복합체를 말한다. 콘텐츠란 오프라인과 온라인에서 노출되는 부호·문자·도형·색채·음성·음향·이미지 및 영상 등(이들의 복합체를 포함한다)의 자료 또는 정보를 말하므로 '문화콘텐츠'란 문화적 요소가 체화된 콘텐츠를 말한다. 특히, 콘텐츠가 디지털 형태로 제작되거나 처리되어 자료 또는 정보로써 그 보존 및 이용의 효용을 높일 수 있을 때 이를 '디지털콘텐츠'라 한다. 그러므로 독자여러분이 실시간으로 즐기고 이용하는 콘텐츠는 오프라인과 온라인 유통의 대상이 된다.

7. 유통의 분석단위

저자들은 유통의 분석단위를 크게 네 가지로 구분한다. 첫째, 산업수준(industry level)이다. 예를 들어 자동차산업을 보자. 이 산업에서는 상용차의 유통과 승용차의 유통, 포크레인과 같은 특수차량의 유통이 모두 다르다. 그래서 산업을 분석단위로 하면 너무 광범위하기 때문에 우리가 이 책에서 다루고자 하는 소매유통과는 차이가 많이 난다. 둘째, 업종을 유통분석단위로 하는 경우이다. 업종은 대략적으로 제품카테고리수준(product category level)으로 유통을 분석하는 경우로써 우리 책의 목적과 부합한다. 셋째, 업태를 분석단위로 하는 경우이다. 업종 내 업태별 유통차이를 분석해 볼 수 있다. 예를 들어 옷이 오프라인에서 판매되는 경우와 온라인에서 판매되는 경우에는 유통망이 완전히 다르게 되고, 시장참여자의 이익도 매우 다르다. 이 책의 제1부에서는 주로 업종과 업태를 분석단위로 한 유통망을 다루게 된다.

마지막으로 장소(site)이다. 최종적으로 판매자와 고객이 만나게 되는 판매장소(points-of-encounter)가 어디에 위치해 있느냐에 따라 유통이 달라진다. 극단적 사례로 컵라면을 편의점에서 구매할 수 있는 경우와 스위스 융프라우요흐 정상에서 컵라면을 구매할 때 유통망이 다르다. 따라서 판매장소(site)에 따라 유통이 달라지므로 유통분석단위가 될 수 있다. 이 책의 제2부에서는 판매장소인 소매점의 위치에 대한 이슈를 다루게 된다.

그림 1-5 유통의 단위

유통의 분석단위(classification)

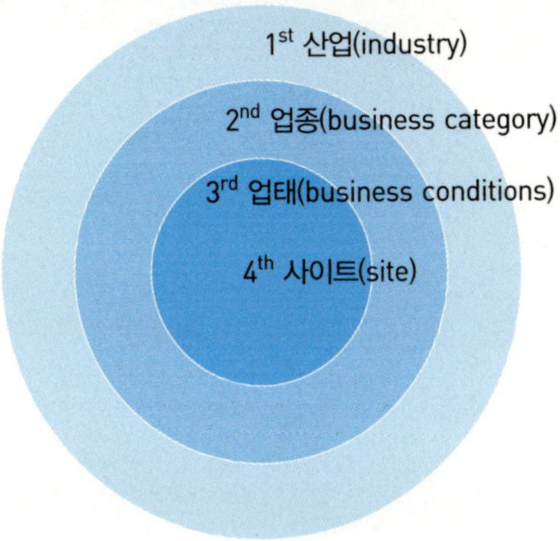

산업(산업 내 유통구조분석)

산업체가 수행하는 산업활동의 유사성기준
한국표준산업분류
1963년 유엔통계청이 작성한 국제표준산업분류방식에 의한 분류

업종(업종 내 유통구조분석)

세분화된 사업의 분류를 뜻하는 것
영업 또는 사업의 소매업 형태로서
'무엇을 판매하고 있는가'를 의미

업태(업태 내 유통구조분석)

가격대와 집하형식으로 기업을 분류하는 것
즉, 영업 또는 기업의 소매업의 형태로서
'어떠한 방법으로 판매하고 있는가'의 의미

Site or Place(업종 또는 업태 판매환경분석)

판매가 일어나는 장소(site place)에 선택 및 판매환경 분석
'어느 지리적 환경에서 판매하고 있는가'를 의미
'어느 판매환경에서 판매가 이루어지고 있는가'를 의미

8. 독자의 연습문제

자신의 주위에서 유통되지 않고 있는 상품(제품, 서비스, 콘텐츠)을 2개만 찾아 적어보자.

1.

2.

참고문헌

곽영식, 한욱상, 이두희(2019), Small and smart 경영의 이해, 피앤씨미디어.

문화산업진흥 기본법(시행 2021.6.9.) [법률 제17584호, 2020. 12. 8., 일부개정]

박찬욱(2014), 한국의 소매업태 및 업종별 유통경로, 한국생산성본부.

Chapter 2

상품의 물리적 이동만으로 유통을 통해 돈을 번다!

터키 관광청이 추천한 것으로 터키를 방문하시면 드셔보기를 권하는 '터키 딜라이트' 4종류 중 하나가 '로쿰(Lokum)'이다. 젤리에 견과류를 삽입한 이 간식거리를 판매하는 브랜드로 제일 유명한 것 중의 하나가 'Haci Bekir(하지 베키르)'이다. 이 간식을 독점 수입해서 유통판매하는 'Goodnbest'라는 사업자가 한국에 있다. 터키 이스탄불에서는 온라인으로 이 로쿰 중 한 종류를 125g 정도에 2,500원 정도에 구입할 수 있는데, 한국 네이버쇼핑에서는 100g에 8,000원 정도에 구매할 수 있다. 커피와 함께 먹으면 너무나 맛있다. 강추!

1. 돈이 되는 유통

이 장에서는 유통을 상품의 물리적 이전이라는 현상으로 좁혀 생각한다. 상품의 물리적 이동에만 초점을 맞춘 경제활동만을 유통이라 했을 때 본원적 물리적 유통기능(original physical distribution)이자 중심경로활동(central route)만을 생각해 보자. 즉, 상품이전을 유통의 본질이라고 했을 때, 이 장에서는 상품이전활동이 많은 사람을 부자로 만든다는 것을 미술회화 작품과 후추 사례를 통해 알아본다. 이것을 통해 재화(상품)의 지역별 가격차이를 발견하고 상품의 이동을 직접 주관하여 이동시켰을 때 이익을 얻을 수 있음을 이해할 수 있다.

1.1. '아르놀피니 부부의 초상'에서 발견하는 유통

브뤼게(brugge) 또는 브뤼헤라고 불리우는 벨기에의 도시가 있다. 브뤼셀에서 서북쪽으로 90km 떨어진 작은 도시 브뤼헤는 중세의 모습을 잘 보존하고 있으며, 미로처럼 얽혀 있는 수로와 50여 개의 다리가 그림처럼 펼쳐지는 모습 때문에 '서유럽의 베네치아'라고 불린다. 13세기에 한자 동맹의 중심지였으며, 플랑드르 지방에 대한 실제적 통치권을 갖고 있었다. 14세기에 상업의 전성기를 맞았으나 15세기에 즈웨인 만이 막히자 교역 중심지의 역할이 적어지고 쇠락하였다(네이버 2022). 이 도시가 부강할 때 많은 미술가들이 활동을 했고, 그들의 작품 중에 유명한 것으로 얀 반 에이크(Jan van Eyck)의 '아르놀피니 부부의 초상'이라는 작품이 있다.

지금 여러분이 보시는 그림은 1434년에 완성된 그림이다. 약 600년 전의 그림이다. 미술평론가이신 양정무(2020)는 이 그림에서 사용된 많은 물건에 대해 상징적으로 다음과 같이 해석을 하고 있다.

- 이 그림에서 샹들리에 촛불은 기독교에서 '성령'을 뜻한다.
- 우리가 관찰하는 정면의 왼편 창가에 그려진 오렌지는 예수의 수난을 뜻한다.
- 그림 아래에는 신발이 벗겨져 있다. 이 사람들이 의식를 행하고 있다는 것이다.
- 그림 뒤편에 걸린 블록 거울은 코로나 바이러스처럼 생겼는데, 뾰쪽 뾰쪽하게 거울 돌출한 부분이 10개가 있다. 이 열 개의 부분에 예수의 수난 이야기 열 장면이 그려져 있다.
- 침대의 장신물에는 이 도시의 수호 성인인 마르가리타를 표시하고 있다.
- 거울 윗편에 벽에는 라틴어 글씨로 얀 반 에이크가 여기에 있었다라고 씌여져 있다.

그림 2-1 얀 반 에이크의 '아르놀피니 부부의 초상'에 나타난 상징

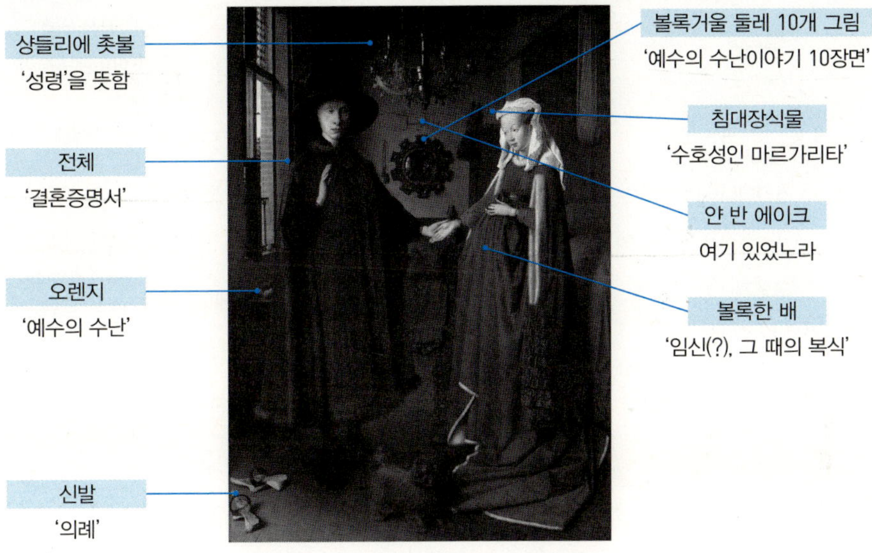

- 여자인물과 남자인물이 손을 잡고 있는데, 여자분의 배가 볼록하잖아요. 이것을 어떤 사람은 '임신이다', '아니다. 그 때 여성 복식은 이렇게 배가 풍부하게 볼록 나오게 하는 복식이 유행이 있기 때문에 그렇게 한 거다'라고 해석이 달라진다.

근데 지금 이 책은 유통에 관한 것이니, 이 그림을 유통 측면에서 살펴볼까요? 양정무(2020)는 그림에 등장하는 상품에 대해 다음과 같은 해석을 한다.

- 이 그림에 등장하는 샹들리에는 이런 공예품을 잘 만드는 프랑스나 독일에서 왔을 것이다.
- 이 그림을 의뢰한 남자분의 모피는 스칸디나비아 또는 러시아에서 왔다
- 브뤼헤는 추어서 오렌지가 생산되지 않는다. 이 도시는 당시 스페인 통치하에 있었다. 이 플랑드르 지방에 없는 오렌지는 스페인에서 온 것이다.
- 바닥에 깔린 카페트는 동방 또는 이란에서 왔다, 저 그림이 카페트가 태피스트리 여서 벽에 거는 것이였다면 프랑스에서 왔다.

그림 2-2 얀 반 에이크의 '아르놀피니 부부의 초상'에 나타난 본원적 유통결과

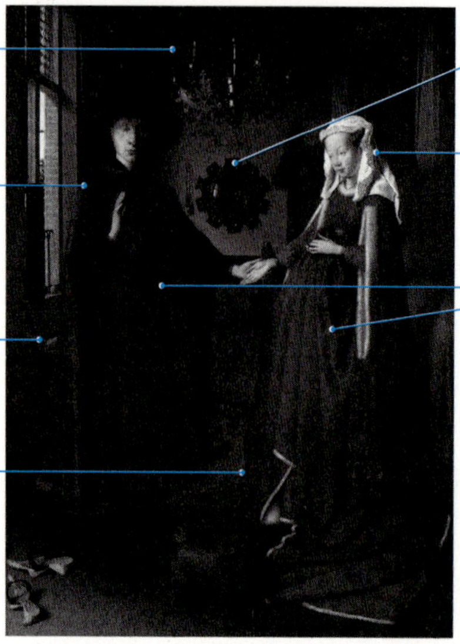

- 예수의 수난이 그려진 볼록 거울은 베네치아에서 왔다.
- 여자분의 베일은 베네치아에서 왔다.
- 그림의 주인공인 여자분과 남자분이 직물로 된 모직 외투를 입고 있는데, 이 의상이 완제품이면 잉글랜드 아니면 스코틀랜드에서 왔다.
- 아니면 울(wool)만 잉글랜드나 스코틀랜드에서 수입한 후 직조는 브뤼게에서 했다.
- 모직 외투의 색상이 남자는 브라운, 여성은 초록색이다. 울(wool)색상은 하나이므로 이렇게 염색하기 위해서는 백반이 필요했다. 이 색상을 염색하기 위해 백반은 이탈리아 제노아에서 반제품 상태로 브뤼헤에 들어와서 직조할 때 염색에 사용했을 것이다.

위의 그림에서 어느 것은 완제품으로 유통되어 브뤼헤에 도착했고, 어느 상품은 반제품으로 브뤼헤에 도착했다. 완제품과 반제품이 외국의 원산지에서 출발하여 이 곳 플랑드르의 브뤼헤에 도착할 때까지 유통에 관여한 모든 사람들이

이 과정에서 돈을 벌었다. 이것이 본원적 물리적 유통에서 돈을 번 사례이다. 그렇다면 구체적으로 얼마나 돈을 벌었을까?

1.2. '후추'에서 발견하는 유통이익

미술 이야기가 아니라 이제 음식 이야기를 한번 보시죠. 젝 터너(2012)라는 사람이 쓴 채 '스파이스'라는 책에서 보면 이런 얘기가 나온다.

> 12세기 이탈리아 항구도시 제노아(제노바)에선 전투에서 승리하고 돌아온 군인에게 보너스로 후추 1kg을 지급하겠다고 약속했다. 당시 후추 값은 금값과 비슷했다고 하고, 요즘 시세로 7천만원쯤 된다.

그러니까 12세기에 인도에서 생산된 후추나 향신료가 중동상인을 통해 뭄바이(Mumbai) 항에서 출발하여 중동에 도착하면, 다시 베네치아 상인을 포함한 이탈리아 상인들이 이탈리아와 알프스를 넘어 북유럽까지 상품을 유통을 시킨다. 원산지에서는 1kg에 몇백원하는 것이 유럽까지 유통이 완성되면 몇천만원을 하는 것이다. 이렇게 생산지와 판매지의 가격차이를 발견하고 이를 유통시킨 사람들이 옛날부터 돈을 번 것이다.

> 후추, 호두, 오이, 호떡 등의 이름에서 발견하는 국가별 대륙별 상품이동의 흔적(김대용 2020)
>
> - 위의 세 상품의 이름에서 '후', '호', '오' 등으로 발음하는 것은 한자로 '오랑캐 호(胡)'가 변화한 것이다.
> - 고려시대에 주로 우리나라 사람들이 오랑캐라고 부르는 외국인들이 우리나라로 전래하여 들어온 상품들이다.

2. 유통대상을 상품상태로 분류한 경우

2.1. 완제품

유통의 대상이 되는 상품은 제품상태에 따라 두 가지로 구분한다. 하나는 완제품이고, 하나는 반제품이다. 완제품이란 생산자가 생산한 상품이 별다른 변화없이 판매장소까지 이동하고, 그 곳에서 판매되는 경우의 상품을 말한다. 필리핀에서 생산하고 판매하는 맥주나 독일맥주가 한국의 롯데마트에서 팔리거나 통영의 독일마을에서 판매될 때에는 그 해당 상표의 맥주는 포장 면에서 필리핀, 독일, 한국에서 별다른 물리적 변화를 발견할 수 없다. 이 완제품의 지역별 국가별 가격차이를 바탕으로 상품유통(상품이전활동)을 통해 이익이 발생한다. 아래 사례에서 보관이 편리하고 이동이 편리한 맥주나 소주가 국가별로 얼마나 많은 가격 차이가 있는지 살펴보자.

- 산미구엘(San Miguell: 필리핀에서는 산미겔이라고 발음)은 필리핀 마닐라 대형 슈퍼에서 42페소 정도에 팔린다(한국 돈 960원). 하지만 한국의 롯데마트에서는 4개에 1만원, 1개에 3,000원에 팔리고, 학교 앞 세계주류맥주집에서는 6,000원에 팔린다.
- 2022년 한국 편의점에서 360ml 참이슬소주 한 병은 1,800원이다. 2020년 유투버 디젤집시가 신시내티에서 아리랑 식당에서 마신 참이슬은 15미국달라였다. 2022년 피렌체 한국식당 '궁'의 소주가격은 360ml에 13유로(17,524원)이다.
- 2022년 봄, 터키의 환율이 급락하자 이 곳 명품을 사서 한국에서 중고품으로 판매하는 사람들이 등장했다.

2.2. 반제품

완제품으로 소비가능한 것들을 생산자가 생산한 상품이 유통망을 거치면서 가공 등의 과정 및 서비스의 추가 등을 거쳐서 상품의 물리적 특성이 변화하면서 부가가치가 상승하여 최종 소비지에 도착하는 경우를 반제품 유통이라 한다. 커피의 사례를 들어보자(2022년 1월 기준환율).

- 생산지가격(Bean 상태): 3대 커피 분류 중 콜롬비아 커피가 2021년 12월에 1파운드에 미국 돈으로 305센트였다.(ICO: International Coffee Organization). 1파운드는 453g. 1g에 0.67센트(한국돈 7.14원)이다.
- 상품판매: 상품으로 아마존에서 팔리는 '네스프레소용 스타벅스 콜롬비아 커피 50개 캡슐'이 25.78달러(30,691원). 1캡슐에 50센트 정도(600원). 1캡슐에 1.9g의 커피 함유. 1g에 한국 돈 323원이다. 생산지 Bean가격의 45배 정도이다.
- 서비스와 함께 팔리는 경우: 미국 '데니스(Denny's)에서 팔리는 커피(2022년 $2.19(2,600원)). 만약 스타벅스 캡슐을 사용하고 콜롬비아 커피원두를 사용했다면 생산지에서 지불하는 원두값은 14원.
- 서비스와 체험이 제공되는 경우: '스타벅스 offline' 매장의 Tall size 한국 내 판매가격은 2022년 초에 4,100원이다. 이 안에 들어간 실제커피가격이 차지하는 것은 약 10~20%인 것으로 언론에서 보도된 바 있다.

위의 사례에서 보듯이 반제품상태에서 출발한 상품이 최종소비자에게 전달하는 과정에서 어느 업태에서 어느 방식으로 판매되느냐에 따라 상품가격에 유의한 가격차이가 발생하였다. 따라서 완제품으로 상품이전을 해서 얻는 이익보다 반제품상태로 상품이전을 통해 유통업 종사자가 이익을 얻을 가능성은 더 높을 수 있다.

3. 유통대상이 되는 상품의 특성

그러면 어떤 상품을 유통시켜서 중간에 돈을 벌 수 있을까? 그 조건은 무엇일까?

- 제품 부피가 작을수록 유리하다. 가격차이는 지역별 국가별로 많은데 제품 부피가 작으면 상품의 이동이 편리하다(사례: 반도체, 마스크 등).
- 가격 차이가 클수록 유리하다.
- 부패하거나 품질저하를 걱정하지 않을 수 있어야 한다.
- 합법적인 상품이어야 한다(사례: 가짜 상표의 상품, 옷 같은 경우에는 국가별 쿼터제가 있는 경우).

4. 상품이전만으로 돈이 되는 유통에 관한 tip

그렇다면 지금까지 논의된 것으로 물리적 상품이전에 기업이나 개인이 직접적으로 종사하여 이익을 남기는 유통에 대해 정리해 보자

- 시간적으로 옛날부터 가격차이가 나는 상품의 물리적 이전을 실행하면 돈이 되었다(기원 전부터 지금까지).
- 공간적으로 멀리서 오고, 귀할수록 돈이 되었다. 희소성이 없는 곳에서 희소성이 있는 곳으로 이동시켜야 한다.
- 완제품보다 반제품이 돈이 된다.
- 경쟁자는 적고, 시장은 크고, 내가 잘 유통시킬 수 있는 상품을 선택해야 한다.

5. 독자들의 과제

여러 온라인 사이트를 검색하여 지역별 국가별로 가격차이가 확연히 나면서, 상품이동에 문제가 적은 상품을 하나 선택하라. 아래 구조도는 Key-message-why-what 포맷으로 되어 있다.

1단계: 상품선택을 맨 위의 key message에 적어라.
2단계: 당신이 해당 완제품을 선택한 이유를 적어라(why).
3단계: 어떻게 어디서 해당 완제품을 이동시키고, 판매할 것인지에 대한 실행계획을 what칸에 적어라.

그림 2-3 완제품의 유통기회를 정리하는 장표

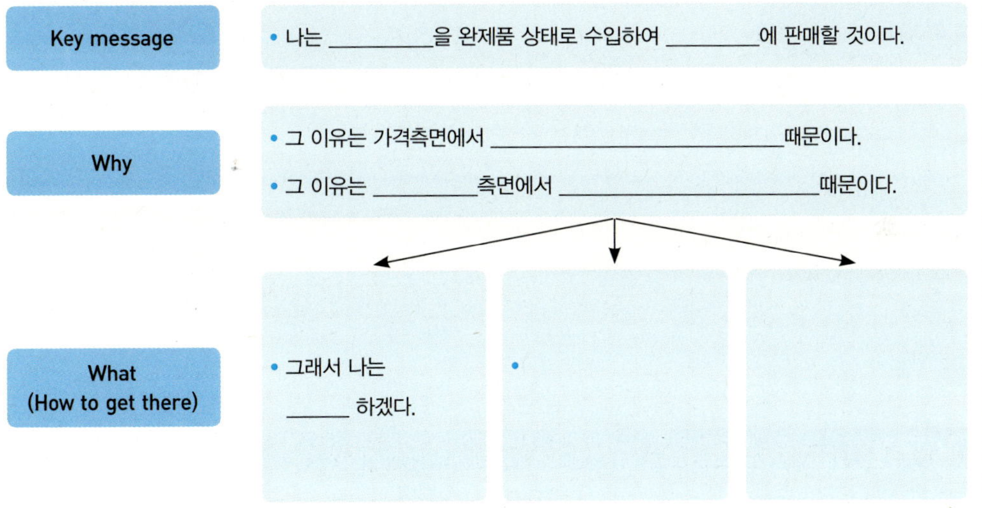

커피 사례처럼 반제품으로 출발해서 가공되어 완제품으로 판매되는 상품을 찾고, 그 가격차이를 발견하라.

1단계: 상품선택을 맨 위의 key message에 적어라.

2단계: 당신이 해당 반제품을 선택한 이유를 적어라(why)

3단계: 어떻게 어디서 해당 반제품을 이동시키고, 판매할 것인지에 대한 실행계획을 what칸에 적어라

그림 2-4 반제품의 유통기회를 정리하는 장표

Key message

- 나는 ________을 반제품 상태로 수입하여 ________에 판매할 것이다.

Why

- 그 이유는 가격측면에서 ________________________때문이다.
- 그 이유는 ________측면에서 ____________________때문이다.

What (How to get there)

- 그래서 나는 ______ 하겠다.
-

참고문헌

김대용(2020), 최초의 것들, 서울: 노마드.

다마키 도시아키(2020), 물류는 세계사를 어떻게 바꾸었는가? 서울: 시그마북스.

디젤집시(2022), 유투브채널.

양정무(2020), 미술이야기6, 서울: 사회평론.

젝 터너(2012), 스파이스, 정서진 옮김, 서울: 따비.

터키관광청(2022). www.ktb.gov.kr

www.goodnbest.com

Chapter 3

유통망분석
(distribution network or channel)

아내가 오징어 덮밥을 요리해서, 파란색 쯔비벨무스터(양파문양) 접시에 담아 주었다. 파란색을 운반한 사람들은 돈을 많이 벌었다!

- 미술사를 읽다보면 중세 르네상스 그림에 사용된 파란색은 아프카니스탄에서 수입되었다. 라피스라즐리(Lapis Lazuli)라는 원석에서 화가들은 파란색을 얻었다. 그러니까 다빈치와 보티첼리의 르네상스 회화 작품에서 파란색을 보면 아랍사람들이 아프가니스탄에서 다마스커스까지 이 원석을 옮기고, 다마스커스에서 베네치아 또는 제노아까지 라피스라즐리를 운송한 이태리 상인들도 돈을 벌었구나를 느낄 수 있다(양정무 2020).
- 조선의 태종은 파란색 문양을 가진 도자기를 독자생산하고자 했으나 도자기에 사용되는 파란색물질은 중국에서만 코발트로 수입되었다(14세기). 조선에서 독자적으로 청화백자를 만들 수 있었던 것은 성종 때이다(15세기)(네이버 2022)(윤용이 2010).

- 이탈리아 피렌체에서 화장품은 약국에서 판매한다.
- 프랑스 파리 몽주약국은 화장품 판매로 유명하다.
- BTS가 속한 HYBE는 모든 콘서트 및 물품관련 상품을 Weverse shop에서만 판매한다. 예전에는 인터파크 등에 맡겼었는데, 이것은 자기 유통망에서 팔리도록 변경한 것이다.
- 2022년 3월 BTS의 잠실운동장 오프라인 공연은 오프라인에서도 관람할 수 있고, 온라인으로 모바일이나 PC 등에서 관람할 수 있고, 영화관에서 관람할 수도 있다. 오프라인과 온라인에서 동시에 유통된다.

1. 업종별 유통망분석

우리는 제2장에서 상품자체를 지역적으로 국가적으로 이동·운반시키기만 해도 돈을 벌 수 있다는 것을 배웠다. 이제 제3장에서는 한 국가 내부에서 어느 특정 상품이 어떤 경로를 거쳐 생산지로부터 판매지까지 이동하는지를 네트워크의 채널로 구조화하여 살펴보자. 이 책의 유통망분석은 다음과 같은 특징이 있다.

- 분석관점은 네트워크이론이다. 업종별 유통망분석은 유통행위자와 유통행위 간 거래의 양과 질을 분석한다.
- 주요 관심 변수는 경쟁강도, 마진, 진입가능성이다. 유통과정 속에서 주로 어느 유통망 단계에서 경쟁이 적고 마진이 많은지를 점검한다.
- 이 분석의 결과물은 '우리 자신에게 적합한 유통망을 선택'하는 것이다. 유통망분석을 통해 최종적으로 각 기업이나 개인이 가진 상황에 가장 적합한 유통구조를 탐색하고 결정할 수 있게 된다(company-channel fit).

2. 업종별 유통망분석 세부기준

위의 그림에서 왼편에는 유통행위자를 분석하는 주제가 나열되어 있고, 오른편에는 유통행위자가 행동하는 내용이 소개되어 있다. 유통망을 네트워크 이론으로 생각해 보면 생산지에서 소비지로 상품을 이동시키는데 직접적으로 관여하는 유통망종사자를 네트워크의 각 지점(node)으로 설명할 수 있다. 반면에 유통망 상의 이들 지점(node)이 다른 지점(node)과 상품을 거래하는 양, 갈등과 같은 관계의 질, 거래관계의 빈도, 거래관계의 간격, 거래단계별 마진 정도 등이 네트워크의 링크(link)에 해당된다.

저자들이 기업을 상대로 유통망분석을 실시할 경우에는 아래 그림의 12가지 주제를 대상으로 한다. 업종 선택 및 유통채널 분석이 6개, 소매채널 분석이

그림 3-1 네트워크 관점의 유통망분석주제

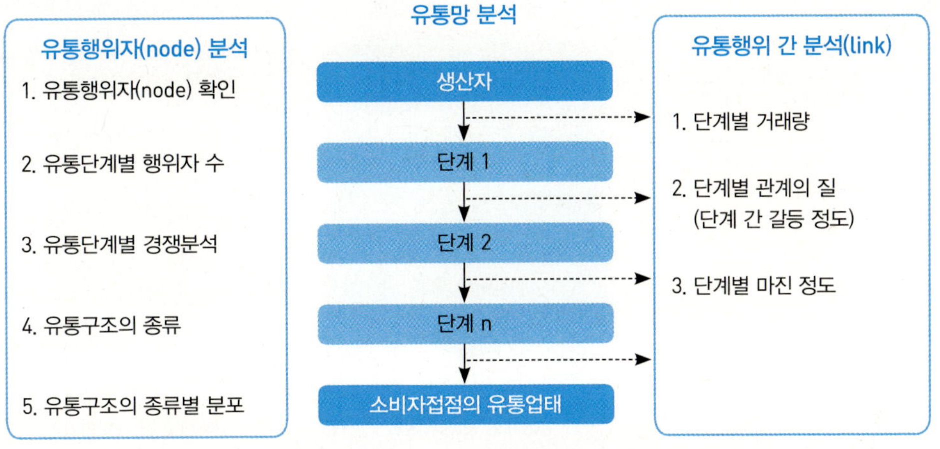

6개 주제이다. 하지만 이 책에서는 유통채널 분석과 관련된 5가지만을 다루려 한다. 유통망인 유통경로의 일반적인 특징을 염두에 두고 논의를 시작하자.

- 산업마다 업종마다 유통경로가 다르다
- 유통경로에 관여하는 유통구성조직이 모두 다르다.
- 유통경로마다 매출액이 다르다.
- 유통경로마다 유통구성조직의 마진(margin)이 모두 다르다.
- 유통경로마다 새롭게 진입할 수 있는 여지가 다르다.

- 1단계: 업종별 유통망 종류를 시각화하여 분류(유통망 구조도 그리기)
- 2단계: 유통망 구조별 매출규모 측정
- 3단계: 유통망 구조 단계별 마진측정
- 4단계: 유통망 구조 단계별 player수의 측정
- 5단계: 유통망 구조 간 장단점 비교 및 종합평가 후 선택
- 6단계(option): 유통채널 매출규모, 마진, player수의 종단적 분석

6단계의 경우를 간단히 생각해 보자. 식품만 해도 지금 오프라인에서 식품 매출액은 떨어지고 있는데 롯데마트, 이마트, 마켓컬리 등의 온라인 쇼핑은 매

그림 3-2 유통망분석 점검표(checklist)

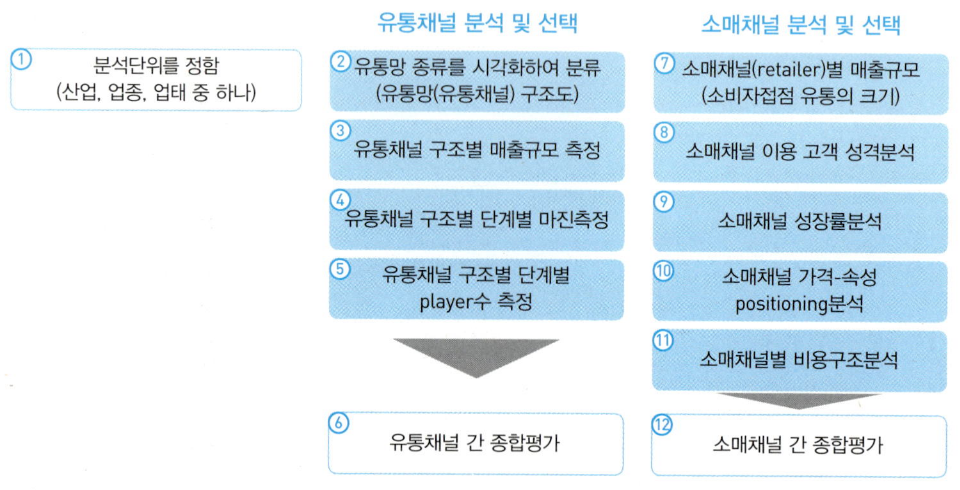

출이 증가한다. 똑같은 업종이 식료품을 유통시키는 데 어떤 채널은 감소하고 어떤 채널은 증가하는 것을 시간흐름대별로 살펴보는 것이 6단계이다.

2.1. 1단계: 업종별 유통망 종류를 시각화하여 분류(유통망 구조도 그리기)

제일 먼저 업종을 하나 선택한다. 먼저 유통망을 시각적으로 보여주는 것이 중요하다. 유통채널 구조를 먼저 그려야 한다. 가능하면 다양한 유통 채널을 한눈에 그리는 것이 중요하다. 그래야 유통망별로 비교하기가 편리하기 때문이다. 〈그림 3-3〉은 2010년대 중국 화장품 시장의 유통망을 구분한 어느 컨설팅 회사의 보고서 사례이다. 업종별로 유통망분석의 첫단계부터 상품이 최종소비자 접점에 이르는 다양한 경로를 하나의 그림으로 나타내고 있다.

중국 화장품업계의 첫 번째 유통망 구조는 제조사가 직접 리테일망에 물건을 공급해 주는 경우이다. 백화점, 대형마트, 멀티 브랜드 화장품 판매장에 상품을 직접 공급하는 것이다. 다국적 브랜드에서 일부만 이 유통망구조를 선택하고 있다.

두 번째 유통구조는 첫 번째 유통구조에 더하여 법인중심 대리상을 중간에 넣는 경우이다. 대리상이 하나 끼어들어서 간접적 판매도 하고, 제조업자가 직

그림 3-3 2010년대 중국화장품 유통경로

구분	구조 1: 중국법인 자체 운영	구조 2: 중국법인 중심 대리 체제	대리상 위임		구조 5: 중국법인 자체 가맹상 활용	구조 6: 직판
			구조 3: 대리상 자체 운영	구조 4: 하급대리상/가맹상 활용		
개념도	제조사/국내 총 대리상 → Retail 매장	제조사/국내 총 대리상 → 대리상 → Retail 매장; 제조사/국내 총 대리상 → Retail 매장	제조사/국내 총 대리상 → 대리상 → 대리상 직영 Retail 매장; 제조사/국내 총 대리상 ⇢ 대리상 직영 Retail 매장	제조사/국내 총 대리상 → 대리상 → 하급대리상/가맹상; 제조사/국내 총 대리상 → 하급대리상/가맹상; 하급대리상/가맹상 Retail 매장	제조사/국내 총 대리상 → 가맹상; 가맹상 Retail 매장	제조사/국내 총 대리상 → 소비자
활용 가능 Retail	• 백화점 • 대형마트 • 멀티브랜드 숍 • 브랜드 숍	• 백화점 • 대형마트 • 멀티브랜드 숍	• 백화점 • 브랜드 숍 • 대형마트 • 멀티브랜드 숍	• 전문브랜드 숍(가맹점) • 백화점	• 전문브랜드 숍(가맹점)	• 인터넷 B2B
주요 브랜드	• 다국적 브랜드에서 일부만 채용함	• P&G, R'Oreal, Shisseido 등 다국적 Major 브랜드	• Missha • 중소브랜드	• Missha 일부 • 중소브랜드	• KARAKARA	

접판매도 하는 하이브리드 방식이다. 대리상을 제조업자가 확실히 통제하고 있는 경우를 말한다. 2019년도에 코로나19의 처음 초기 유행단계에서 한국정부가 마스크의 공적판매를 위해 단 2개의 대리점만을 이용하여 전국에 배포한 사례도 여기에 해당한다. 백 몇 개의 마스트 제조업자가 두 개의 대리상한테 마스크를 보내면, 두 개의 대리상이 전국의 약국에 모두 발송해 버리는 상황을 생각하면 이 구조 2를 이해하기 쉽다. 로레알이나 시세이도가 이렇게 유통망을 구축했다는 것이다.

세 번째 유통구조는 직접 물건을 공급하기보다는 주로 대리상을 통해서 물건이 공급되는 경우이다(구조 3). 중국에 진출한 한국상표 미샤가 선택한 방법이다.

네 번째 유통구조는 대리상 밑에 또 대리상을 두어서 분배를 확대하는 방법이다.

다섯 번째 유통구조는 가맹상이라는 매장에 물품을 제공하는 경우이다.

여섯 번째 경우는 인터넷 판매 등 직판으로 제조사가 직접 소비자를 대상으로 상품을 판매하는 구조이다.

독자여러분은 인터넷 상에서 다양한 업종의 유통망구조도를 발견할 수 있을 것이다. 이렇게 유통망별 구조도를 먼저 그리면 다음과 같은 효과가 있다.

- 우리 회사(개인)가 현재 사용하고 있는 유통망과 아직 사용하고 있지 않은 유통망을 확인할 수 있다.
- 우리 회사(개인)의 자원에 맞추어 어느 경로가 적합한지 판단할 선택지가 된다.

2.2. 2단계: 유통망 구조별 매출규모 측정

여기에서 매출규모라 함은 물동량(매출량)과 매출금액을 모두 포함한다. 〈그림 3-4〉는 중국 화장품 시장의 유통망분석 장표에 매출규모를 추가한 그림이다. 이 장표를 보는 경영의사결정 관련자들은 모두 유통망별로 그 매출규모를 파악할 수 있어서 시장을 파악하는데 결정적인 정보를 제공하게 된다.

그림 3-4 2010년대 중국화장품 유통경로망별 매출규모를 추적한 장표 양식

구분	구조 1: 중국법인 자체 운영	구조 2: 중국법인 중심 대리 체제	대리상 위임		구조 5: 중국법인 자체 가맹상 활용	구조 6: 직판
			구조 3: 대리상 자체 운영	구조 4: 하급대리상/가맹상 활용		
개념도	제조사/국내 총 대리상 → Retail 매장	제조사/국내 총 대리상 → 대리상 → Retail 매장 제조사/국내 총 대리상 → Retail 매장	제조사/국내 총 대리상 → 대리상 → 대리상 직영 Retail 매장 제조사/국내 총 대리상 ⇢ 대리상 직영 Retail 매장	제조사/국내 총 대리상 → 대리상 → 하급대리상/가맹상 제조사/국내 총 대리상 → 하급대리상/가맹상 하급대리상/가맹상 Retail 매장	제조사/국내 총 대리상 → 가맹상 가맹상 Retail 매장	제조사/국내 총 대리상 → 소비자
활용 가능 Retail	• 백화점 • 대형마트 • 멀티브랜드 숍 • 브랜드 숍	• 백화점 • 대형마트 • 멀티브랜드 숍	• 백화점 • 브랜드 숍 • 대형마트 • 멀티브랜드 숍	• 전문브랜드 숍(가맹점) • 백화점	• 전문브랜드 숍(가맹점)	
주요 브랜드	• 다국적 브랜드에서 일부만 채용함	• P&G, R'Oreal, Shisseido 등 다국적 Major 브랜드	• Missha • 중소브랜드	• Missha 일부 • 중소브랜드	• KARAKARA	
매출규모						

그림 3-5 2019년 한국내 돼지유통구조와 매출량규모

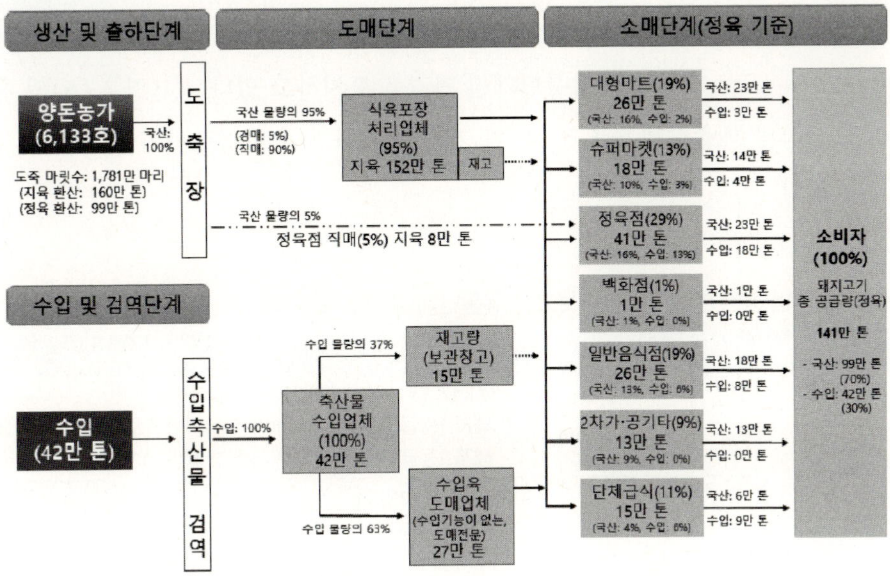

출처: 농촌경제연구원 2020

〈그림 3-5〉는 한국 내 돼지고기 유통을 유통망구조도로 하나의 그림으로 표시한 것이다. 더불어 매출량(물동량)을 표시하고 있다.

한국 내 돼지유통구조의 시작점은 크게 두 가지 원천에서 시작됨을 알 수 있다. 하나는 국내 양돈농가에서 도축장으로 출하하는 것이고, 나머지 하나는 수입돼지고기가 항구나 비행기에서 검역을 거치면서 시작된다. 우리나라 돼지고기의 자급률은 2019년도에 70%였다. 따라서 수입돼지고기가 총 수급량의 30%를 차지한다. 이 2019년도의 42만 톤을 수입한 유통업자가 돈을 번 것이다.

한 가지 특이한 점은 수입업자들이 수입한 돼지고기의 37%가 유통되지 않고 저장창고에 들어갔다는 사실이다. 세계적으로 아프리카 돼지열병이 휩쓸던 시기였으므로 낮은 가격으로 수입된 돼지고기가 이런 저장을 통해 가격인상을 도모했던 사례일 수 있다. 창업자는 이렇게 세계시장의 상품별 수요와 공급의 흐름을 파악함으로써 이익을 확보할 수 있는 기회를 갖게 된다.

한편, 국내산 돼지고기의 유통구조와 수입산 돼지고기의 유통단계가 다르다. 심지어 2019년도에는 백화점에 납품되거나 2차 가공된 수입돼지고기가 없어서 유통망구조의 맨 마지막 소매단계에 수입돼지고기가 유통되지 않았다.

〈표 3-1〉는 각 유통단계별 가격을 표시하고 있다. 〈그림 3-5〉의 유통구조상의 매출량에 〈표 3-1〉의 가격을 곱하면 유통경로상의 단계별 매출액이 된다.

〈표 3-1〉 2019년 농촌경제연구원이 보고한 유통단계별 경로 및 가격 (단위: 원/마리)

<table>
<tr><th>구분</th><th colspan="3">유통단계별 경로 및 가격</th><th>산출근거(축산물품질평가원)</th></tr>
<tr><td rowspan="4">출하
단계</td><td>경매</td><td>경락가격
(6.6%)</td><td>346,515
(부산물 8,399)</td><td>• 88.6kg×3,911원/kg+8,300원(부산물평균가격)
- 돼지 1등급 평균 지육중량(88.6kg)
- 돼지 1등급 평균 경락가격(제주 제외)(3,911원/kg)</td></tr>
<tr><td rowspan="2">직매</td><td>등급정산
(27.7%)</td><td>346,515</td><td>• 88.6kg 3,911원/kg
- 돼지 1등급 평균 지육중량(88.6kg)
- 돼지 1등급 평균 경락가격(제주 제외)(3,911원/kg)</td></tr>
<tr><td>생체정산
(65.7%)</td><td>344,864</td><td>• 115.67kg×3,911원/kg×76.24%
- 돼지 평균 생체중량(115.67kg)
- 돼지 1등급 평균 경락가격(제주 제외(3,911원/kg)
- 조사업체 평균 지급률(76.24%)</td></tr>
<tr><td colspan="2">가중평균</td><td>337,482</td><td>• 출하형태별 정산금액이 상이하여 출하유형에 따른 비율을 적용(가중평균)하여 산출
• 판매금액에서 출하비용을 제외한 농가수취가격</td></tr>
<tr><td>도매
단계</td><td colspan="2">식육포장처리업체</td><td>426,447</td><td>• 식육포장처리업체의 부분육 정형 후 부위별 판매금액과 정육률을 적용하여 1마리 가격을 산출(부산물 가격 제외)</td></tr>
<tr><td rowspan="8">소매
단계</td><td colspan="2">백화점</td><td>855,534</td><td rowspan="7">• 분기별 유동물량 가중치 적용</td></tr>
<tr><td colspan="2">대형마트</td><td>644,947</td></tr>
<tr><td rowspan="4">슈퍼
마켓</td><td>SSM</td><td>695,082</td></tr>
<tr><td>하나로마트</td><td>571,718</td></tr>
<tr><td>일반</td><td>574,759</td></tr>
<tr><td>가중평균</td><td>614,612</td></tr>
<tr><td colspan="2">정육점</td><td>575,922</td></tr>
<tr><td colspan="2">가중평균</td><td>611,493</td><td>• 소머업태의 유통비율(가중평균)과 감모비 등을 적용하여 산출(부산물가격 제외)</td></tr>
</table>

2.3. 3단계: 유통망 구조 단계별 마진측정

유통망분석의 3단계는 유통망 구조 단계별 마진을 측정하는 단계이다. 〈표 3-2〉는 2019년 국내산 돼지고기 1마리당 소비자가격(SSM, 하나로마트, 일반슈퍼마켓 소비자가격평균)에서 생산자가 가져가는 마진과 유통업자가 가져가는 마진을 총괄한 표이다.

소비자가격의 55.2%를 양돈업자가 가져갔다. 출하단계의 마진은 소비자가격의 1.4%였고, 도매단계의 마진은 소비자가격의 13.1%, 소매단계의 매장이 소비자가격의 평균 30.3%의 마진을 획득했다.

〈표 3-2〉 2019년 국내산 돼지고기 소매업태별 유통비용(마진)

구분		업태 구분			2019년 종합
		대형마트	슈퍼마켓	정육점	
생산자 수취율(%)		55.2	52.5	55.1	55.2
유통비용률(%)		44.8	47.5	44.9	44.8
항목별	직접비(%)	14.5	13.2	14.9	14.5
	간접비(%)	30.1	37.9	25.8	30.1
	이윤(%)	0.2	△3.6	4.2	0.2
단계별	출하단계(%)	1.4	1.0	1.1	1.4
	도매단계(%)	13.1	12.6	13.2	13.1
	소매단계(%)	30.3	33.9	30.6	30.3
생산자가격(원/마리)		337,482	338,495	338,495	337,482
유통비용액(원/마리)		274,011	306,452	276,117	274,012
소비자가격(원/마리)		611,493	644,947	614,612	611,493

출처: 농촌경제연구원 2019

그렇다면 수입산 돼지고기의 마진은 얼마일까? 〈표 3-3〉는 2019년 미국 수입산 돼지고기의 kg당 도입가격을 보여준다. 2019년의 경우에 미국산 수입돼지고기가 다른 나라보다 많았다. 여기서

도입가격=수출국에서 수입국(우리나라)보관창고까지 물품인도가격
+관세+수수료(통관/보관/은행)+창고비용

〈표 3-3〉 2019년 수입돼지고기 중 미국산의 도입가격 (단위: kg)

구분		2015년	2016년	2017년	2018년 (A)	2019년 (B)	증감률(%) (B/A-1)
안심	냉동	4,335	4,048	3,865	5,648	3,961	△29.9
목살	냉동	3,530	3,576	3,276	3,661	3,599	△1.7
앞다리	냉동	3,220	2,618	2,625	2,852	2,748	△3.6
뒷다리	냉동	3,319	2,916	3,011	3,128	1,682	△46.2
삼겹살	냉동	4,529	5,127	4,739	7,749	4,499	△41.9
	냉장	6,995	7,956	8,553	7,247	7,193	△0.7
갈비	냉동	3,077	3,003	3,434	3,662	3,581	△2.2

그렇다면 2019년도에 수입돼지고기의 부위별 업태별 유통마진은 얼마였을까? 〈표 3-4〉는 정육점이 소비자가격의 49.5%, 슈퍼마켓이 소비자가격의 58.9%의 마진을 남기고 판매를 하고 있음을 알 수 있다.

〈표 3-4〉 2019년 수입돼지고기 부위별 업태별 유통마진

구분		도입가격	판매가격(원/100g)			유통비용(비율)(%)		
			대형마트	슈퍼마켓	정육점	대형마트	슈퍼마켓	정육점
목살	냉동	392	1,310	913	720	70.1	57.1	45.6
삼겹살	냉동	511	1,121	1,231	1,087	54.4	58.5	53.0
	냉장	720	1,234	1,467	1,368	41.7	50.9	47.4
앞다리	냉동	277		900	577		69.2	52.0
부위별 평균 유통비용률						55.4	58.9	49.5

이렇게 각 업종의 종사자는 유통구조별로 마진을 정확히 알고 있어야 이익을 산출하고 기업을 유지시킬 수 있다.

2.4. 4단계: 유통망 구조 단계별 player수의 측정

가장 자료를 얻기 힘든 단계가 바로 4단계의 유통망 구조 단계별 player수(시장참여자수)를 측정하는 단계이다. 저자들은 독자여러분에게 업종별 유통구조 내 단계별 시장참여자 수를 반드시 확인해 볼 것을 권유한다. 유통단계별 경쟁강도를 측정할 수 있기 때문이다. 이 단계분석에서 예상되는 가설은 몇 가지가 있다.

- 마진이 많이 남는 단계일수록 기존에 진입하여 사업을 영위하는 사업자가 많을 것이 예상된다.
- 마진이 많이 남는 유통단계일수록 새로운 시장참여자의 진입장벽이 높을 것이다.
- 마진이 많이 남는 유통단계일수록 새로운 시장참여자는 새로운 유통망을 스스로 구축할 수도 있다. HIVE는 BTS를 비롯한 세계 각국의 아티스트의 물품을 판매하는 전용 온라인커머스플랫폼으로 Weverse shop을 구축했다. 이를 통해 인터파크와 같은 기존 아티스트 물품판매 플랫폼에서 벗어나 독자적인 유통망을 구축했다. 한류 콘텐츠에 대한 열기와 함께 한국 의류제품의 해외 구매도 활발해지고 있는데, 아이돌 사복패션으로 유명세를 탄 '로맨틱크라운(Romantic Crown)', BTS로 인해 해외에 이름이 날린 '어피스오브케이크(APIECEOFCAKE)' 등의 한국 패션 브랜드들 역시 자사몰을 통해 중간유통 단계 없이 소비자에게 직접 판매하는 D2C(Direct to Custom)를 구축하여 인지도를 매출로 견인하고 있다.
- 의외로 기술적 장벽으로 인해서 마진이 많이 남는 유통단계에서 시장참여자가 적을 수 있다. 가령, 문화산업 중 '온라인공연제작 송출업'의 경우에는 기술적 진입장벽이 높아서 몇 개의 업체만이 이 시장에 참여하고 있다. SM과 JYP는 자사 아티스트의 온라인콘서트를 전문적으로 제작 송출하는 '비욘드라이브 코퍼레이션(Beyond LIVE Corporation: BLC)를 설립한 바 있다.

2.5. 5단계: 유통망구조 간 장단점 비교 및 종합평가 후 선택

이제 귀하가 경영자라면 어떤 유통망구조를 선택해야 하는가? 이런 의사결정을 내릴 단계에 들어섰다. 1단계에서 4단계까지는 기본적으로 계량적인 수치(quantitative approach)로 유통망구조를 평가할 수 있었다. 하지만 질적인 내용(qualitative appraisal)을 유통구조망별로 평가할 필요성이 있다. 또한 이 둘을 합쳐서 종합평가를 통해 최적의 유통망구조와 복수의 유통망구조를 선택할 수 있다.

〈표 3-5〉를 보면 질적인 평가로써 유통망구조별로 관리측면에서

〈표 3-5〉 중국화장품 유통망 구조별 주관적 평가결과 사례

구분		중국법인 자체 운영	중국법인 중심 대리 체제	대리상 위임		중국법인 자체 가맹상 활용	비 고
				✓ 대리상 자체 운영	가맹상 활용		
관리 측면	매장 관리	본사 중심	본사 중심	Retail에서의 관리 다소 약화됨	Retail에서의 관리 떨어짐	가맹상 중심 (현장 관리 필요)	
	본사 인력규모	개발/관리 인력 다수 필요	대리상 관리/ 마케팅/기획 인력 필요	대리상 관리 인력만 필요	대리상 관리 인력만 필요	가맹상 관리/ 교육 인력 등 필요	방식에 따라 필요 인력의 차가 큼
	매장 직원관리	본사 관리	본사 관리	대리상 관리 (일부 본사 관리)	가맹상 관리	본사 교육/ 가맹점 관리	
	마케팅 활동	본사 책임	본사 책임	대리상 책임	가맹상책임	가맹상 책임	전반적 계획은 본사가 수립
	중국내 확산	본사 자체 개발	출점 역량 있는 대리상 필요	자금력/출점 역량 있는 대리상 필요	자금력/출점 역량 있는 대리상 필요	본사 자체 개발	방안별 차이 큼
비용 측면	진출비용	본사 부담	본사 부담	대리상 부담	가맹상부담	가맹상 부담	
	관리운영비용	본사 부담	본사 부담	대리상 부담	가맹상부담	가맹상 부담	
	마케팅비용	본사 부담	본사 부담	대리상 부담	가맹상부담	본사/가맹상 부담	
전반적 평가		◔	◑	●	◕	◑	
활용가능채널		• 백화점 • 대형마트 • 멀티브랜드 숍 • 브랜드숍	• 백화점 • 대형마트 • 멀티브랜드 숍	• 백화점 • 브랜드숍 • 대형마트 • 멀티브랜드 숍	• 브랜드숍(가맹점)	• 브랜드숍	

● High ◕ Medium-High ◑ Medium ◑ Medium-Low ○ Low

- 누가 관리업무를 실행하고
- 어떤 문제점이 인력측면 마케팅측면에서 발생하고
- 진출비용은 누가 얼마나 부담해야 하고
- 관리운영비용은 누가 얼마나 부담해야 하는지 등의 업무분장이 필요한 내용을 담고 있다.

또한 중국 화장품 유통망구조 중에서 대리상 위임 체계를 선택하기 위한 의사결정 과정을 담고 있다. 하지만 독자 여러분께서는 이 책의 상권분석시간에 제시하는 AHP(analitical hierarchical process)라는 방법론을 습득하신 후 여러 대안 중 가장 좋은 대안을 계량적으로 산출하고 선택하는 과정을 경험해 보기 바란다.

3. 요약

- 업종별 유통망구조를 개관하는 작업이 필요하다.
- 이 작업을 위한 점검단계로 5단계를 제시했으니, 독자여러분은 자신이 관심있어 하는 업종에 대해 위와 같은 기초적인 점검은 반드시 실행해야 한다. 그래야 경영위험을 최소화하고 이익을 극대화한다.
- 저자가 제시한 단계는 매우 기초적인 단계이다. 업종별로 더 깊숙한 유통분석이 양적으로 질적으로 필요하다. 예를 들어 복수의 유통망을 선택했을 때의 유통망 간 갈등 등을 다루지 않고 있다.

4. 독자들의 과제

- 한 업종을 선택하여 적어라. ____________________
- 그 업종의 유통구조, 매출액, 관려하는 유통player의 수, 각 유통단계별 마진을 적어보자.
- 기존 유통망 이외의 유통망도 설계하여 제시해 보자.

그림 3-6 유통망분석 종합표

구분	구조 1:	구조 2:			구조 n	새로운 유통망
			구조 3:	구조 4:		
개념도						
최종 Retail						
업태						
주요 사용자						
매출규모						
각 단계별 유통 player수						
각 유통단계별 마진						

참고문헌

박찬욱(2014), 한국의 소매업태 및 업종별 유통경로, 한국생산성본부.

양정무(2020), 미술이야기6, 서울: 사회평론.

윤용이(2010), 우리 옛 도자기, 대원사.

한국농촌경제연구원(2020), 돼지고기 수급 및 유통체계 분석.

Chapter 4

유통과정에서 부가가치 창출하여 돈 벌기

이 장의 진도를 본격적으로 나가기 전에 독자들과 함께 세 가지 용어에 대해 정의를 공유해 보자.

유통player(distribution players): 유통에서 상품이동을 직접적 물리적으로 담당하는 조직이나 개인. 본원적 물리적 유통기능을 수행하는 조직이나 개인. 유통망상의 상품을 소유한 조직이나 개인

유통부가가치창출자(distribution value-added creators): 상품이 유통망으로 이동하면서 상품가치를 유지 및 증가시키는데 필요한 활동을 수행하는 조직이나 개인

유통을 위한 사회적 자본 기능자(social capital function players for distribution): 상품을 이동하거나 상품의 부가가치는 증대시키지 않고, 상품이 유통망을 흐르거나 통과시키는 조건으로 가격을 부과하여 돈을 버는 조직이나 개인. 특정상품의 유통을 염두에 두지 않고, 모든 상품의 유통을 위해 존재하는 경제활동인 '유통을 위한 사회적 자본 기능(social capital function for distribution)'을 수행가는 조직이나 개인. 특정상품의 물리적 유통의 효과성과 효율성을 돕은 경제활동을 수행하는 조직이나 개인

제3장이 특정업종에 대해 유통player의 구조를 분석하고 이를 통해 이익을 창출하는 모습을 살펴본 것이라면, 제4장은 유통부가가치창출자와 유통을 위한 사회적 자본 기능자들이 돈을 버는 모습을 보는 시간이다. 이 장에서는 창업자나 대기업의 물류 담당자가 자신의 상품을 유통시킬 필요없이, 다른 조직이나 개인의 상품이 지나가는 과정에 관여하여 수익을 창출하는 모습을 보여준다.

제1절에서는 기존 이론서에서 다루고 있는 유통망 상의 부가가치기능과 사

회적 자본기능을 나열하고, 각 기능의 수행을 통해 수익을 창출하는 모습을 보여준다. 제2절에서는 돼지고기의 유통망분석 속에서, 제3절에서는 커피의 유통망분석 속에서 유통망 상의 부가가치기능과 사회적 자본기능을 수행하여 돈을 버는 모습을 사례로 제시한다.

1. 유통망 상의 부가가치 기능과 사회적 자본기능

일반적인 유통관리에 관한 책에서는 유통의 기능에 대해 여러 가지를 제시하고 있다. 저자마다 약간의 상이한 기능의 차이가 발생한다. 공통적으로 다루어지는 기능이 있는 반면에 특정 저자에게서만 나타나는 기능이 있다. 이런 혼란 속에서 이 책의 저자들은 유통의 기능을 두 가지로 분류하려고 한다. 하나는 유통 부가가치기능(value-added function)이고, 다른 하나는 사회적 자본 유통기능기능(social capital function for distribution)이다.

유통부가가치기능이란 특정 상품이 유통되는 과정에서 특정활동을 통해서 상품의 부가가치를 높여 거래상대방에게 지불하고자 하는 가격(pay-to willingness price)을 증가시키는 기능을 말한다. 이 기능은 상품의 가치사슬(value chain) 속에서 발견할 수도 있다.

한편, 사회적 자본 유통기능기능(social capital function for distribution)은 본래 특정상품만을 위해 존재하지 않는다. 상품이 유통되는 과정에 관여하지도 않고, 상품의 부가가치를 증대시키지 않는다. 다만 상품이 유통망을 통과할 때 필요조건으로 작동하며 유통의 조건으로 가격을 부과하여 수익을 발생하는 기능을 말한다. 도박판에서 말하는 house개념이다. house라는 개념은 도박장에서 도박꾼에게 도박을 할 수 있는 장소를 제공하는 조건으로 일정액의 수수료를 받는 기능을 말한다.

이렇게 정의를 내리고 놓고 보면 〈그림 4-1〉이 제시한 유통기능은 저자들이 사회적 자본 유통기능으로 분류해 놓은 것이 대부분임을 알 수 있다.

그림 4-1 다양한 경영학자의 다양한 유통기능

서영욱 (2012)	유필화 외 (2019)	임영균, 안광호, 김상용 (2015)
인격적 기능	물적 이전 기능	소유 기능
장소적 기능	소유권 이전 기능	촉진 기능
시간적 기능	촉진 기능	협상 기능
양적 통일 기능	주문 기능	자금조달 기능
품질적 통일 기능	지불 기능	주문 기능
금융적 통일기능	협상 기능	대금지불 기능
위험 부담 기능	금융기능	위험부담기능
시장 정보 기능	위험부담기능	

2. 사회적 자본 유통기능별 수익창출

각 기능은 모두 수익을 창출한다. 저자들은 〈그림 4-2〉에서 유필화 외(2019)의 유통기능을 사회적 자본 유통기능의 관점으로 해석하여, 이 해당기능을 수행하여 수익을 창출하는 사례를 아래와 같이 제시한다.

그림 4-2 유필화의 유통기능분류별 사례

물적 이전 기능	운송업(상선, 해운, 통운 등), 미국의 창고보관업
소유권 이전 기능	자동차 재보험회사, 렌트회사, 중국 공유자동차회사
촉진 기능	제일 펑타이의 삼성전자 e-commerce대행기능
주문 기능	중국 taobao platform의 주문 기능
지불 기능	C2C 사이트에서 물건이 고객에게 도착해야 고객 돈을 판매자에게 지불
협상 기능	중국 C2C 사이트는 판매업자와 구매자 간의 협상이 가능
금융기능	중국 텐센트의 wechat은 금융기능을 수행
위험부담기능	영국 재보험업, 베네치아 무역선 해상보험

2.1. 물적이전 기능

상품이 생산지에서 판매처 및 소비지로 이동하는데 동원되는 운송수단과 보관 및 저장에 관한 기능을 수행하고 수익을 얻는다. 본원적·물리적 유통기능을 말한다.

자동차의 경우

- 자동차는 울산이나 군산에서 현대자동차가 만드는데, 현대글로비스과 현대상선은 차를 국내운송 및 해운을 통해 외국으로 운송해 주고 돈을 번다.
- 미국 서부 항구 중에 자동차운송 배가 접안하고 차를 내릴 수 있는 항구는 몇 개 안 된다. 항구는 배가 접안하는 시간만큼 돈을 받는다. 자동차 전용 부두는 자동차를 갖고 온 현대상선 배를 접안시켜 주고 돈을 받는다.
- 자동차를 하역해주는 노동자도 운전만을 해 주고 돈을 받는다.
- 출고를 위해 차들이 임시 집하장에 머문다면 이 비용도 지불해야 한다.
- 미국 서부 항구에서 미국 전역으로 자동차를 운반해 주는 long-haul 트럭 운송자 및 트럭드라이버도 돈을 번다.

식음료의 경우

- 캐나다의 야채수요의 많은 부분은 미국에서 공급을 받는다. 미국의 상차지와 하차지의 창고업도 수수료를 받는다('디젤집시'라는 유투버의 vlog를 보라)
- 한국의 냉동창고, 저온창고도 많은 다양한 채소 과일의 보관에 사용되고, 수수료를 받는다.
- 농협과 농민이 운영하는 저온창고의 수가 한국 내에서만도 수천 개에 달한다. 진주 황포냉면은 1년 내내 배가 냉면에 들어 있는데, 1년 중 거의 대부분의 시간을 저온창고에서 보낸 배를 먹고 있는 것이다.

2.2. 소유권이전 기능

국가 간 지역 간 거래에 있어서 위험을 줄이기 위해 상품에 대한 소유권을 일정 기간 타인에게 부여하거나 양도하는 기능을 수행해 주고 수익을 얻는 기능이다.

- 한국의 고질적인 화물운송문제가 있다. 소유권만을 이전시켜 돈을 번다. 화물터미널 근처에 조그마한 사무실이 있다. 사람도 n명이 있는데, 이들은 모두 다른 회사 사람이다. 전화가 여러 대 놓여있다. 첫 번째 전화가 울려서 받으면 어떤 화주가 자신의 물건을 100원의 운송료를 줄테니 어디로 이동시켜 달라고 주문을 한다. OK! 그 첫 번째 전화받은 회사사람은 주문자의 운송료(100원) 중 일부를 제외하고 90원의 운송료를 줄테니 두 번째 전화받는 사람에게 이 운송주문을 넘긴다. 두 번째 사람부터 세번째 회사까지 80원을 줄테니 운송을 하라고 한다. n번째 사람은 자신이 받은 운송료의 일부를 떼고 화물차운전자에게 힘든 노동을 하고 아주 조금의 이익만을 남길 수 있는 운송한다. 1번 전화부터 n번 전화까지 앉아있는 사람들이 모두 직접 유통에 관여하지 않고 소유권을 이동시켜 돈을 번다.
- 선하증권이라는 것이 있다. 필리핀 산미구엘 맥주를 부산으로 이동시킨다고 가정하자. 필리핀에서 마닐라 항구에서 산미구엘맥주를 태워서 부산으로 가는 배에 선적하자마자, 선하증권을 은행에 제시하면 물건값을 은행이 물건을 선적한 사람에게 지불한다. 선하증권은 소유권을 가진다는 증거이다.

2.3. 촉진 기능

상품의 유통량을 증가시키거나 판매량을 증가시키는 활동을 하고 수익을 얻는 것이다. 유통player가 직접 수행하는 기능이 아니다.

- 중국 제일평타이는 삼성전자 가전 및 IT제품에 대한 e-coomerce를 모두 대행하는 서비스를 삼성전자에 제공하고 수익을 얻는다.
- 온라인 패션플랫폼은 국내 e-commerce 시장에서 플랫폼 파워를 가지고 있다. 시장조사업체 와이즈앱이 2021년 국내 쇼핑 앱 이용자를 조사한 결과, 패션만을 다루는 전문 플랫폼이 쿠팡, 11번가, G마켓 등과 같은 쇼핑 플랫폼과 함께 상위에 랭킹되어 있었다. 모든 상품 카테고리를 다루고 있는 쇼핑 플래폼과는 함께 에이블리, 지그재그 등 패션만을 다루는 플랫폼이 높은 순위에 랭킹된 것은, 가격과 품질 이외에 취향이 깊이 관여하는 패션상품의

촉진 활동 필요성을 반영한다고 볼 수 있다. 온라인 패션 플랫폼 '무신사'는 2021년에 일본에 현지 법인을 설립했는데, 플랫폼 자체가 진출하는 방식이 아니라 입점 업체들이 일본 진출을 하는데 필요한 물류나 고객 관리 같은 영업 인프라를 지원하는 방식을 택했다. 카카오가 인수한 패션쇼핑앱 '지그재그'는 일본에서 '나우나우'라는 이커머스 앱을 론칭했는데 이 역시 동대문 시장 패션을 직접 판매할 수 있도록 운영하고 물류 등의 서비스를 지원하는 방식이다. 카카오가 보유한 글로벌 팬덤을 기반으로 중국, 아시아 지역으로 사업을 확장해 글로벌 패션 플랫폼으로 확장하려고 하고 있다

- 인력회사들이 마트나 전시장 등에 인력을 파견하여 고객을 상대로 촉진활동을 수행하는 경우를 말한다. 중국의 어느 한국회사는 중국에 진입한 현대자동차, 오리온, 삼성전자 등의 상품판매를 돕는 인력을 파견하여 수수료를 받는다. 계약기간이 끝나면 이 해당인력은 자사로 복귀한다.

2.4. 주문 및 지불 기능

타인의 거래에 대해 주문처리를 대행하거나 지불을 대행해 주는 서비스를 제공하고 수익을 얻는 기능이다. 온라인상의 플랫폼회사들이 모두 이런 비즈니스모델을 갖고 있다.

- NHN한국사이버결제라는 회사는 국내 최초 온오프통합결제 서비스를 제공한 기업으로 전제결제 서비스, VAN서비스, Payco서비스, 스마트 서비스 등의 사업으로 전자결제 산업에서 1등하는 회사이다. 이와 유사한 회사로 KG이니시스와 KG모빌리티하는 회사가 있다. 증권사들은 이들 회사의 주가를 높이 평가하면 안정적이라고 권유하곤 한다.
- 배달의 민족, 쿠팡, 요기요 등은 자신의 물건을 판매하지 않는다. 타인의 제품판매의 주문과 지불기능을 수행하고 수수료를 얻는다.
- 중국 텐센트나 알리바바의 지불기능은 중국정부의 통제하에 있는 물리적 화폐거래를 위협할 정도로 성장하였다.

2.5. 금융기능 및 위험부담 기능

유통을 촉진시키기 위해 필요한 금융을 지원하거나 위험회피수단기능으로 작동함으로써 해당위험만큼 수익을 얻는 사업을 말한다.

- 자동차를 일반인이 구매할 때 대출해 주는 회사가 존재한다.
- 자동차를 운반할 때 사고에 대비하여 현대해상화재보험이 보험을 팔고 돈을 번다.
- 현대해상화재보험이 큰 사고로 돈을 잃는 것을 대비하여 다시 큰 보험회사에 보험을 든다. 이를 재보험이라 한다. 영국회사들이 이 재보험을 주로 한다. 이 영국회사들은 르네상스시대 때 베네치아 보험회사들이 사용한 방법과 동일한 방법으로 돈을 벌고 있는 것이다.
- 신용보증기금은 약간의 수수료를 내면 보증을 해준다.

3. 돼지고기: 사회적 자본 유통기능이 많은 사례

돼지고기 유통에 관련된 부가가치창출 활동과 사회적 자본 유통기능이 무엇이 있는지를 살펴보기로 한다. 축산물품질평가원(2020)은 돼지고기유통단계를 크게 세 가지로 구분하고 있다(출하단계, 도매단계, 소매단계). 출하단계와 도매단계의 부가가치기능이 내용이 조금씩 다르기 때문에 이 단계를 구분해 놓고, 직접 상품을 운송하지도 않는 시장참여자(player)이지만 부가가치기능별로 얼마나 돈을 벌고 있는지를 살펴보고자 한다.

3.1. 국내산 돼지 출하단계의 부가기능과 수익창출

'출하단계'는 생산자가 축산물도매시장 또는 공판장에 직접 출하하는 경매출하가 있으며, 유통 주체와의 계약에 의한 직매출하로 구분한다. 2019년의 경우에 출하단계에서 '경매출하'에서 발생하는 물적유통기능, 유통부가기능 및 house기능은 다음과 같다. 아래 각 기능을 수행하고 수익을 얻고 있는 비즈니스를 하는 조직과 개인이 존재하며, 돼지고기가 존재하는 한 사업은 계속될 것이다.

- 생축운반비
- 등급판정수수료
- 검사수수료
- 자조금
- 도살처리수수료
- 상장수수료

이 중 생축운반비는 본원적 물적유통기능으로 분류하고, 도살처리수수료는 돼지고기의 제품상태를 향상시키므로 유통부가기능으로 분류하고, 등급판정수수료, 검사수수료, 자조금, 상장수수료는 사회적 자본 유통기능으로 분류할 수 있다. 거의 대부분의 수수료가 돼지고기로 유통시키려면 필수적으로 거쳐야 하

〈표 4-1〉 2015~2019년 돼지고기 출하단계의 유통비용 (단위: 원/마리)

구분		2015년	2016년	2017년	2018년(A)	2019년(B)	증감률(%)(B/A-1)
경매출하	생축운송비	6,693	6,430	6,635	5,733	6,846	19.4
	등급판정수수료	400	400	400	400	400	–
	검사수수료	666	666	657	678	714	5.3
	자조금	1,100	1,100	1,100	1,100	1,100	–
	도살처리수수료	17,528	17,021	17,003	18,553	19,900	7.3
	상장수수료	6,388	6,529	6,834	6,233	5,198	△16.6
	합계	32,775	32,146	32,629	32,697	34,158	4.5
직매출하	운송비	5,932	5,775	5,842	5,777	5,759	△0.3
	자조금	1,100	1,100	1,100	1,100	1,100	–
	합계	7,032	6,875	6,942	6,877	6,859	△0.3

주 1) 경매출하 생축운송비: 축산물공판장 8개소 평균 생축운송비
2) 도살처리수수료: 축산물공판장 8개소 평균금액
3) 상장수수료: 축산물공판장 8개소 평균금액
4) 계약출하 운송비: 일반 도축장까지의 평균 생축운송비, 경매출하에 비해 이동거리가 짧아 경매출하 생축운송비보다 적은 것으로 조사
5) 도축제경비는 경매출하 시에는 농가가 직접부담, 계약거래 시에는 유통업체가 부담
자료: 축산물품질평가원(2020), 『2019년 축산물 유통 실태』.

는 과정으로 개입한 것으로 부가가치를 제공하지는 않는다.

경매출하의 경우에 2019년에만 1마리당 34,158원의 비용이 발생했는데, 이 비용이 모두 돼지고기 소유자가 비용으로 지불한 것이고, 이 기능 수행자 입장에서는 수익이 발생한 것이다. 경매출하의 경우 검사수수료, 도살처리수수료가 지속해서 증가하는 것을 발견할 수 있다.

직매출하의 경우에는 운송비 및 자조비만을 출하단계에서 돼지고기 소유자가 유통을 위해 지불하는 비용이 된다. 2019년에 한국의 경우에 '직매출하'는 1마리당 6,859원이었다.

3.2. 국내산 돼지 도매단계의 부가기능과 수익창출

'도매단계'는 도축장으로부터 소매상에 이르는 과정으로 축산물도매시장·공판장에서의 경매반출, 식육포장처리업체에 의한 반출 정육점 등 최종 소비자 소매단계로의 직반출로 구분한다. 축산물품질평가원(2020)은 도매단계에서의 유통비용은 구매비용과 가공비용으로 구분한다.

- 구매비용: 중매인수수료, 지육운송비, 등급판정수수료, 검사수수료, 도살처리수수료
- 가공비용: 운송비, 직접감모비, 임가공수수료, 포장재비, 인건비, 임차료

2019년의 경우에 돼지고기 소유자가 지불하는 구매비용은 53,152원이었으므로, 이 금액이 이들 기능을 수행하고 수수료를 수익으로 갖고 가는 조직이나 개인의 소득이 된다. 가공비용은 단순 해체 가공시에 1마리당 14,270원, 임가공시에는 27,522원, 식육포장처리업체에서 가공하는 경우에 59,973원의 비용을 지불해야 한다. 이 지불금액만큼이 유통부가기능 및 유통house기능의 수행자의 소득이 된다. 돼지고기를 직접 기르거나 유통시키지 않는 개인이나 조직이 이 기능을 수행함으로써 돈을 벌고 있는 것이다.

〈표 4-2〉 2015~2019년 돼지도매단계의 유통비용

(단위: 원/마리)

구분			2015년	2016년	2017년	2018년 (A)	2019년 (B)	증감률(%) (B/A-1)
구매비용 (구매원가 제외)	경매	중매인수료	10,001	9,823	11,078	10,532	9,255	△12.1
		지육운송비	11,411	11,157	13,000	13,513	10,108	△25.2
	직매	(부산물판매가격)	22,658	18,881	19,702	10,930	10,737	△1.8
		지육운송비	5,355	5,193	10,635	4,808	4,6141	△4.0
		등급판정수수료	400	400	400	400	400	0.0
		검사수수료	715	714	709	732	717	△2.0
		도살처리수수료	16,325	16,471	16,489	16,865	17,320	2.7
		계	66,865	62,639	72,013	57,780	53,152	△8.0
가공비용	단순해체 가공	운송비	5,355	5,193	10,635	4,808	4,614	△4.0
		직접비(감모비 등)	10,946	11,340	11,625	10,868	9,656	△11.2
		계	16,301	16,533	22,260	15,677	14,270	△9.0
	임가공	임가공수수료	17,090	18,803	20,702	20,702	20,839	0.7
		운송비	5,102	3,819	6,399	6,399	6,683	4.4
		계	22,192	22,622	27,101	27,101	27,522	1.6
	식육포장 처리업체	운송비	5,102	3,819	6,399	6,399	6,683	4.4
		포장재비	5,302	5,836	7,312	7,174	10,222	42.5
		감모비	12,825	9,182	9,520	8,447	6,228	△26.3
		간접비(인건비/임차료 등)	54,2541	58,083	49,7621	37,935	36,8400	△2.9
		계	77,483	76,920	72,993	59,950	59,973	0.0

주 1) 부산물판매가격: 임도축에 해당되므로 일반도축장 평균 금액 적용
2) 도살처리수수료, 임도축에 해당되므로 일반도축장 평균 금액 적용
3) 단순해체 발골비: 도축장에서 직반출 시 예비발골 비용
4) 임가공수수료 임가공 시 발생하는 임가공수수료
5) 식육포장처리업체 비용: 식육포장처리업체에서 돼지 1마리를 매입하여 처리 시 발생하는 비용

자료: 축산물품질평가원(2020). 『2019년 축산물 유통 실태』.

4. 커피: 사회적 자본 유통기능이 많은 사례

유통측면에서 상품 중 커피의 경우에는 가장 명확하게 유통부가가치기능이 드러나고 이들이 수익을 얻고 있음을 유통구조를 보면 알 수 있다.

그림 4-3 커피의 간단한 유통 구조

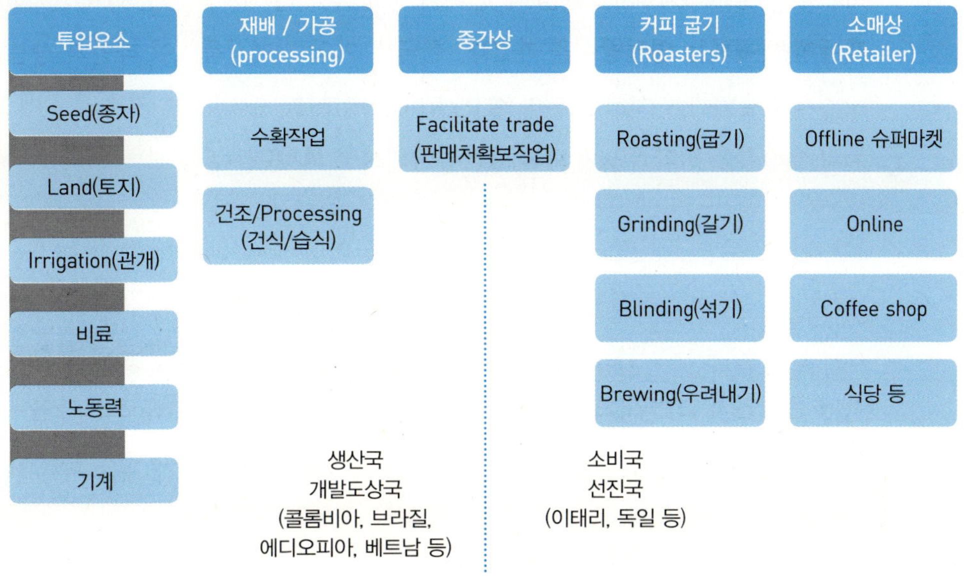

커피의 주요생산국은 개발도상국이다. ICO(International Coffee Organization)의 주요가격지수는 콜롬비아, 브라질의 가격과 로부스타(Robustas)를 생산하는 국가를 보고하고 있다. 특히 로부스타를 주로 생산하는 베트남을 포함한다. 위의 그림을 통해 커피의 생산부터 소비지까지의 유통과정에 개입하는 시장참여자들을 구분하면 다음과 같다.

4.1. 생산단계

커피의 생산은 주로 농민에 의해 이루어지고 있다. 커피열매를 수확하는 곳은 대부분 자본가가 운영하는 농장이나 개인이 소유한 커피밭이다. 커피가 수확되기 전에 커피생산에 필요한 자원이 투입되는데 이들 중 대부분이 농민이 소유하고 있지 않은 경우가 많다고 알려져 있다. 커피나무의 생장에 필요한 자원을 공급하는 조직이나 개인이 아래 각 자원을 지원하고 수수료를 받아 수익을 창출한다.

- 커피나무 종자의 공급과 거래
- 커피나무가 자라는 땅(land)의 임대 및 공여와 수수료 징수
- 물의 공급(관개: irrigation)) 및 수세의 징수
- 비료의 유상제공
- 시기에 따라 급격한 노동력 필요시 인력의 공급
- 커피나무 생장 과정에 투입되는 농기계의 대여 및 판매

4.2. 프로세싱(processing) 단계

이 프로세싱 단계는 주로 재배 및 가공단계이다. 커피열매를 수확해서 생두로 만드는 과정이다. 프로세서는 농민을 고용하여 생산하여 수확을 하는 자본가일 수도 있고, 농민이 생산한 커피체리를 구매하는 기업일 수 있다. 이 프로세서들은 다음과 같이 커피상품의 가치를 증가시키는 부가가치기능을 수행한다.

- 수확작업
- 단위당 커피열매(체리)가격의 책정
- 건조(건식, 습식) 등 내추럴, 워시드, 허니 프로세싱 등 가공과정 공장을 갖춘 기업만이 수행
- 껍질 벗기기
- 파치먼트 커피상태나 생두로 만들기
- 가공된 커피의 가격책정

4.3. 수출단계

프로세서의 영업사원이나 독립적인 수출전문회사가 개입하여 커피가공공장에서 항구나 공항으로, 항구나 공항에서 수입국의 항구나 공항으로 가공된 커피를

운반하는 과정이다. 주로 커피브로커이다. 이들이 하는 유통부가기능은 다음과 같다.

- 가공공장에서 수출입항으로 가공된 콩의 이동
- 수출국 항구나 공항에서 수입국 항구나 공항으로 이동(내륙운송 및 해외운송 진행 및 위탁)
- 주문 및 지불수단 제공기능

4.4. 수입단계

커피의 수입은 자본금이 많은 수입업자로서 보통 대기업들이 담당한다. 이탈리아의 Illy coffee를 생각해 보면 커피가 하나도 생산되지 않는 이탈리아가 굉장히 많은 양의 커피를 수입한다는 것을 알 수 있다.

대형 수입업자가 생두를 구매해 수입국에서 커피콩을 선적하게 되면, 국내 항구에 도착할 때까지 B/L을 나누어 판매가 진행된다. 보통 여기서 B/L을 구매하는 곳은 일반적인 생두 판매자나 규모가 큰 로스팅 공장을 운영하는 사람들이다. 집에서 홈 로스팅하시는 분들이 인터넷에서 구매하시는 생두는 작은 수입업자가 보유한 분량을 인터넷 사이트를 통해서 구입하게 된다. 이 수입단계에서 발생하는 유통부가가치기능을 다음과 같다.

- 물적이동
- 배분기능

4.5. 커피제조단계

수입된 생두를 로스팅한 후 거래처나 소비자에게 판매를 하는 곳이 있다. 제조공장의 규모가 크면 생두 수입을 병행하면서 생산이 가능하다. 하지만, 일반적 로스팅 공장은 제조만 하는 경우가 대부분이다. 이들 중에는 이탈리아의 Illy coffee 경우처럼 수입과 커피제조단계를 동시에 진행하는 회사도 있다. 로스팅 공장에서도 소비자에게 직접 판매를 하기도 한다.

- roasting
- grinding
- blindling
- brewing
- 배분기능
- 소매판매기능

각 기능을 수행할 때마다 커피의 g당 가격이 증가하게 된다. 이런 기능을 수행하면서 생두에 비해 가격이 비싼 가공커피로 변화하게 된다.

4.6. 도매상(프랜차이즈 포함)

로스팅 공장에서 제조된 원두와 관련 제품을 카페에 판매를 하는 단계이다. 한국 내 유명 프랜차이즈 업체도 이런 기능을 수행하고 수익을 얻는다.

- 원두의 제공
- 커피추출기계 설비 등 판매
- 커피잔 등 서비스용품 등 부자재 판매

4.7. 소매단계

슈퍼마켓, 온라인 판매, 카페, 레스토랑 등 다양한 업태에서 소매가 이루어지게 된다.

5. 요약

- 유통기능에는 본원적 물리적 물류이동기능, 유통부가가치기능, 사회적 자본 유통기능으로 나뉜다.
- 본원적 물류이동 기능 이외에도 유통부가가치기능, 사회적 자본기능을 수행하고 수익을 얻는 조직이나 개인이 많이 존재한다.
- 유통부가가치기능, 사회적 자본 유통기능을 수행하는 창업은 시장기회가 될 수 있다.
- 업종별로 본원적 물류이동기능, 유통부가가치기능, 사회적 자본 유통기능은 모두 다르다.
- 한국에서는 업종별 본원적 물류이동기능에 초점을 맞춘 책은 많이 있어도, 유통부가가치기능, 사회적 자본 유통기능에 대해서는 주목이 상대적으로 약하다. 여기가 창업기회이다.

6. 독자의 과제

독자가 관심있어 하는 상품을 하나 선택하여 적어보자. ______________________

그 상품의 생산부터 소비지까지의 유통망구조를 그리고, 각 유통단계별로 부가가치 기능과 사회적 자본 유통기능을 상세히 나열해 보자.

참고문헌

박찬욱(2014), 한국의 소매업태 및 업종별 유통경로. 한국생산성본부.
서용구, 이정희(2012), 유통관리, 서울: 서울경제경영.
임영균, 안광호, 김상용(2015), 고객지향적 유통관리, 서울: 학현사.
유필화, 김용준, 한상만(2019), 현대마케팅론, 서울: 박영사.
축산물품질평가원(2020), 2019년 축산물 유통실태.
한국농촌경제연구원(2020), 돼지고기 수급 및 유통체계 분석.
https://cafepraha.tistory.com/entry/커피의-유통구조.
ICO(International Coffee Organization): www.ico,org

Chapter 5

업태

방문판매라는 업태는 우리나라에서는 아마도 조선 숙종 이전부터 있었을 것이다. 기록에 보면 매분구라는 여성방물장수가 있었다. 한편, 미국에서 방문판매로 제일 유명한 시발점은 화장품을 판매하는 AVON일 것이다. 한국전쟁 직후 AVON을 모방하여 태평양화학이 아모레 아줌마를, 한국야쿠르트가 야쿠르트 아줌마를 방문판매업태로 매출을 올렸다. 세계적으로는 Amway가 다단계판매와 병행하여 방문판매를 진행하고 있다(설혜심 2017).

그림 5-1 방문판매의 간단한 역사

유통 일반

- 방문 및 샘플 제공
- 조선 숙종 여성 방물장수
- 매분구賣粉嫗
- 1886년 Avon lady
- 1962년 화장품방문판매업
- 아모레 아줌마(80년대 중반 화장품매출의 90% 이상)
- 보험아주머니
- 야쿠르트아주머니
- Amway

David Hall McConnell
책 방문판매자, 1886년 향수회사차림(NY)

AVON: 셰익스피어 고향이름
California Perfume Company

점두판매(over the counter) 화장품을
방문판매로 전화(유점포-무점포)(ambigram)

방문판매요원을 여성 선발(ambigram)
(마진 40%)

기존	Avon Lady
판매자: 남성 소비자: 여성	판매자: 여성 소비자: 여성

화장파티, Tupperware party

제1장에서 우리는 업종과 업태를 구분한 바 있다. 하지만 제2장 본원적 물리적 유통을 설명할 때, 제3장 유통망구조를 업종별로 설명할 때 저자들은 업종을 위주로 다루었다. 그래서 업종별 유통망구조 속에 녹아 있는 업태를 자세히 관찰하지 않았다. 한국표준산업분류 상에도 알 수 있듯이 업태는 맨 마지막 소매단계에 두드러지게 나타난다. 제3장과 4장에서는 업종별 유통구조를 살펴보았으니 제5장부터는 업태를 살펴보고자 한다. 제5장에서는 전통적인 교과서적인 분류에 따라 기존 업태를 분류하고, 업태변화의 역사를 과거, 현재, 미래의 모습을 살펴봄으로써 미래에 창업자 및 기업에서 사용할 수 있는 몇 가지 조언을 제시한다.

제6장에서는 기존 교과서나 컨설팅회사에서 다루지 않았던 다양한 업태분류 기준을 제시하여 새로운 영업방식을 가진 업태를 설명하였다. 제7장에서는 업태의 정의에서 사용한 '가격'요인에 집중하여 업종 내 업태의 다양한 모습을 소개한다. 경영자에게 있어서 제5장에서 제7장에 이르는 많은 분량으로 업태를 다루는 이유는 기업이 업태를 무엇으로 선택하는가에 따라 많은 것이 달라지기 때문이다. '고객', '경쟁자', '매출', '고정비용', '수익', '인력자원관리', '재무자원배분', '마케팅자원투입', '유통관리', '브랜드자산(brand assets)', '고객이 지불하고자 하는 가격수준'이 모두 달라진다. 즉, 창업자가 판매할 창업아이템이 결정된 후 어느 업태를 선택하느냐에 따라 고객 수, 경쟁강도, 우리 회사의 강장점 유

그림 5-2 업태와 업종의 구분

업태(業態): How to sell	한국표준산업분류상 영업의 종류 중 대분류에 속하는 것 가격대와 집하형식으로 기업을 분류하는 것 즉 영업 또는 기업의 소매업의 형태로서 '어떠한 방법으로 판매하고 있는가'의 의미
업종(業種): What to sell	업태 중에서 세분화된 사업의 분류를 뜻하는 것 영업 또는 사업의 소매업 형태로서 '무엇을 판매하고 있는가'를 의미

무가 발생하며, 이에 따라 회사의 성과(매출 및 이익)이 결정된다. 따라서 업태의 선정이 창업회사의 운명을 좌우하게 된다.

1. 업태의 정의

업태란 영업 또는 기업의 소매업형태로 '어떠한 방법으로 판매하는가'의 의미이다. 즉, 구매자가 어느 채널에서 어떠한 방식으로 상품을 구매하도록 설계되어 있는가를 말한다. 소매업이 아닌 도매 등의 유통상의 비즈니스모델상에서도 다양한 업태가 이루어진다.

2. 업태의 종류

저자들은 기존 유통관련 서적에서 분류법(classification, schmata)없이 업태를 나열한 사례를 검토하면서, 소매유통을 중심으로 업태를 분류할 수 있는 기준을 논의하고, 그 결과 아래와 같은 업태분류기준을 설정하였다.

- 점포가 있는 경우, 점포가 없는 경우
- 제품계열이 넓은 경우, 제품계열이 좁은 경우
- 기계 및 통신 같은 물리적 장치가 개입하는 경우, 사람이 개입하는 경우

이 세 가지 기준에 의하면 다음과 같은 다양한 업태가 존재한다. 이 책에서는 각 업태의 정의와 특징 및 미래 사업기회 등을 간단히 다루고자 한다.

그림 5-3 업태의 분류

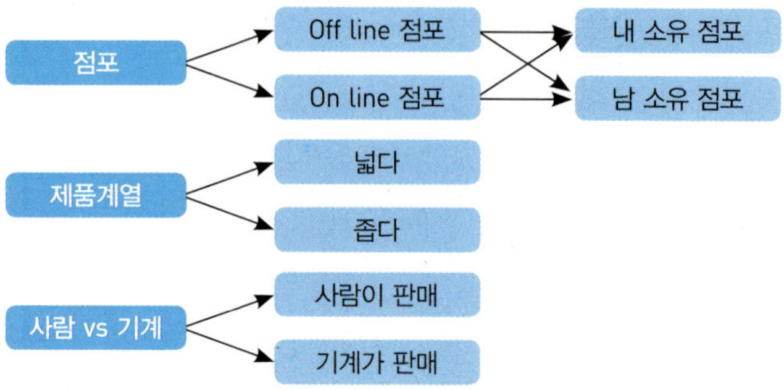

<table>
<tr><th colspan="2">점포유무/사람개입여부</th><th>제품계열이 넓은 경우</th><th>제품계열이 좁은 경우</th></tr>
<tr><td colspan="2">점포
소매상
(오프라인)</td><td>전통시장
백화점
슈퍼스토어(broad supermarket)
회원제 도매클럽
아웃렛
복합쇼핑몰</td><td>슈퍼마켓
편의점
카테고리 킬러
(양판점)</td></tr>
<tr><td rowspan="2">무점포
소매상
(온라인</td><td>물리적
장치 위주</td><td colspan="2">카탈로그 판매(우편주문판매)
자동판매기
TV홈쇼핑
텔레마케팅
E-commerce
(Mobile commerce, Social Commerce Live commerce)
(B2C, C2C, B2B, P2P, 020, D2C)</td></tr>
<tr><td>인간 위주</td><td>다단계판매</td><td>방문판매
다단계판매</td></tr>
</table>

1) 전통시장

인류가 최초로 사용한 업태는 물물교환이다. 이것이 발전하여 판매할 상품을 일정한 장소와 시간에 모여 판매하고 구매하는 경우가 발생했다. 매장을 소규모로 상설할 수도 있고, 매장이 상설되지 않을 수도 있다. 창업할 아이템을 전통시장에서 판매하는 것을 고려해 볼 수도 있다. 우리나라에는 OECD 국가에 드물게 이런 상설화된 전통시장이 매우 많이 잔존하는 편이다. OECD 국가에서도 물론 이런 전통시장이 존재한다.

그림 5-4 양정무(2020)가 주장하는 미술시장의 변화

15세기 이전
유럽 국가의 미술작품은
구매자와 작자가
직접 거래
또는 공방에서 거래

15세기 브뤼게(Brugge)
프란체스코 수도회 근처
1년에 6주간
미술품 취급 전문점포 존재
(최초의 미술시장)
점포 10개

15세기 안트베르펜
성모마리아 성당 앞
루벤스동상 앞
100여 개 매장
미술작품과 목공예품 거래

전통시장에서 물건을 구매하는 고객의 특성(customer characteristics: 인구통계학적 특성)은 무점포에서 구매하는 고객과 라이프스타일 및 profile이 매우 다르다는 것을 염두에 두어야 할 것이다. 또한 전통시장에 오는 고객과 대형마트를 가는 고객이 구매상품 구매행위패턴이 완전히 다를 가능성을 배제할 수 없다. 예를 들어, 전통시장의 매출을 보호하기 위해 대형마트 등의 영업시간을 제한하는 국가정책은 대형마트만의 매출을 희생시킬 가능성이 있다. 오히려 특색있는 전통시장 콘셉트의 개발과 진흥을 꾀하는 것이 낫다.

2) 백화점

1852년 프랑스 파리의 Le Bon Marche가 최초의 백화점이다. 미국은 1858년 뉴욕의 Macy's 백화점, 한국은 1906년 미츠코시 백화점이 최초이다. 넓은 제품계열을 한꺼번에 집화하여 판매하는 방식이다. 한국 내 백화점의 진출 이후 가격과 제공하는 제품카테고리 측면에서 고가화와 다양화의 역사를 밟고 있는 중이다(〈그림 5-5〉 참조). 1980년대 이후로 지방의 독자적 백화점들은 거의 모두 쇠

그림 5-5 우리나라 백화점의 변천

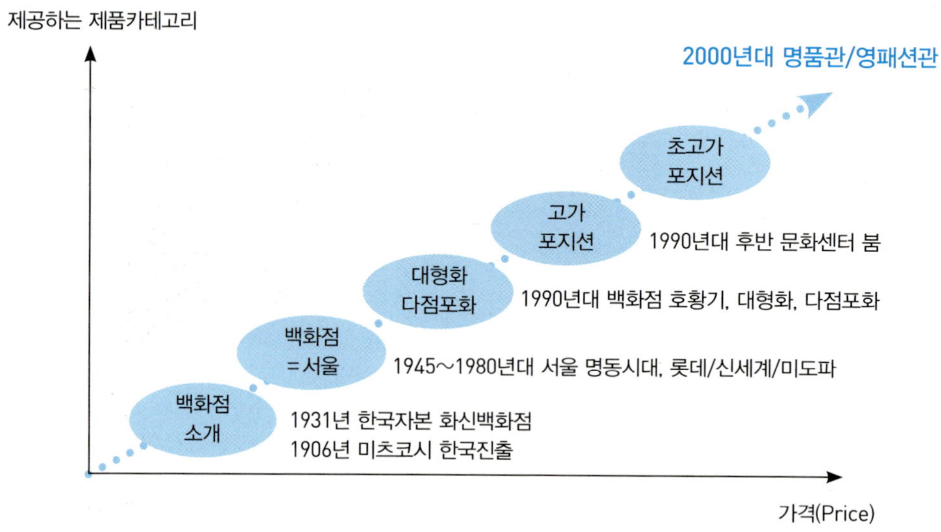

퇴했으며, 대기업의 백화점들이 대형화 및 다점포화로 전국에 입점한 상태이다. 1990년대를 한국의 백화점 최고조기로 여긴다. 그 이후 2010년대 이후 최근까지 명품관의 매출이 두드러진다는 평가를 받는다.

하지만 2020년대 코로나 이후에 미국의 대규모백화점들이 파산 등을 경험하고 있다. 일부 전문가들은 한국에서 백화점은 복합쇼핑몰로 대체될 것이라는 우울한 전망을 받고 있다.

3) 카탈로그판매

카탈로그판매는 우편주문판매 형태로 1872년 시카고에서 몽고메리워드를 설립한 아론 몽고메리 워드(Aaron Montomery Ward, 1843~1913)에 의해 시작되었다. 몽고메리 워드는 마구간에 상점을 차리고 1쪽짜리 카탈로그를 통한 판매를 시작했다. 우리나라는 1990년대까지 의류도 이렇게 판매하는 경우가 있으며, 최근에는 문구점들이 아직도 이 방법을 채택하고 있다. 하지만, 카탈로그판매는 e-commerce로 급격히 대체되고 있는 업태이다.

4) 슈퍼마켓

식품과 잡화 위주로 소규모 점포를 탈피한 중대규모의 소매매장을 말한다. 이 슈퍼마켓이 매장이 커지면 SSM(super supermarket)이라 불리우게 된다. 대형 유통업체가 체인 형식으로 운영하는 기업형 슈퍼마켓을 일컫는다. 주로 주거지 근린에 위치하며, 대도시 및 지방 중소 도시로 그 유통망을 확장하고 있다. 국내의 대표적인 SSM은 'GS슈퍼마켓', '롯데슈퍼', '홈플러스 익스프레스', '이마트 에브리데이', '킴스마트', '탑마트', '마트킹' 등이 있다.

5) 슈퍼스토어

슈퍼마켓이 대규모화되고 더 많은 제품계열을 채택한 경우를 말한다. 미국인 눈에 월마트가 슈퍼마켓이고, '슈퍼스토어 월마트'에 가면 약국 사진관 타이어교체 가게 등이 월마트 안에 들어가 있게 된다. 즉, 여러 업종이 한 건물 안에서 영업을 하는 형태를 말한다.

6) 카테고리 킬러

한 가지 또는 소수의 제품계열(카테고리)을 아주 제품이 다양하게(깊은 제품) 판매하는 경우를 말한다. 전문양판점이다. 가전제품, 스포츠용품, 완구용품, 문구용품, 자동차부품, 아웃도어용품 등을 전문적으로 판매한다.

- 가전전문판매점: 하이마트나 전자랜드, 중국 궈메이(国美), 따종(大中), 미국 bestbuy, circuit city 등
- 가구전문판매점: IKEA 등
- 식자재전문판매점: Eatly 등
- 아웃도어 용품 전문매장: MEC, SAIL Outdoor 등

2010년대 이후부터는 e-commerce시장에서 카테고리 킬러들이 대세가 되었다. 매우 급속하게 업종을 확대하고 있다. 기존 식부자재품에서는 마켓컬리, K-pop 아티스트 상품에서는 Weverse shop이 카테고리 킬러이다. 이외에 반려동물용품, 캠핑용품 등이 2020년대에 부상하고 있다, 특히 중국은 아웃도어용품시장이 크게 성장하고 있다고 알려져 있다.

독자들의 연습장

온라인에서 아직 카테고리 킬러로 등장하지 않은 상품군은 무엇이 있을까? 그 상품을 선택하여 적어보자. 그렇게 생각한 이유를 적어보자

7) 회원제 도매클럽

미국의 Sam's나 한국에도 있는 Costco 등과 같이 연회비를 지불한 회원에게 창고 수준의 인테리어 공간에서 아주 저렴한 넓은 제품카테고리의 제품을 판매하는 것을 말한다. 한국의 경우에는 기존 외국기업에 비해 좀 더 고객의 접근가능성을 높이는 비즈니스모델로 회원제 도매클럽을 운영하기도 한다. e-traders는 costco와 같은 회원제가입비용을 납부할 필요도 없고, 매장을 나가면서 물품검사를 받을 필요도 없다.

8) 복합쇼핑몰

일정한 공간 안에 백화점과 단독점포 및 위락시설 등을 합쳐 놓아서 고객들이 쇼핑 이외에 라이프스타일을 모두 즐길 수 있도록 설계된 공간을 말한다. 신세계 센텀시티점이나 하남과 안성의 스타필드 등이 대표적이다. 전 세계적으로 백화점은 감소하고 복합쇼핑몰은 증가하는 추세이다.

특히 중국, 인도, 중동에서 복합쇼핑몰이 증가하는 것으로 나타나고 있다. 어느 컨설팅회사의 보고서에 의하면 2021년에 상해에만 부산 센텀시티와 같은

복합쇼핑몰이 19개 존재한다고 주장하고 있다. 참고로 북경을 방문하는 고객은 싼리툰 이외에도 팡차오띠나 인디고 등을 방문해 볼 것을 권한다.

9) 아웃렛

미국식 아웃렛은 백화점에 입점한 업체 등이 집체화되어 신제품 또는 이월제품, 기획상품 등을 저렴한 가격을 판매하는 것을 말한다. 우리나라에서는 대도시 인근은 대규모 미국식 아웃렛이 곳곳에 생겨나고 있다. '프리한19'에서 다루기도 했던 해외국가별 꼭 가 보아야 할 아웃렛을 소개해 본다.

- 이탈리아에서 악마가 입는 프라다명품을 구매하려면 Space outlet. 피렌체에서는 이 곳 Space outlet과 'the Mall' outlet을 투어하는 상품이 있고, 피렌체 기차역 옆에는 중국인이 운영하는 'the mall outlet' 왕복버스가 있다.
- 이탈리아 로마 카스텔로마노 아웃렛(catel romano outlet). 페르가모 구두를 저렴하게 살 수 있다.
- 일본 오사카 난카이 난바역 옆에 있는 '난바파크스'쇼핑몰. 꼼데가르송을 저렴하게 살 수 있다.
- 런던의 Burberry 전문 아웃렛. 저자 개인적으로 비추한다. 가 보면 제품이 지나치게 이월상품이 많고, Burberry가 운영하는 것이 맞는지 의심스러운 정도로 디스플레이나 제품상태가 양호하지 않다.

10) 자동판매기

제품을 기계 속에 저장했다가 구매자의 구매금액 투입시 배출해 주는 업태를 말한다. 한국은 일본에 비해 자동판매기에서 판매하는 상품의 종류가 적은 편이고, 유럽이나 미국은 자동판매기의 보급이 낮은 편이다. 따라서 한국은 일본에 비해 자동판매기사업을 할 업종이 아직도 많이 비어있는 편이고, 우리 자동판매기가 유럽이나 미국에 진출할 여지는 많은 편이다.

- 미국의 국립공원에는 자판기를 거의 발견할 수 없다.
- 프랑스 기차역마다 자판기 설치가 늘어나고 있다.

• 미국의 motel이나 대학기숙사에 가 보면 스낵자판기는 많다. 한국모델에서는 무슨 자판기가 많았는지를 생각해 보면 같은 업종인데 자판기의 종류가 매우 다르다.

질문: 아직 자동판매기로 판매하지 않는 상품이 무엇이 있을까요? 한 상품을 선택하여 제시하십시오.

그렇게 생각한 이유를 적어보십시오.

11) 무인매장

자판기가 매장 안에 단독이 아닌 상태로 집단화하여 설치되어 있는 것을 무인매장이라 한다. 이름 그대로 사람이 상주하지 않은 상태로 자판기나 진열장에서 판매하는 상품의 길이와 넓이를 갖춘 매장을 말한다. 무인편의점, 무인라면집, 무인밀키트집 등 무인화 무현금화의 대세를 따라 급격히 매장 수가 많아지고 있다.

질문: 아직 무인화되어 있지 않은 업종은 무엇인가? 향후 1년 이내 무인점포가 등장한 업종을 생각하여 제시하십시오.

그렇게 생각한 이유를 적어보십시오.

12) 통신판매

판매자는 점포 없이 신문 잡지 라디오 텔레비전 등에 광고를 하고 전화나 우편을 통해 주문을 받고 택배 등의 수단으로 물건을 공급하는 방식을 말한다. 앞으로 10년 후에도 이런 업태가 존재할까?

13) TV홈쇼핑

1990년대부터 케이블TV가 보편화되면서 발생한 업태이다. 전문홈쇼핑채널이나 케이블채널 중 일정시간을 빌려 홈쇼핑제품을 홍보하고 구매자는 전화를 통해 구매하는 방식이다. e-coomerce 증가 후 급속하게 시장매력성이 떨어지는 업태이다.

14) 텔레마케팅

전화번호부, 졸업 앨범, 기타 수단을 통해 획득한 고객 DB를 가지고 전화로 영업을 하는 것을 말한다. 통신판매를 포함한 개념이다. 보이스피싱이 사용하는 방법이다. 이런 범죄는 지금도 지속되고 있으므로 이 업태의 지속성이 존재할 것이라고 판단하고 있다.

15) e-commerce

온라인상에 디지털 통신을 이용한 상거래를 모두 일컫는다. 이 중 C2C(Customer to Customer)는 오픈마켓이라 하여 개인과 개인이 상품을 사고 팔 수 있는 플랫폼에서 이루어지는 거래를 말한다. B2C(Business to Customer)는 상품을 제조했거나 판매하는 기업이 개인을 상대로 상품을 온라인상에서 판매하는 경우를 말한다. B2B사이트는 기업 간의 상거래를 온라인상에서 전개하는 경우를 말한다.

Mobile commerce란 e-commerce 중 모바일장치를 통해 상거래가 이루어지는 경우를 말한다. S-commerce 또는 Social commerce는 쇼셜커머스업체가 기업으로부터 납품받거나 구매한 상품을 소비자에게 판매하는 경우를 말한다. 쿠팡이나 티몬이 대표적이다. 최근에 가장 많이 각광받고 있고 성장하고 있는 e-commerce는 live commerce이다. 상품소개 및 상담, 댓글을 이용한 고객과의 소통이 주요특징이다. 홈쇼핑의 실시간성을 온라인 상에서 구현하고 있는 업태이다.

> 한 번 짚고 넘어가야 할 메타버스(확장가상세계)
>
> 루이비통이 메타버스에 상점을 열고 디지털 비내구재로 가방을 팔았다. 업종측면에서 보면 패션상품을 오프라인과 온라인에서 다른 형태의 상품으로 판매한 것이기 때문에 업종의 변화는 없다. 루이비통이 상품을 판매하는 유통경로를 살펴보면 1) 오프라인매장(전문 가두단독매장), 2) 백화점 내 입점, 3) e-commerce 온라인 B2C 자사몰, 4) e-commerce 온라인 메타버스매장으로 구분된다.

16) O2O서비스

온라인과 오프라인 판매를 연계한 업태이다. 배달의 민족과 같은 배달앱이나 카카오택시와 같은 카풀앱처럼 온라인상에서 연결한 후 오프라인에서 제품이나 서비스가 제공되는 경우를 말한다.

17) D2C(direct to consumer)

식품제조업체가 온라인 유통채널을 운영하여 직접 고객에게 상품을 전달하는 것을 D2C(direct to consumer)라 한다. 유기농식품만 판매하는 일본의 Oisix나 유명 식당 메뉴를 배당하는 프랑스의 A La Carte Express가 대표적이다. 우리나라도 코로나 이후에 급격히 이 서비스가 증가하였다.

18) 다단계판매

다단계판매란 전통적인 유통망인 도·소매단계를 거치지 않고 소비자들이 판매원이 되어 연쇄적인 소개로 시장을 넓혀가는 판매방식을 말한다. Amway가 대표적이다. 2000년대 초반 온라인시장이 급격히 증가하고 있는 상황에서 다단계판매가 아직도 매출을 올리는 것을 보면 인적판매를 통한 고객의 구매행동은 계속될 것으로 예측된다.

19) 배달

직관적으로 배달이 업태인가 하는 의문이 든다. 하지만 점포는 갖고 있지만 배달에 주력하는 업종을 독자들은 많이 보았을 것이다. 점포가 있고 매장 내 판매가 가능한 업종에서도 배달을 한다. 최근 '랄라블라'는 '올리브 영'보다 먼저 배달을 시작했다. 2020년부터 불거진 코로나 사태로 인해 각 업종에서 배달을 새로운 업태로 채용하는 경우가 많아졌다.

아직 배달을 하고 있지 않지만, 미래에 배달서비스로 업태를 확보할 만한 업종을 적으시오.

그렇게 생각한 이유를 적으시오.

그림 5-6 카테고리킬러 업태가 배당을 만나 올리브 영의 '오늘드림'서비스 창출

	백화점	자사 온라인 몰	온라인 플랫폼	배달
백화점	Mall			
카테고리 킬러		Weverse shop	무신사	올리브영 '오늘드림'

저자들이 19가지나 되는 전통적인 업태를 소개하는 이유는 이들 업태 간의 결합을 통해 새로운 업태나 비즈니스모델을 개발할 수 있기 때문이다. 예를 들어 〈그림 5-6〉과 같이 최근에 카테고리 킬러 업태가 배달을 만나 올리브 영의 '오늘드림'서비스를 창출한 것을 볼 수 있다. 옛날에는 백화점과 백화점을 연결해서 미국에서 mall이라는 개념의 업태가 태어났던 것이다. 따라서 기존 업태가 기존 업태와 끊임없이 결합할 수 있다는 확신을 갖고 경영자는 지속적으로 기존 업태를 주시해야 할 것이다.

3. 인터넷 비즈니스의 수익원천

앞서 e-commerce는 상행위를 통해 이익을 창출하는 업태만을 다루고 있다. 이 단락에서는 인터넷으로 수익을 올리는 영업방식에 대한 분류를 다루고자 한다. 이를 통해 수익원천에 따라 영업방식이 다르고, 영업방식이 다르니 업태가 별도로 존재한다는 것을 독자에게 알리고자 한다. 이 단락의 목적은 인터넷 상에서는 오프라인에서 거래되는 것보다 훨씬 다양한 것들이 우리가 미처 생각하지 못한 방식으로 거래되고 매출과 이익을 창출하고 있다는 것을 보여주려 한다.

첫째 수입원천은 콘텐츠이다. 디지털로 만들어진 내용물로 디지털 비내구재와 디지털 내구재, 디지털 서비스 등으로 구분할 수 있다(〈그림 5-4〉 참고). 이

그림 5-7 인터넷 수입원천의 분류

① **콘텐츠(contents): 디지털로 된 내용물**

- 디지털 비내구재: 주식정보, 소프트웨어 면허, 바이러스프로그램 등
- 디지털 내구재: 음원 내려받기, 전자서적, 논문 등
- 디지털 서비스: OTT서비스의 영화, 사진, 음악 스트리밍, 온라인 금융거래, 데이트 알선, 경매, 게임

② **커머스(commerce): 제품과 서비스의 거래 유통경로**

- 온라인 전문 commerce, 오프라인 온라인 병행 commerce
- B2C, C2C

③ **콘텍스트(context): 항해할 때의 도움, 정보의 집성으로 수입을 올리는 것**

- 구글, 바이두, 야후, 네이버 등

④ **커넥션(connection): 인터넷에서 정보를 교환, 고객의 의견을 모으기, social network**

- 유료 network, 무료 network(카톡)

중에서 디지털 비내구재와는 필수품처럼 구매가 이루어지고, 디지털 내구재는 선택품처럼 구매가 이루어짐을 발견할 수 있을 것이다. 또한 디지털 서비스 중 OTT(넷플릭스 등) 서비스와 음원서비스, NFT가 전 세계적으로 급격히 성장하고 있는 모습을 목격할 수 있다.

인터넷 비즈니스의 두 번째 수입원천은 commerce이다. 특히 코로나로 인해 비대면 상거래가 급격히 증가하고 있으므로 전자상거래업체 및 결제 등의 파생수요업체 등이 급격히 성장하고 있다.

셋째 수입원천은 콘텍스트이다. 고객이 인터넷 상에서 항해를 하거나 정보를 찾을 때 도움을 주고 수입을 올리는 방식이다. Youtube, Pornhub, 일반 검색엔진 및 GPS기반 지리정보서비스(구글맵이나 네비게이션서비스) 등이 대표적이다. 인공지능 알고리즘을 이용한 고객지향적 도움을 통해 수익을 창출한다. 검색엔진만 존재할 때는 미미한 성장이었으나 이 서비스가 commerce와 connection, contents와 결합되고 집성화되면서 급격히 수익구조가 좋아졌다.

그림 5-8 점포유무에 의한 분류를 다시 점포소유권으로 구분한 경우

점포유무에 의한 분류	내 매장 소유	남의 매장에 입점
점포 소매상(오프라인)	미래에셋증권 직영점	스타벅스 직영점
무점포 소매상(온라인)	자사 쇼핑몰	Tmall, 아마존에 입점

경영자가 의사결정할 문제

점포유무에 의해 업태를 분류해 놓은 다음에 더 기준을 부여하여 업태를 세분화할 수 있다. 예를 들어 점포의 소유권 유무에 의한 분류이다. 어느 회사는 내 매장을 소유하고 나의 상품을 내 매장 안에서만 판매하는 업태를 가진다. 하지만 어느 회사는 남의 매장에 전세나 월세로 입점하는 비즈니스모델을 가진 경우가 있다. 더나가 남의 온라인 오프라인 매장에 입점하여 판매하고, 그 매출액의 일부를 매장소유자에게 지불하는 업태를 가진 회사가 있다. 비용구조가 모두 달라져서 이익이 모두 다르다.

당신은 당신의 상품을 내가 소유한 매장에서 판매하시겠습니까? 남이 소유한 매장에서 판매를 하시겠습니까? 둘 중의 하나를 선택하십시오.

그런 의사결정을 내린 이유를 적어보십시오.

넷째 수입원천은 커넥션이다. 인터넷으로 정보의 교환을 돕는 일체의 서비스를 말한다. 카톡, 위챗, 텔레그램 등과 같은 social network가 대표적이다.

이익을 증가시키기 위해 경영자는 위의 네 수입원천 중에 우리 회사가 현재 사용하고 있는 수입원천이 무엇이고, 아직 사용하고 있지 않은 수입원천이 무엇인지를 파악해야 한다. 아직 사용하고 있지 않은 수입원천에서 새로운 업태를 회사가 가질 수 있는지를 검토해야 한다.

4. 업태의 탄생과 소멸에서 배우는 창업과 경영의 기회

이 단락에서는 기존의 업태별 탄생과 소멸의 역사를 통해서 경영자에게 제시할 수 있는 몇 가지 조언을 하고자 한다.

1) 업태를 처음 소개하여 돈을 번 사람이 많다. 최초로 업태를 소개해 보자!

백화점이라는 이름 아래 독립적인 건물을 짓고, 여러 상품을 독립된 매장에서 정찰제로 판매하는 백화점은 1852년 봉 마르쉐(Le Bon Marche) 백화점이 최초이다. 1858년 뉴욕에서 개장한 Macy's, 1834년 잡화점에서 시작해서 1892년 백화점으로 변신한 런던의 해로즈(Harrods), 1875년부터 런던의 유행을 주도했던 리버티(Liberty) 등이 그 지역에 백화점을 소개한 대표적인 예이다.

새로운 업태를 빠르게 따라간 기업들도 돈을 벌었다. 1855년 파리에 루브르 백화점, 1856년 19세기판 통신판매의 제왕이었던 A la Belle Jardiniere(아라벨 자르디니에르)와 Bazar de Hotel de Ville(바자 드 호텔 드 빌), 1865년에는 쁘렝땅백화점과 사마리텐느(Samaritaine), 1893년에는 La Fayette이 등장했다.

우리나라에서도 일제강점기에 미츠코시백화점이 한성(서울)에 생긴 후에, 한국자본으로는 화신백화점이 1931년에 개점하였고, 롯데·신세계·미도파 등이 등장하여 구매자의 각광을 받았다.

역사적으로 백화점업에서는 신세계그룹은 롯데백화점에 비해 진입과 성장이 낮았으나 '복합쇼핑몰'업태에서는 신세계그룹이 스타필드를 통해 한국에서 독보적으로 앞서가고 있다.

2) 업태는 업태 안에서 진화한다.

〈그림 5-5〉에서 보듯이 백화점은 시장에 진입한 후에 판매하는 제품, 판매하는 지역, 백화점 공간을 채우는 tenant mix의 차별화로 진화하면서 변화하였다. 역사적으로 백화점 간, 시기 간 경쟁양태가 계속 변화하였다. 이것이 경쟁 및 생존을 위한 차별화의 요소였다. 따라서 업태 내 흐름을 선도하면 경쟁에서 이겨서 돈을 벌 수 있게 된다. 〈그림 5-9〉는 우리나라 e-commerce시장의 변화의 흐름을 간략히 보여준다. 이런 흐름을 선도하지 못하거나 따라가지 못하면 도태된다.

그림 5-9 우리나라 e-commerce시장의 업태변화

고객의 니즈에 따라 변화하는 Commerce 사업 형태

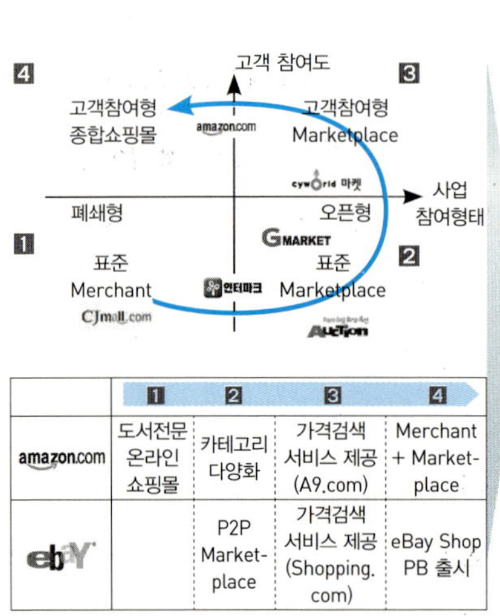

	1	2	3	4
amazon.com	도서전문 온라인 쇼핑몰	카테고리 다양화	가격검색 서비스 제공 (A9.com)	Merchant + Market-place
ebay		P2P Market-place	가격검색 서비스 제공 (Shopping. com)	eBay Shop PB 출시

1 • 기존 오프라인사업자의 유통 채널 확장의 개념(단순 구매자로서의 고객) — 표준 Merchant

\+

2 • 경쟁증가에 따른 가격경쟁 중심의 Marketplace(구매자의 판매자 전환) — 표준 Marketplace

\+

3 • 가격경쟁력뿐만 아니라 가격비교, 후기, 전문가 리뷰 등 정보제공이 중요한 경쟁요소가 됨(정보 수용자로서의 고객 → 적극적 고객 참여) — 고객참여형 Marketplace

\+

4 • 가격경쟁력을 지닌 Marketplace 형태와 차별적 요소를 지닌 Merchant Mall 병행(고객이 원하는 물건을 원하는 가격에 판매) — 고객참여형 종합쇼핑몰

➔ 초기 단순 상품의 판매중심의 쇼핑몰에서 Smart한 소비행태를 도와주고 고객참여 영역을 확대해주는 종합쇼핑몰의 형태로 발전하고 있음

3) 업태는 업태 간에 결합하며 진화한다.

슈퍼마켓이라는 업태에서 제품계열 및 판매공간의 확대를 이룬 것이 슈퍼스토아이다. 슈퍼마켓에서 제품계열을 좁게 하면서 동시에 제품계열의 깊이가 깊어진 것이 카테고리 킬러이다.

홈쇼핑은 TV에서 시작했다. 특정시간에 특정상품을 소개하고 판매한다. TV라는 매체를 벗어나 internet이나 mobile에서 live commerce를 최초로 시작한 것은 홈쇼핑회사들이 아니었다. 그나마 홈쇼핑회사들이 적극적으로 급격히 성장하는 live commerce에 진입하였다.

4) 다른 지역에 있는 업태가 우리 지역에 없다면 도입해야 한다.

부산 해운대 Costco에는 손님이 많다. 이 미국회사는 창고형 회원제 대형할인점을 1983년에 시작했다. 그런데 1983년에 동일하게 시작한 월마트의 샘즈클럽은 왜 한국에서 찾아보기 힘들까? 그들이 먼저 한국에 들어왔으면 Costco만큼 성공했을 텐데! 이 사례를 보면 다른 지역에서 성공한 업태를 이 업태가 존재하지 않는 지역에 도입하는 시도를 해 볼 필요가 있어 보인다.

5. 요약

업종을 선정하고 나면, 우리 상품을 어떻게 판매할 것인지에 대한 업태선정을 해야 한다. 시장성 있는 업종을 선택했을지라도 잘못된 업태 선정은 회사의 성과를 낮추게 된다. 선정된 업태에 따라 목표시장인 고객, 경쟁사의 강도 등이 모두 달라진다. 이 책에서는 기존의 업태분류기준에 따라 대표적인 업태를 소개하였다. 그리고 업태의 생노병사 역사를 속에서 경영자가 참고할 만한 몇 가지 조언을 했다. 창업자는 창업이전에 다양한 업태를 고려한 후, 고객 경쟁사 우리 회사의 장단점에 맞추어 업태를 선정해야 한다. 그 선택은 계속되어야 한다.

6. 독자들과 토론할 과제

문화산업진흥기본법 제2조에는 문화산업의 문화상품이 정의되어 있다. 다양한 상품이 존재한다. 이들은 현재 무슨 업태를 사용하고 있을까? 지금이 최선일까?

- BTS의 굿즈상품은 온라인상에서는 wevershop이라는 전용굿즈판매사이트에서만 판매한다. YG, JYP, SM, Hybe가 아티스트의 굿즈를 판매하는 업태에 차이가 조금씩 있다. 누가 제일 잘 하고 있을까? 누가 제일 뒤쳐져 있는가? 주가와 연계되어 있는가를 논의해 볼 필요가 있다.
- 1990년대 중반 가수 'Prince'는 세계최초로 자신의 음악을 온라인에서만 판매했다.
- 만화는 작가 – 출판사 – 도매상 – 만화방 – 구독자로 이루어지는 전통적인 offline channel에서 작가 – 포털 사이트 또는 전문사이트 – 웹툰 – 구독자로 이루어지는 online으로 진화하였다. 또한 공존한다.

독자는 아래 빈 공간을 채워보기 바란다. 이 과정을 통해 아직 남아 있는 업태에 진출할 수 있는 기회를 살펴보기를 권한다.

그림 5-10 문화산업 상품별 업태사용범위

	단독 가두점	백화점	온라인 단독점포	온라인 편집매장	온라인 오픈마켓	오프라인 편집매장
영화, 비디오물				●	●	
음악	●	●	●	●	●	●
게임			●		●	●
출판물			●	●	●	●
캐릭터	●		●	●		●
의상	●	●	●	●	●	●

그림 5-11 만화업종이 웹툰으로 진화하는 업태의 역사

<table>
<tr><th colspan="2">점포유무/사람개입여부</th><th>제품계열이 넓은 경우</th><th>제품계열이 좁은 경우</th></tr>
<tr><td colspan="2">점포
소매상
(오프라인)</td><td></td><td>① 서점, 만화방(유통망) ③
단행본, 편집본 책자(상품유형)
단행본(시리즈물), 편집본(연재물) 구매
단행본, 편집본 구독량별 후불(업태)
이현세, 박성봉
(출판사가 갑, 작가가 완전 을)
작가의 데생과 스토리텔링 능력이 중요</td></tr>
<tr><td rowspan="2">무점포
소매상
(온라인</td><td>물리적
장치
위주</td><td>③ Naver 웹툰, 다음 웹툰
선불(저작료 지불)
(출판사가 갑, 작가가 을)
목표시장: 전 세계</td><td></td></tr>
<tr><td>인간
위주</td><td></td><td>② 초기 개별 작가별 홈페이지에
작품 게재, 무료 게재, 광고수익원천
강풀 등
(출판사 제거 stripping,
작가 데생능력 중요 안 함,
작가 스토리텔링 능력 중요)</td></tr>
</table>

그림 5-12 문화산업 상품별 업태사용 과거·현재·미래

• 업종: 무슨 업태에서 무슨 업태로 변화했는지와 변화할지를 적어보자.

게임의 업태역사	Past:	Now:	Future:
음악판매업태의 역사	Past:	Now:	Future:
의류판매업태의 역사	Past:	Now:	Future:
영화관람업태의 역사	Past:	Now:	Future:
책판매업태의 역사	Past:	Now:	Future:

참고문헌

설혜심(2017). 소비의 역사. 서울: 휴머니스트.

시오노 나나미(1991). 은빛 피렌체. 서울: 한길사.

양정무(2020). 미술이야기6. 서울: 사회평론.

유필화, 헤르만지몬, 마틴 파스나하트(2012). 가격관리론. 서울: 박영사.

이지은(2011). 부르주아의 유쾌한 살생활. 서울: 지안.

Chapter 6

새로운 기회, 새로운 업태

- '끝장키친'의 끝장떡볶이는 2021년에는 인스타그램에 고객이 구매할 수 있는 시간을 공지하고, 토요일에는 밀떡볶이만, 일요일에는 쌀떡볶이만 판매하였다. 판매하는 수량이 사전에 제한되어 있어서 해당시간에 빠르게 접속해서 주문해야만 이 떡볶이를 먹을 수 있다. 심지어 최소 주문량이 존재하고, 최대 주문량도 존재한다(수량 압박, 시간압박 업태). 2022년에는 네이버스토어팜에서도 주문가능하다. 강추!
- 진주 '수복빵집'에서 여름에 팥빙수를 먹으려면 적어도 오후 2시 이전에 가야 한다. 하루에 제공하는 팥의 양이 정해져 있기 때문이다. 팥이 떨어지면 사장님은 아주 불친절한 글씨로 휘갈긴 조그마한 메모를 셔터가 내려진 매장 문 앞에 붙여놓으신곤 한다. '팥 없음'(수량압박, 시간압박 업태)
- 2021년 박정규 Shopify 한국지사장은 상품을 제조판매하는 회사를 대상으로 아마존과 쇼피파이를 이렇게 구분지었다. '브랜드를 가지고 가면서 '팔고 싶은 상품'을 '제대로' 판매하려면 내 자사몰을 운영하면서 '쇼피파이'의 도움을 받으시고, 브랜드보다는 '잘 팔릴 상품'을 '대량으로' 판매하고 싶다면 남의 회사인 '아마존'에 입점하세요(남의 집에 살며 팔기 업태 vs 내 집에서 팔기 업태).
- 해외유투버 'SJStory'가 2021년 겨울 러시아의 시베리아 횡단 중에 '이르쿠츠크'에서 머문 호텔은 방에 체크인하고 나서 1시간 단위로 숙박료를 받는다. 1시간에 65루블(RUB)를 받

는다(가격지불단위가 1일이 아니고 1시간 사용업태).

- 미국 애리조나 그랜드캐니언을 향하는 기차를 타는 곳으로 유명한 윌리암스(Williams)에 motel6 west는 2022년 2월 주중에 1~2인이 머물면 $49.99, 3인이 한 방에 머물면 $6를 추가하여 $55.99, 4인이면 다시 $6를 추가하여 $61.99의 요금을 받는다(가격지불단위가 1일이라는 시간단위와 비선형가격체계의 인당요금을 갖고 있는 업태).
- 2022년 1월~4월까지 부산 신세계 센텀시티점에서는 BTS뮤지엄이 팝업으로 설치되어 유료전시를 했다. 이 뮤지엄의 입장료는 오프라인매장의 가격인 셈이다. 거기에 일시적 개점 및 폐점이 이루어지고 언제 다시 부산에서 BTS뮤지엄이 열릴지 모르는 '시간압박'을 사용했다(시간압박 업태).

'업태(業態)'란 영업 또는 기업의 소매업형태로 '어떠한 방법으로 판매하는가'를 말한다. 제5장에서는 전통적인 업태분류기준으로 기존 업태를 설명했다. 제6장에서는 교과서에서 다루지 않은 업태분류기준을 제시하고 그것에 해당하는 영업방식의 사례를 나열하고자 한다. 앞서 밝혔듯이 업태가 중요한 이유는 기업이 업태를 무엇으로 선택하는가에 따라 회사의 모든 자원의 확보 및 배치, 그것으로 인한 효과성 효율성이 모두 변화하는 영업방식변화를 초래하기 때문이다.

1. 점포유무에 의한 업태에서 파생한 업태

점포를 오프라인에 유지하느냐 그렇지 않고 온라인에서만 판매를 하느냐에 따른 점포유무에 의한 업태분류는 전통적인 업태의 분류이다. 이 두 경우의 업태를 좀 더 깊게 살펴보면 다음과 같이 더 세분화할 수 있다.

남의 집에서 팔기 업태 vs 내 집에서 팔기 업태

오프라인 점포를 운영하는 경우에도 자기 소유의 점포만을 갖고 영업을 하는 경우와 남의 소유의 점포에서 매장을 운영하는 경우에 마케팅관리대상인 4p(제품, 가격, 촉진, 유통)이 모두 다르게 운영된다. 동일한 업종에서도 점포소유정책이 다르고 비즈니스 운영방식이 달라지는 경우도 있다.

그림 6-1 점포유무와 소유유무에 따른 기업의 포지셔닝

점포유무에 의한 분류	내 매장 소유	남의 매장에 입점
점포 소매상(오프라인)	미래에셋증권 직영점	스타벅스 직영점
무점포 소매상(온라인)	자사 쇼핑몰	Tmall, 아마존에 입점

대우증권의 역사를 이어오는 미래에셋증권의 경우에는 대우증권시절부터 자기 점포를 소유하고 그 매장 안에서 영업을 해 오고 있다. 하지만 증권사라고 해서 모두 자기건물을 소유한 상태에서 영업을 하지 않는다. 이렇게 자기소유건물 유무에 따라서 기업의 고정비가 달라져서 거래수수료와 같은 가격의사결정에 영향을 주고, 이것이 매출 및 이익에 영향을 미치게 된다.

직영점만을 운영하는 커피음료판매업종의 한국스타벅스의 경우에는 절대 매장을 소유하지 않고 임대를 한다. 이것도 회사의 전략적 방향에 의한 의사결정이다. 대리점체계로 운영하는 기존 커피프랜차이즈와 다른 사업영업방식이다.

온라인상에서도 자사몰을 갖고 판매를 하는 경우와 타사의 온라인 판매 플랫폼에 입점하는 것으로 분류할 수 있다. 둘 중의 하나를 선택하여 업태를 유지하는 경우도 있고, 중국의 삼성전자처럼 두 경우를 모두 선택하여 업태를 유지하는 경우도 있다.

중국 알리바바 B2C 플랫폼에 입점(Tmall) vs 삼성전자 자체 온라인판매사이트에서 판매

삼성전자의 핸드폰의 경우에는 대형 대리상들이 알리바바가 운영하는 B2C 사이트인 Tmall에 입점하거나 삼성전자 자체가 Tmall 한국관에 입점하여 상품을 판매하는 영업방식을 갖고 있다. 물론 중국 일반고객을 대상으로 삼성전자 자체 온라인 판매사이트와 물류도 구축하고 있다.

그렇다면 타인이 구축한 판매사이트에 입점하여 상품을 판매하는 것이 좋을까? 아니면 자사몰만을 구축할까 아니면 둘 다 할까? 2021년 박정규 Shopify 한국지사장은 상품을 제조판매하는 회사를 대상으로 아마존이나 Tmall과 쇼피파이를 이렇게 구분지었다. 아래 박정규 지사장의 멘트는 삼성전자와 같이 자사몰구축을 자체적으로 할 수 없는 소규모 small and smart창업자나 기업을 위한 것임을 전제로 한다.

> '브랜드를 가지고 가면서 '팔고 싶은 상품'을 '제대로' 판매하려면 내 자사몰을 운영하면서 '쇼피파이'의 도움을 받으시고, 브랜드보다는 '잘 팔릴 상품'을 '대량으로' 판매하고 싶다면 남의 회사인 '아마존'이나 'Tmall'에 입점하세요(Choi 2021).

BTS가 소속되어 있는 HYBE는 다른 연예기획사와는 다르게 자신의 소속가수의 일체 서비스와 물품을 자신의 온라인판매플랫폼에서만 판매한다(Weverse shop). 이렇게 자신의 집에서 판매하는 업태가 있기 전에는 인터파크 등의 다른 유통사의 플랫폼에서 콘서트 및 물품을 판매했다.

2. 촉진중점분야 차이에 따른 업태분류

한 걸음 더 나아가 영업의 촉진중점분야의 차이로 업태를 구분할 수 있다.

내가 직접 프로모션해서 고객 끌어당기기
vs 남이 프로모션해서 고객 끌어당기기

자사몰을 구축하던지 남의 플랫폼에서 상품을 팔던지 간에 상품매출을 증진시키기 위해서는 촉진활동이 필요하다. 영업하는 방식에서 자기 비용으로 광고 등의 활동으로 고객을 유인하는 기업이 있다. 하지만 중국의 왕홍(网紅: 온라인이나 SNS에서 인기가 있는 인플루언서를 중국에서 일컫는 말)을 보자. 왕홍이 활동하면서 사용하는 상품에 협찬을 통해서만 제품에 대한 인지-태도를 구축하는 경우가 있다. 이는 타인이 프로모션해서 고객 끌어당기기의 형태인 왕홍을 통한 PR이다. 우리나라식으로 이야기하면 인플루언서가 사용하는 상품을 협찬하고 고객을 유인하는 업태를 가진 것이다.

중국의 사례를 보면, 이커머스 플랫폼인 티몰에서 패션과 왕홍을 연계한 라이브 콘텐츠를 장려하면서 티몰에 입점한 한국 의류 브랜드 '로맨틱 크라운' '키르시'나 '널디', '87MM', 'MLB' 등이 최근 중국 소비자 호응을 얻으며 상승기류를 타고 있다.[2] 일례로 '널디'는 인기 왕홍들을 섭외해 꾸준히 라이브 방송을 하고, 틱톡 등을 활용한 쇼트 클립 비디오 콘텐츠 등을 양산하면서 중국 MZ세대들에게 인지도를 쌓고 매출 신장을 이루고 있다.

유튜버 'IT썸' 등에 삼성전자 등의 제품을 협찬하는 것도 대표적 사례 중의 하나이다. 고프로도 인플루언서들에게 신제품을 먼저 공급하고 이를 유튜브에 사용후기 및 내용을 업로드하도록 유도하기도 한다.

---

2) 《한국섬유신문》(2021.5.21.), "중국 왕홍경제 타고 K-패션 부활".

3. 상품유무에 의한 업태 분류

상품이 없다는 말에 독자가 당황할 수 있다. 하지만 초기의 롯데백화점를 보자. 자체상표는 거의 없이 판매를 원하는 브랜드들을 백화점에 입점시킨 후, 그 브랜드들이 자기비용으로 인력과 상품을 투자하여 매출을 올린 후, 롯데백화점은 그 매출액의 일부를 입점수수료로 받아간다. 미국 백화점에서는 백화점이 자신의 포지셔닝에 맞추어서 상품구색을 갖추고 자기비용으로 상품을 구매한 후 고객에게 판매하는 영업방식을 가졌다. 한국은 거의 자기상품없이 타인의 상품판매 공간만을 제공하고 그 수수료를 수취하는 업태를 유지한다. 저자의 눈에 한국의 백화점은 백화점이 아니고 공간임대업처럼 보인다.

나의 상품을 판매하는 업태 vs
내 상품은 없고 남에게 물건 파는 공간을 제공하는 업태(공간임대업)

온라인 플랫폼 사업자는 거의 공간임대업을 하고 있는 것이다. 한국의 백화점은 이미 온라인의 11번가, 인터파크. 당근마켓과 같은 공간입대업을 오프라인에서 20세기부터 해 오고 있었던 것이다. 알리바바가 taobao를 만들어서 성공하기 전부터 대부분의 한국백화점은 자신의 비즈니스모델(업태)인 공간임대업을 오프라인에서 유지하고 있었던 것이다. 그러니까 롯데그룹은 자신의 업태를 오프라인에서 온라인으로 응용하는데 알리바바보다 늦은 셈이다.

내 상품팔기 vs 남의 상품팔기

이런 측면에서 재고떨이 사이트(예: woot.com)는 남의 상품을 대신 팔아주는 업태를 가졌다. woot.com은 자신은 물건을 구매하여 상품으로 갖고 있지 않는다. 타사의 제품 중 재고를 떨어주겠다고 협상하여 상품을 확보한 후 특정시간과 시간대에 상품을 대신 팔아준다. 물류는 그 상품을 갖고 있는 회사가 담당한다.

독자들의 연습

남의 상품을 대신 팔아봅시다. 타인의 상품 중 온라인에서 아직 팔리지 않고 있는 상품을 하나 선택하여 제시하십시오.

아직 이 상품이 팔리지 않고 있는 이유를 적어보십시오.

누가 어떤 상황에서 왜 이 상품을 구매할지를 적어봅시다.

4. 정품(신상품)여부 업태

거의 모든 마케팅책은 상품 중 신상품만을 다룬다. 중고품이나 반품, 리퍼제품은 다루지 않는다. 하지만 우리는 정품을 판매하지 않는 업태를 많이 보아왔다.

- 중고서점(알라딘 중고서점 청주점)
- 반품전문사이트(반품닷컴)
- 하자상품 할인판매대(월마트 하자상품 판매대)
- 유통임박할인매장(일본의 일요일마다 유통날짜 입박 할인매장, 유통기한 마감임박 상품전문판매점)
- 고전영화전문관(미국 텍사스 러벅의 어느 영화관, 중국 왕징 화탕의 싱메이영화관 중 일부)

정품판매 업태 vs
비정품판매업태(반품, 중고품, 리퍼제품, 하자(defected)품, 유통날짜 입박제품, 마감임박제품)

이런 사이트의 가격정책은 판매에 지대한 영향을 미칠 수 있기 때문에 고객을 유인하는 다양한 영업방식이 적용된다. 이 업태는 신상품의 종류가 많아질수록 그 업종이 다변화될 것으로 예상된다. 참고로 상대적으로 우리나라는 일본이나 미국에 비해 벼룩시장이나 중고시장이 활성화되어 있지 않은 상태이다. 이를 감안하면 우리나라의 비정품판매업태는 미래 창업의 기회가 될 수 있다.

독자들의 연습

정품이 아닌 상품을 팔아봅시다. 아직 비정품으로 판매되지 않는 상품을 하나 선택하여 제시하십시오.

이 상품이 팔릴 수 있을 것이라고 귀하가 그렇게 생각한 이유를 적어보십시오.

누가 어떤 상황에서 왜 이 상품을 구매할지를 적어봅시다.

5. 시간압박 여부 업태

홈쇼핑을 보면서 독자여러분은 시간압박을 느낄 것이다. 지금 안 사면 무진장 후회를 할 것이라는 암시를 호스트를 계속 시청자에게 전달한다. 우리나라 홈쇼핑의 역사를 보면 몇십 년이 되었는데, 이들 업체들은 온라인의 시간압박 사이트를 만들지는 않았다.

미국의 woot.com은 재고떨이 사이트였다. 다른 회사가 갖고 있는 재고를 받아서 하루에 한 상품만을 선정하여 아주 싸게 판매한다. 밤 12시에 판매를 시작해서 갖고 있는 재고가 모두 소진되면 판매가 종료되는 영업방식을 취했다. 고객들은 이 회사 사이트에 밤 12시만 되면 접속을 했다. 그렇지 않으면 좋은 상품을 싸게 살 수 있는 기회를 날릴 수 있기 때문이다. 이 회사는 나중에 일주일만 판매하는 상품 등으로 시간 압박을 24시간에서 일주일로 증가시키기도 했다. 이 회사의 업태(영업방식)을 본받아서 우리나라에서는 oneaday라는 사이트가 생겼고 아직도 존재한다. 이것이 오프라인으로 다시 확대되어 롯데의 도넛상표에서는 하루 중 특정시간, 일주일 중 특정요일에만 할인하는 전술을 사용하기도 한다.

시간압박 없는 업태 vs 시간압박 있는 업태(woot, oneaday)

- 한국정부는 환경부담금 등 1월에 세금을 1년치를 한꺼번에 내면 할인해 준다.
- 진주의 탑마트는 수목돌풍이라는 것을 한다.
- 월마트와 타오바오(taobao)는 1년 365일 언제든지 제일 싸다고 하면서 시간압박을 오히려 주지 않는다.
- 삼천포 '개불'은 2월에만 맛이 있다.
- 끝장키친은 인스타그램에서만 판매를 할 때 토요일과 일요일의 특정시간에만 판매를 진행했다.
- BTS가 속해 있는 HYBE는 2021년 10월부터 1달간 성수동에 팝업스토아를 열어서 팬들과 접촉하고 매출을 일으켰다. 2022년 1월부터 4월까지는 부산 센텀시티 신세계점에 유료뮤지엄을 일시적으로 열고 폐쇄했다. 시간압박의 '팝업스토어', '팝업뮤지엄'을 연예산업에서 실시하고 있는 예이다.

독자들의 연습

시간압박을 사용할 수 있는 상품을 하나 선택하여 제시하라.

누가 어떤 상황 왜 이 상품을 시간압박으로 구매할지를 적어보자.

6. 수량압박 여부 업태

시간압박과 함께 자주 사용되는 영업방식이 수량압박이다.

- 홈쇼핑에서 한정수량이라고 호스트가 말하는 것을 독자들은 들었을 것이다.
- 명품브랜드는 특정기간 동안 특정 수량만을 판매하기도 한다.
- 나이키 등의 상표들은 유명 콜라보제품을 한정품으로 판매하고, 이 한정품은 중고사이트에서 프리미엄가격으로 팔린다.
- '연돈'이라는 돈까스 집의 어느 상품은 하루에 판매하는 수량이 정해져 있다.

수량압박 없는 업태 vs 수량압박 있는 업태(woot, oneaday)

독자들의 연습

수량압박을 사용할 수 있는 상품을 하나 선택하여 제시하라

누가 어떤 상황 왜 이 상품을 수량압박으로 구매할지를 적어보자.

7. 요약

전통적인 업태 이외에 새로운 업태를 새로운 기준으로 시간 수량 제품종류 등을 사용하여 개발할 수 있음을 알 수 있었다. 아직도 많은 업종에서 많은 업태가 사용되지 않고 있음을 이 장에서 시사하였다. 독자들도 제6장에서 새로운 업태와 그 목표시장을 생각하는 기회를 가졌다.

참고문헌

Choi, Justin(2021), 개인의 시대 사적인 만남.

SJSTORY, 유튜브채널.

한국섬유신문(2021.5.21.), "중국 왕홍경제 타고 K-패션 부활".

www.woot.com

www.oneaday.co.kr

Chapter 7

가격전술에 의한 새로운 업태

- 의류시장에 진입한 상표를 가격-품질 위치정립도(price-quality positioning)에 넣어 보면 대략 다음과 같이 표시할 수 있다.

그림 7-1 가방업종의 가격-품질 포지셔닝

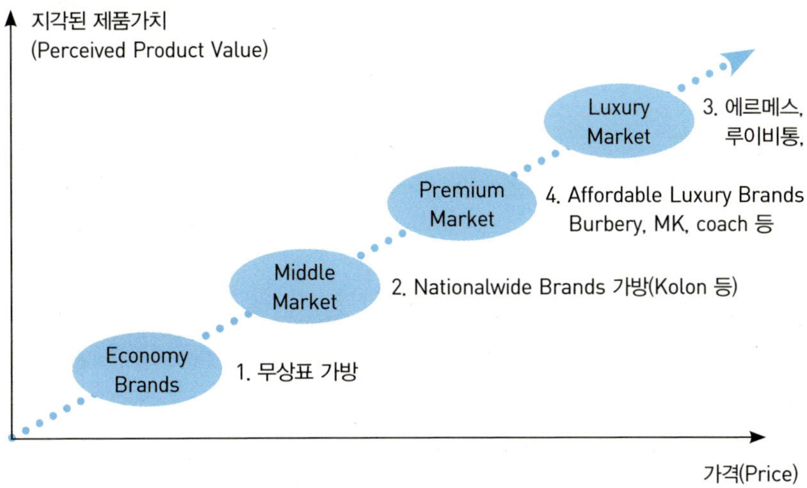

- 이 포지셔닝에 속한 업체들이 선택한 업태를 살펴보면 차이가 발생한다. 자신의 가격과 품질 포지셔닝에 걸맞는 매장을 선택하고 있는 것이다. 이렇게 상품과 업태의 적합도(product-place fit)가 높아야만 적합한 가격(right price)으로 상품을 판매할 수 있게 된다.

그림 7-2 가격-품질 포지셔닝별 업태

	단독 가두점	백화점	온라인 단독점포	온라인 편집매장	온라인 오픈마켓	오프라인 편집매장
초고가시장 (명품시장)	●	●	●			
고가시장(affordable luxury market)	●	●	●			
중가시장 National brands	●	●	●	●		
저가시장 SPA	●	●	●	●		
초저가시장 Fast fashion					●	●

'업태(業態)'란 한국표준산업분류상 업의 종류 중 대분류에 속하는 것으로 '가격대'와 '입하형식'으로 기업을 분류하는 것이다. 즉, 영업 또는 소매업의 형태로써 '어떠한 방법으로 판매하고 있는가'의 의미이다(곽영식 외 2019). 제7장에는 이 업태의 정의에서 '가격대(price level)'에 주목한다. 이 장에서는 마케팅가격책정과 관련된 의사결정을 5가지로 분류한 후, 이 세분의사결정별로 업태를 분류할 수 있음을 독자에게 제시한다. 또한 이 분류법에 의한 현재 자신의 회사나 미래의 우리 회사가 선택할 수 있는 가격전술에 의한 업태기회를 제공하고자 한다.

1. 마케팅가격의사결정의 종류와 업태와의 관계

가격은 상품(제품(product) 혹은 서비스(service))의 가치를 화폐단위로 표시한 것이다. 상품을 매개체로 해서 판매기업은 상품을 통해 가치를 제공하고 그 대신에 현금을 얻는다. 구매자는 상품의 가치를 얻는 대신에 현금을 내어 주어야 한다. 따라서 고객이 지불하고자 하는 가격은 상품의 가치에 달려있다. 마케터는 자신의 상품가치에 걸맞는 가격을 책정해야 한다. 그런데 상품의 가치는 상품자체의 가치 이외에 매장이 주는 가치(profuct-place fit)와 연계되어 있다. 그래서 상품 – 가격 – 업태의 적합도를 높여주는 것이 필요하다(product-price-place fit).

실무마케터가 기업활동과정에서 가격관련하여 해야 할 의사결정은 아래와 같이 분류·정리할 수 있다. 가격수준의사결정은 기존 업태의 정의에 의해 설명할 수 있는 부분이고, 가격체계의사결정, 가격지불시점의사결정, 가격지불단위의사결정은 새로운 업태를 창출할 수 있는 부분이다. 이 장에서는 이 분류된 세부의사결정 내용별 개념과 업태로 활용되는 사례를 중심으로 설명한다.

그림 7-3 마케팅 가격의사결정의 분류

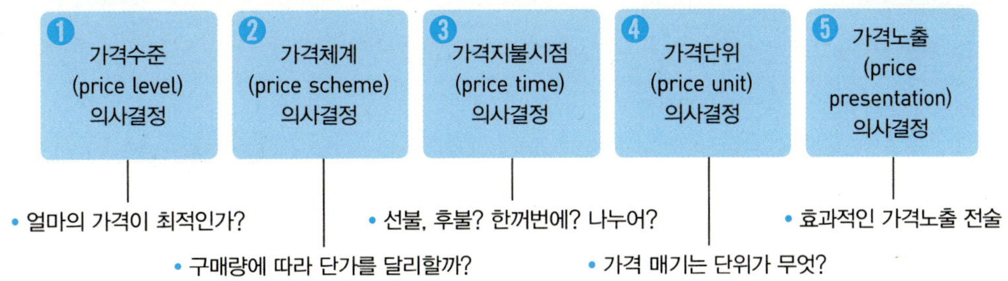

(1) 가격수준 의사결정

가격수준 의사결정이란 상품의 가격을 높게 매길까 낮게 매길까에 관련된 것이다. 이 의사결정은 포지셔닝과 관련되어 있다. 이 장의 맨 앞에 의류시장의 포지셔닝별로 진입한 상표들이 각기 다른 업태를 선택하는 모습을 보여준 바 있다. 업태에 대한 고전적인 정의에서 '가격대'라고 말하는 것이 바로 가격수준의사결정의 결과물이다.

그림 7-4 일반적인 산업 내 가격-품질 포지셔닝(Simon and Fassnacht 2019)

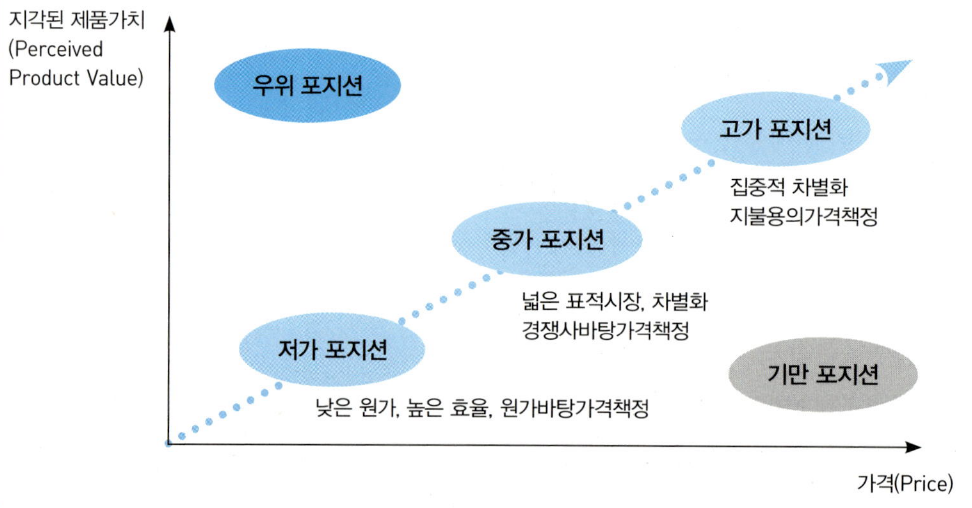

그림 7-5 요가복 시장의 가격-품질 포지셔닝과 진입상표

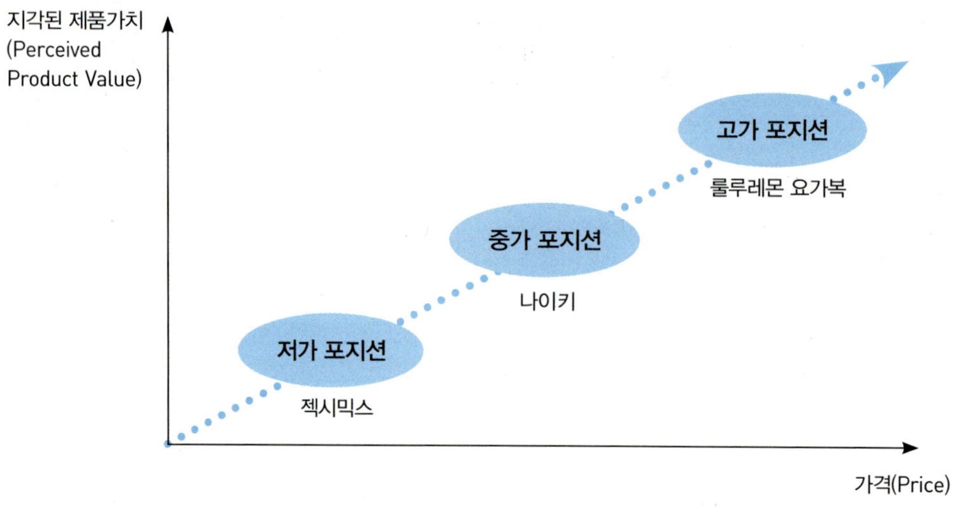

마케팅가격전문서적에는 한 산업 내에서는 가격-품질 포지셔닝맵에 일반적으로 3가지 위치가 존재한다고 주장한다. 저가포지셔닝(economy positioning), 중가포지셔닝(middle positioning), 고가포지셔닝(premium positioning)이 그것이다.

최근에는 산업별로 3가지 포지셔닝보다 5가지 가격-품질 포지셔닝으로 산업 내 경쟁구조를 설명하기도 한다.

그림 7-6 5가지 가격-품질 포지셔닝맵의 개념도

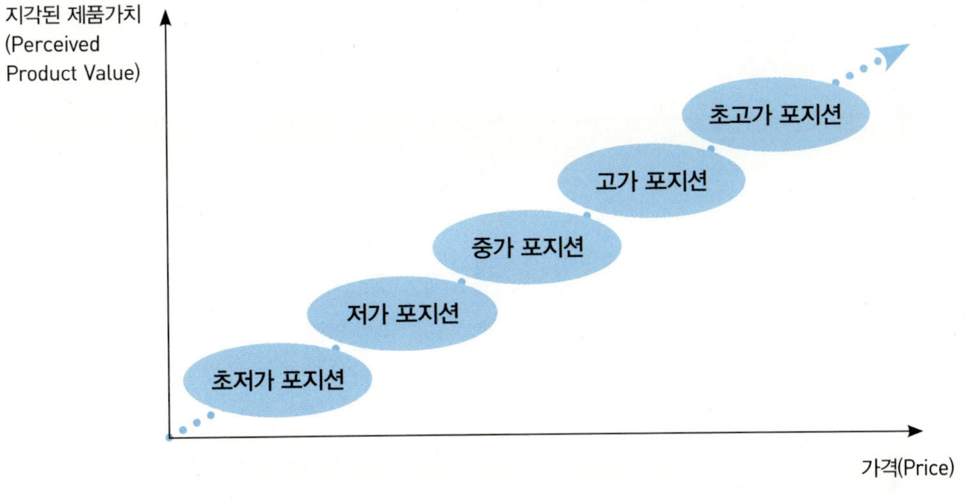

이와 같은 가격-품질 포지셔닝에 따라 선택하는 업태가 달라지게 된다. 〈그림 7-7〉는 가방시장에 진입한 상표를 표시하고 있는데, 독자들은 Eco Bag을 어디서 살 수 있는지를 생각해 내고, 에르메스를 어디서 사서 어떻게 AS를 받는지 생각해 보면 포지셔닝별로 업태가 매우 다름을 금방 깨닫게 된다.

그림 7-7 가방시장의 가격-품질 포지셔닝맵과 진입상표

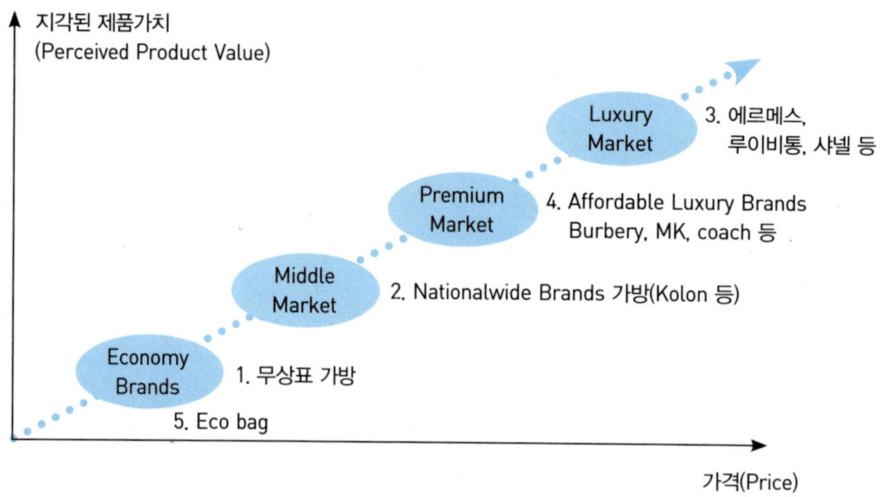

독자들의 연습장

1945년 한국전쟁 후 안경업종에 진입한 안경상표를 가격-품질 위치정립도 안에 시간대별로 표시하면 다음과 같다.

그림 7-8 안경테시장의 가격-품질 포지셔닝맵과 진입상표

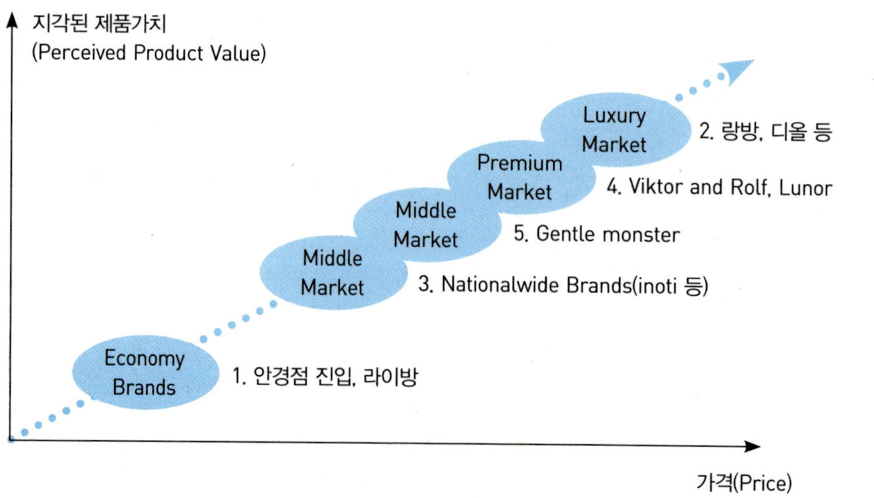

가장 최근에 진입한 Gentle monster는 inoti보다는 비싸고 Lunor와 같이 스티브잡스가 사용하던 안경테보다는 싸다. inoti는 전국적 체인점을 갖추고 있고, Lunor는 면세점 등의 명품편집숍에서 구매할 수 있다. 귀하는 이 상표가 어떤 업태를 취해야 앞으로 더 많은 매출과 상표자산을 구축할 수 있다고 생각하는지 적어보십시오.

(2) 가격체계 의사결정

가격체계 의사결정은 고객이 한꺼번에 구매하는 양이 많아지면 단위당 가격을 낮출까 높일까 동일하게 할까에 대한 의사결정을 말한다. 다시 말해 가격체계 의사결정은 1) 선형가격체계를 유지할지(한 상품에 한 가지 가격만 매기는 경우), 2) 비선형가격체계(구매량이 달라지면 한 개를 구매할 때 지불가격이 달라지는 경우)를 구축할지에 관한 의사결정이다. 많은 기업들이 비선형가격체계를 사용하지 않는 경우가 많으므로 이 장을 통해 저자는 마케터가 아직 사용하고 있지 않은 비선형가격체계를 개발하여 새로운 영업방식의 업태를 소개해 보고자 한다.

그림 7-9 가격체계 의사결정의 구분

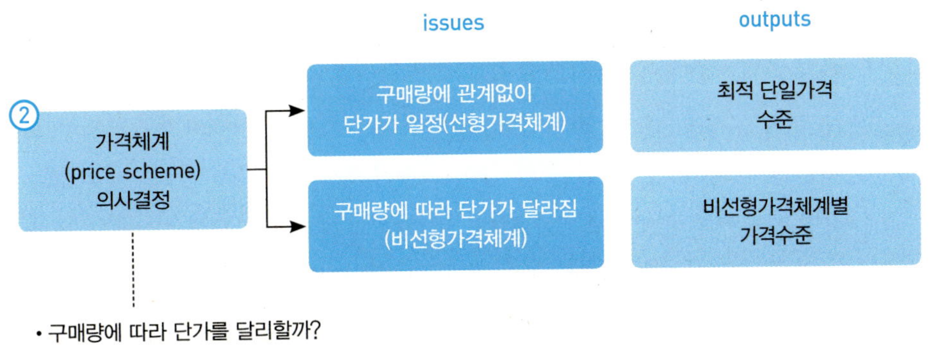

그림 7-10 선형가격체계와 비선형가격체계의 매출액 차이

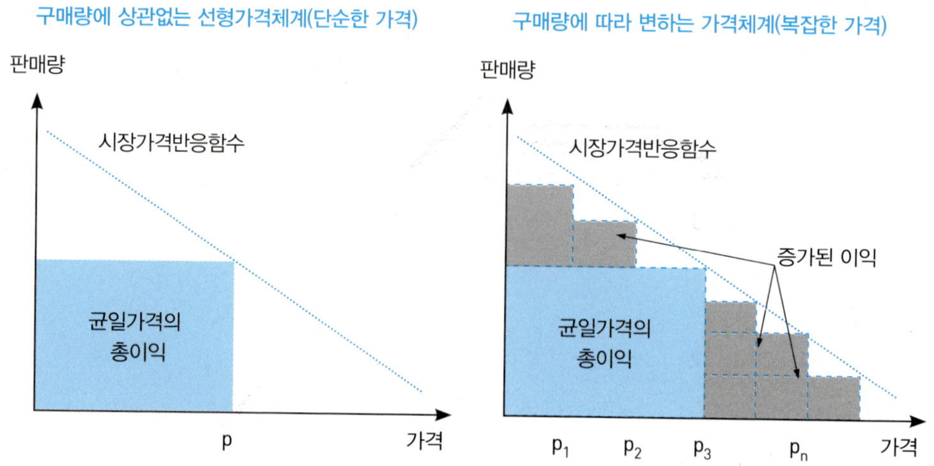

선형가격체계(linear pricing)는 단일 상품에 대해 단일한 가격을 매기는 것을 말하고, 비선형가격체계(nonlinear pricing)는 단일상품에 대해 고객에 선택할 수 있는 많은 가격옵션을 제공하는 것을 말한다. 비선형가격체계는 판매자의 이익을 선형가격체계보다 증가시킨다. 〈그림 7-10〉의 왼쪽 그림과 같이 선형가격체계는 단일가격수준과 해당판매량의 곱하기 값만큼 판매자가 매출액을 가져가게 된다. 반면에 비선형가격체계는 〈그림 7-10〉의 오른쪽과 같이 여러 가격수준의 다양한 판매량의 매출액을 판매자의 것으로 가져갈 수 있어서, 단일 가격체계보다 판매액을 증가시킬 수 있으며 이익증가도 기대할 수 있게 된다.

선형가격전술업태 vs. 비선형가격전술업태

경남 통영의 식문화인 '다찌집'은 비선형가격전술을 써서 기존 횟집과 아주 색다른 매장으로 고객에게 기억된다. 일반횟집의 업태를 가격체계측면에서 보면 주문한 회 종류와 양, 마신 술의 양이 선형가격전술로 되어 있다. 많은 회를 주문하면 가격이 주문양만큼 증가한다. 반면에 다찌집은 비선형가격체계 중 '이중요율'이라는 방법을 쓴다. 통영의 가장 대표적인 다찌집인 '통영벅수다찌'는 2020년에 1인당 4만원의 기본요금을 받고, 추가되는 맥주나 소주에 4천원의 가격을

그림 7-11 비선형가격체계의 사례(다찌집)

• 이중요율(통영 벅수 다찌, 청해랑다찌, 임진각다찌)

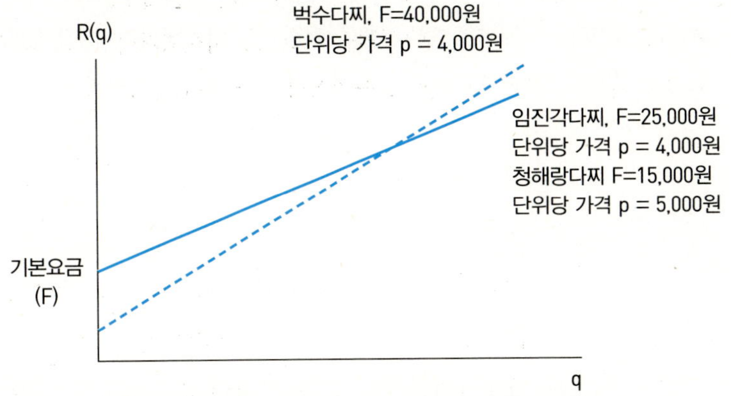

부여한다. 맥주나 소주를 마시는 동안 내가 주문하지 않았지만 주인이 준비한 다양한 종류의 회와 요리가 지속적으로 제공된다. 반다찌집인 진주 임진각다찌는 2022년에 1인당 25,000원을 내면 질리도록 회와 요리가 지속적으로 나오고, 술은 1병당 4,000원을 지불하면 된다. 반면에 '반다찌'집은 말 그대로 할인된 기본요금을 받는다.

〈기존 업태의 선형가격체계〉

• K-Pop 아티스트의 VOD 콘텐츠를 V live에서 사면 아무리 많이 구매해도 할인해 주지 않는다!
• 영화관 단골고객과 1년에 한 번 올까 말까 하는 고객은 영화관람료가 동일하다!
• 커피를 두 잔 시킨 커플과 10명이 단체로 와서 주문할 경우, 1잔당 아이스커피 값은 동일하다.

〈비선형가격체계로 새로운 업태를 창출〉

• '구독경제'란 일반적으로 일정금액을 지불하면 일정기간 동안 서비스를 제공받는 업태 및 영업방식을 말한다. 구독경제를 사용하는 OTT service를 제공하는 업체들은 주로 정액제를 사용한다. 아무리 많이 시청을 해도 특정계약기간 동안에는 일정한 금액을 지불한다. 그런데 왜 빵집은 구독경제를 사용하지 않을까?

- 미국 애리조나 그랜드캐니언을 향하는 기차를 타는 곳으로 유명한 윌리암스(Williams)에 motel6 west는 2022년 2월 주중에 1~2인이 머물면 $49.99, 3인이 한 방에 머물면 $6를 추가하여 $55.99, 4인이 이면 다신 $6를 추가하여 $61.99의 요금을 받는다. 이 매장은 숙박인원을 기준으로 비선형가격체계의 인당요금을 갖고 있는 업태로 단체손님 등 많은 수의 인원이 숙박하는 경우의 고객을 유인한다.

(3) 가격지불시점 의사결정

가격지불시점 의사결정이란 고객에게 상품의 가격을 선불로 받는 게 기업한테 더 유리한가 아니면 후불 받는 게 기업한테 더 유리한가를 따지는 것을 말한다. 더 나아가 일시불로 상품가격을 받을지 분할하여 수령할지의 영업방식을 결정하는 것을 말한다. 또한 고객이 지불한 돈의 일부를 환불해 주는 것도 이 의사결정에 속한다. 업종별로 통상적으로 사용되는 지불시점을 변경하여 동일한 업종에서 새로운 업태가 될 수 있다. 즉, 현재 사용하고 있지 않은 지불시점이 미래의 새로운 업태가 될 수 있다.

그림 7-12 가격지불시점 의사결정의 종류

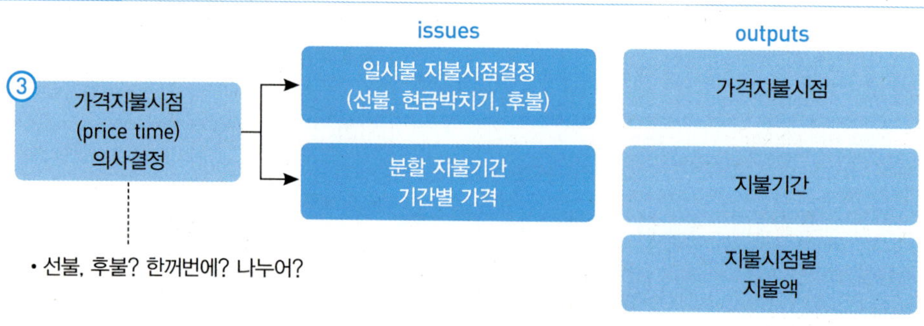

선불제 업태 vs 후불제 업태

- 배낭여행객이 주로 머무는 해외여행 숙박지인 호스텔이나 호텔은 거의 선불제이다.

- 해외유투버 'SJStory'가 2021년 겨울 러시아의 시베리아 횡단 중에 '이르쿠츠크'에서 머문 호텔은 방에 체크인하고 나서 1시간 단위로 숙박료를 받는다. 1시간에 65루블(RUB)을 받는다(후불제).
- 만화방에서 만화책을 서적으로 읽고나서 구독량에 따라 후불제로 요금을 지불한다. 하지만 웹툰을 볼 때는 처음에는 무료이고, 나중에는 선불을 지불해야만 웹툰을 볼 수 있다(후불제).

그림 7-13 업종별 가격지불시점

상품공급과 가격지불 사이의 관계

가격 지불의 양		선불	후불
	전부(일시불)	• 한국의 대학교 등록금 • 롯데월드 입장료 • 롯데리아 가격 • 스타벅스 커피 가격 • 골프회원권 • 영화 관람료 • 모델 숙박료	• 호텔 숙박료 • 골프 라운드 피
	일부(분할상환)	• 응급실 치료비 • 배 건조 비용	• 병원입원료 • 응급실 치료비 • 배 건조 비용 • 미국 대학교 등록금 • 마트 구매비 분할상환

(4) 가격지불단위 의사결정

마케터는 고객이 가격을 지불하는 단위를 무엇으로 삼을지를 결정해야 한다. 기업마다 업종마다 독특한 가격지불단위(price unit)을 가진다. 〈그림 7-14〉를 보면 매우 다양한 가격지불단위가 산업별로 존재함을 알 수 있다. 하지만 특정기업은 다른 산업이나 다른 기업이 사용하는 가격지불단위를 활용하고 있지 않다. 우리 기업이 도입하여 활용가능한 것이 분명히 존재할텐데 말이다.

우리 업종의 가격지불단위 업태 vs 타업종의 가격지불단위 업태

그림 7-14 다양한 가격지불단위

④ 가격단위 (price unit) 의사결정

• 가격을 매기는 단위가 무엇?

수량	한꺼번에 많이 사면 할인해 준다. • 커피 집은 평균 2명이 오므로, 세 잔 이상 주문하면 할인한다.
시간	특정시간/요일/월에 사면 할인해 준다. • 영화관은 아침에 오면 할인한다. • 마트는 월요일에 매출이 제일 적으므로, 월요일 할인을 한다. • 아이스크림은 11월에 가장 안 팔리므로, 가격인상한다. • 공단은 10~15일이 가장 매출이 적으므로 이 때 할인한다.
일정시간 내 횟수	특정 기간 동안에 구매횟수에 따라 • 증권사 옵션거래는 한 달 기간 동안의 거래 횟수에 따라 수수료를 매긴다.
금액	특정 기간 동안에 구매금액에 따라 • 증권사 옵션거래는 한 달 기간 동안의 거래 금액에 따라 수수료를 매긴다.
사용자	사용자가 누구냐에 따라 가격을 달리 매긴다. • 군인할인 • HWP(기업 또는 개인)
공간	사용공간에 따라 가격이 다르다. • 뮤지컬 R석, S석
날씨	여름에는 덥다 – 콜라 가격을 올린다! 내린다! 겨울에는 춥다 – 콜라를 마시지 않는다. 아니다! 누구는 겨울에도 콜라는 마신다. 그렇다면 겨울에는 콜라가격을 내리지 말아야(스페인) 일본: 여름에는 덥다 – 콜라 가격을 올린다! 수시로 온도가 올라 갔다 내려갔다 한다. 자판기에 온도계를 달자!
날씨	케이블 카 (흐린 날: 싸게 받는다 맑은 날: 비싸게 받는다.) 롯데호텔 (미세먼지 많은 날, 적은 날, 시야에 따라 호텔요금이 다르다.)
예약자 컴퓨터 종류	호텔 예약 시: 맥 컴퓨터를 이용하는 사람은 20~30달러가 더 비싼 호텔을 예약한다(온라인 호텔 예약금액 평균 1박 100달러). 별 4개 5개 호텔을 더 예약한다. • 예약 사이트 등은 접속하는 컴퓨터 종류를 알 수 있다. 가격을 더 받을 수 있다.
예약자 시청 OS	트와이스 온라인 콘서트 • 안드로이드 시청 33,000원 • ios 시청 37,000원
상환속도	이탈리아의 은행들은 대출금리를 '당연히' 그 사람의 과거 대출 및 상환실적을 바탕으로 차별화한다.
인간의 몸무게	사모아 항공은 성인 1인당 요금이 아닌 나이와 관계없이 몸무게에 따라 요금을 받는다.

2. 요약

마케팅 가격의사결정과제를 분류하면 총 5가지인데, 이 중 4가지가 업태와 관련이 있다. 가격수준의사결정(price level)은 전통적으로 가격 – 품질 포지셔닝과 관련되어 있으며 회사의 포지셔닝에 따라 활용하는 업태가 달라진다. 가격체계 의사결정은 선형 또는 비선형가격체계를 사용함으로써 기존 경쟁자와 다른 업태를 경영자 스스로 창출할 수 있는 기회였다. 가격지불시점 의사결정은 가격지불의 시점과 양에 따라 업종을 구분할 수 있게 된다. 자기 회사가 사용하고 있지 않은 가격지불시점이 새로운 업태의 창출기회가 된다. 마지막으로 가격지불단위는 상품의 가치를 가격으로 지불하는 단위를 말한다. 우리 산업에서 사용하고 있지 않은 다른 산업의 가격지불단위가 새로운 업태의 개발기회가 된다는 것을 이 책에서 다루었다.

3. 독자의 연습장

명품시장은 상품카테고리에 따라 고객의 라이프스타일이 다르다. 이것을 반영하여 새로운 업태를 구상해 보자.

귀하가 명품 차 시장의 마케터라면 새로운 업태를 구상하여 제시하라. 이 때 가격체계, 가격지불시점, 가격지불단위를 이용해 보라.

그림 7-15 명품시장의 업종과 업태분류의 일부

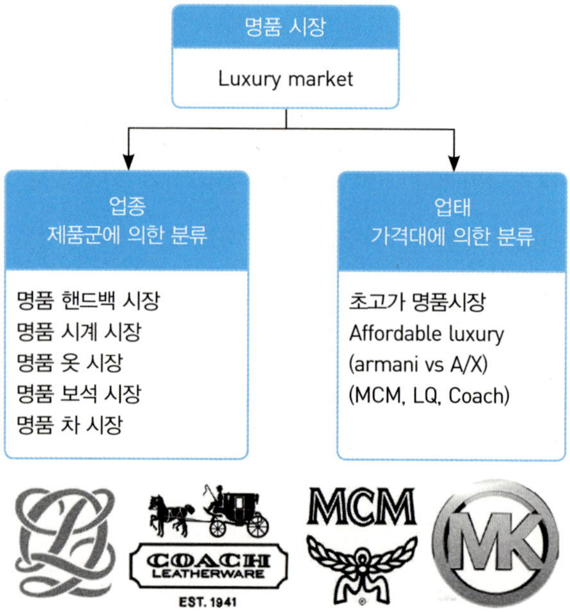

참고문헌

곽영식, 한욱상, 이두희(2019), Small and smart 경영의 이해, 서울: 피앤씨미디어.

곽영식, 홍재원, 이윤경(2021), 마케팅가격전술, 서울: 피앤씨미디어.

Simon, H. and Fassnacht, M.(2019), Price Management, Springer.

PART

II

offline 매장의 입점위치 찾기

Chapter 8: 소매시장선택(retail market selection)
Chapter 9: 상권선택(trade area selection)
Chapter 10: 사이트선택(site selection)
Chapter 11: 매장선택모델(store-choice model) 역사와 기회
Chapter 12: 매장콘셉트잡기(store concept selection)

A씨는 한국의 극장체인을 갖고 있는 회사에 근무한다. 중국에 영화관산업에 진출하기로 회사가 최근 결정했다. 중국 어느 도시에 어느 상권에 어느 위치에 영화관을 설치할까를 품의하여야 한다. 어디에 영화관을 오픈해야 하나?(기업의 매장개설 의사결정)
B씨는 회사에서 퇴직을 하였다. 자영업자가 되기로 했다. 제과점을 하기로 했는데 어디에 매장을 개설하지?(개인의 매장개설 의사결정)

제1장에서 제7장까지는 유통 중 업종과 업태에 관한 여러 이슈를 다루었다. 이제부터는 기업이나 개인이 매장을 offline에 개설하기 위한 과정과 이론을 설명한다. 아무리 많은 사람들이 온라인에서 상품을 구매한다 해도, 아직도 많은 고객들이 건축물 속에 들어있는 매장을 방문하는 고객구매행동을 한다는 것을 잊지 말아야 한다. 그런데 판매자 입장에서는 offline의 매장개설은 많은 고정비를 수반하므로 아주 조심스럽고 정교한 의사결정과정이 필요하다.

이 책에서 저자들은 매장개설절차로써 지리적으로 큰 단위인 '소매시장선택(retail market selection)' – '상권선택(trade area selection)' – 지리적인 매장위치선택(site selection)의 과정을 제시한다. 이 과정을 통해 매장의 지리적 위치를 선택하는데 필요한 과정과 기준 및 사례를 제시하고자 한다(제8장~제10장). 이를 통해 기업이나 개인이 오프라인에 합리적이고 효율적이고 실행가능한 매장을 개설할 수 있도록 돕고자 한다.

기업의 매장위치 의사결정과정을 세 단계로 나누어서 살피는 것이 대부분의 미국 내 소매업 연구와 실무에서 발견된다. 이런 의사결정과정은 1980년대부터 지속되어 왔다. 이런 접근법을 제시하는 학자들은 Ghosh and McLafferty(1987), Lewison(1994), Levy 외(2018) 등이다.

- 세 단계 의사결정 중 1단계: 소매시장지역(retail market)선택. 이 의사결정은 특정업태를 가진 업종이 어느 지역을 선택하여 소매점을 개설할까에 대한 의사결정을 말함
- 세 단계 의사결정 중 2단계: 소매지역 내 상권선택(trading area selection). 여러 상권 중에 어느 상권에 입점할지를 의사결정하는 것임
- 세 단계 의사결정 중 3단계: 상권 내 사이트선택(site selection). 특정상권 내의 어느 위치가 가장 경쟁력있는 위치인가를 결정하는 것임

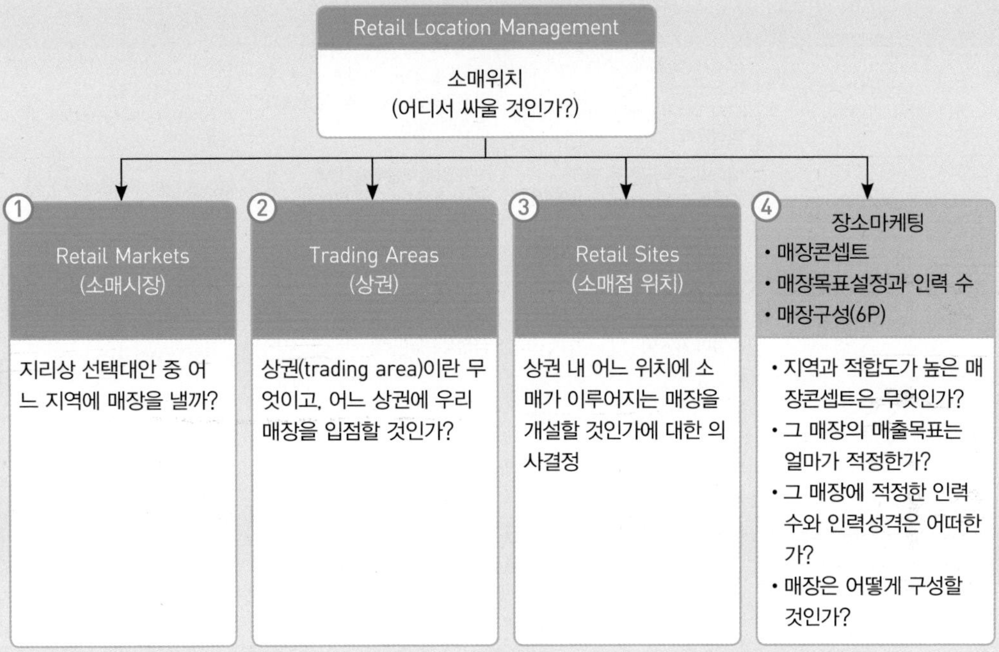

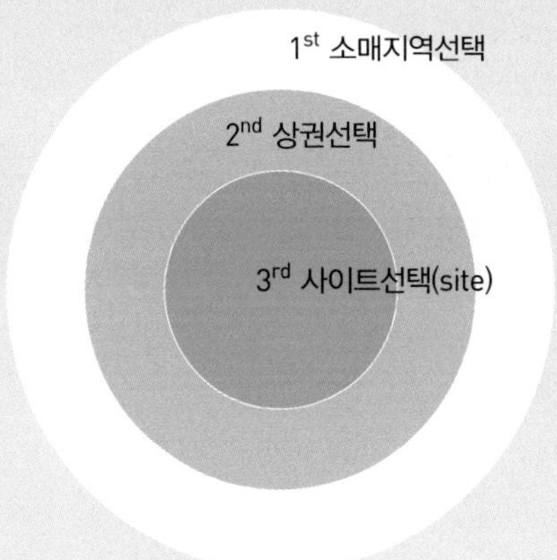

제11장에서는 매장선택이론(store-choice model)을 주로 다룬다. 1930년대부터 현재까지 기존 학계에서 제시된 매장선택이론의 역사를 살펴보고, 이 과정에서 기업이나 개인이 매장개설에서 응용가능한 변수를 이론별로 하나하나 찾아내어 응용할 수 있도록 도울 것이다.

이론의 변화	시발점	특징	변수
① Central-place model (중심지이론)	도시가 제공하는 기능 (function)이 분석단위. 도시 내 기능배치 필수조건을 탐색목적	도시-중심지, 도시권-배후지. 완전경쟁회피를 위한 공간크기 측정에 집중	1개의 기능이 유지하기 위한 최소 인구 요구값. (customer characteristics) 비용, 수익
② Central-place variant model	매장이 분석단위로 필요. 업종별 다양한 크기 상권반영 필요 소비자구매행동 미반영 비판	매장을 분석단위로 채택. 매장-중심지, 상권-배후지. 업종별 상권크기 차이제시. 소비자구매행동가미	업종별 상권크기차이 소비자구매행동패턴변수 (buying behavior)
③ General Store-choice model (Huff model)	경쟁요인의 도입필요성 Luce model로 경쟁모델의 바탕이 제공됨	Market share-attraction model 경쟁상황을 반영	기본적으로 거리-쇠퇴모델 (Distance-decay model) 거리와 크기에 집중 물리적 경쟁력 위주
④ Store-choice variant model	크기, 거리 이외에 다변수 채택 필요 산업별 모델 필요 분석단위의 계층화필요	크기 및 거리 이외의 1) 시장 및 경쟁변수, 2) 매장 물리적 변수 산업별 모델 분석단위의 세분화	Multi-criteria 도입 산업별 매장선택모델도입 분석단위 1) 소매지역선택 2) 상권선택 3) 사이트선택으로 구분
⑤ Future Store-choice model (integrated store-choice model)	기존모델이 통제가능한 내재적 단서에 집중한다는 한계	통제불가능한 외재적 변수 도입 이전 세대 이론과 통합	Brand equity 변수 정책, 법률변수 거리반응함수, 거리이익반응 함수

Chapter 8

소매시장선택
(retail market selection)

1. 기업의 매장위치 의사결정과정

기업이나 개인이 offline에 매장을 설치하기 위해 제일 먼저 해야 할 의사결정은 소매시장지역선택이다. 이 선택과정은 다음과 같은 과정을 거치게 된다.

그림 8-1 소매시장 지역선택과정

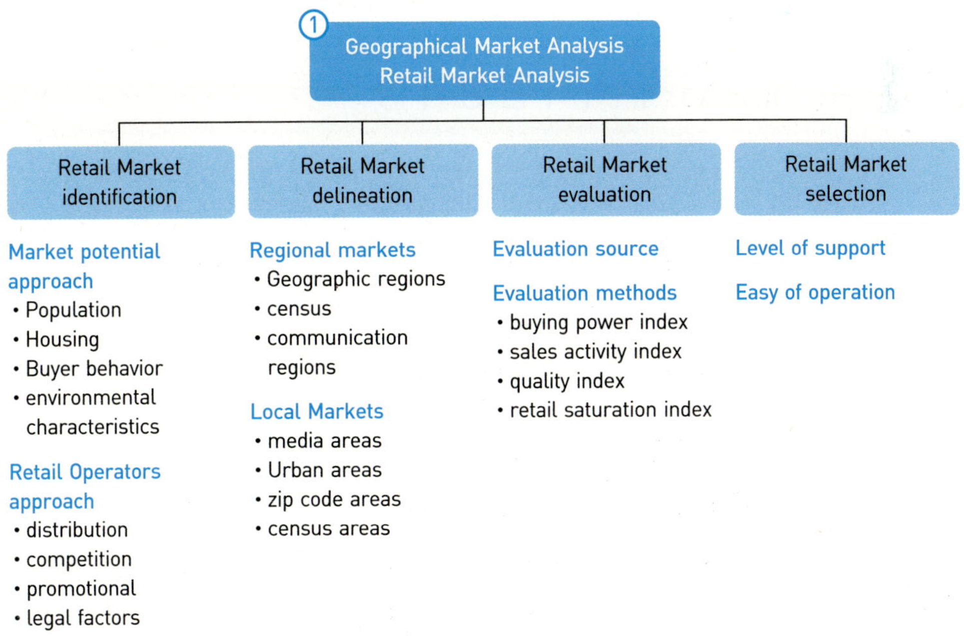

업종마다 고객을 끌어들이는 정도가 다르거나 업종마다 고객이 구매를 위해 여행하는 이동구간의 차이가 발생한다. 따라서 업종별로 제일 먼저 소매시장을 식별(retail market identification)하여야 한다. 시장의 잠재력(market potential)을 사용하던지 소매업종운영자 중심으로 측정하던지 해서 소매지역을 식별한다. 두 번째 단계를 소매시장 지역을 구획(delineation)하는 단계이다. 지리적 지역이나 미디어도달범위, 행정도, 도시화정도를 감안하여 구획하는 단계이다. 저자들이 은행이나 증권사의 유통망 위치를 잡는 프로젝트를 실시할 때는 데이터원천을 인구센서스 자료를 이용했기 때문에 주로 '행정동'을 소매지역 구획의 기준으로 사용한 바 있다.

세 번째 단계로 소매시장평가(retail market evaluation)을 실시한다. 구매력이나 매출액, 지역별 업종성숙도정도를 기준으로 소매지역을 평가한다. 마지막으로 기업의 지원수준이나 영업활동의 수월성을 기준으로 소매시장선택을 마무리 짓는다.

2. 기업의 매장위치 의사결정과정

구매자의 매장선택을 향상시키기 위해 기업이 실행하는 매장개설 1단계 의사결정인 소매시장선택(retail market selection)을 위한 기준을 기존 문헌에서 발취하여 요약 분류하면 다음과 같다.

각 요인별로 업종별 적용사례를 간단히 살펴본다.

1) 인구 수: 한 전국규모의 백화점 영업담당 상무님과 인터뷰를 진행한 결과를 보면 백화점이 입점하기 위해서는 특정지점 위치로부터 몇 km 안에 상주인구수가 30만 명 이상이라야 백하점개설 대상이 된다고 말했다.
2) 인구밀도: 어느 전자회사의 영업담당 부장님은 신도시의 경우 인구 및 건물집적도가 전체 신도시 면적의 몇 %를 넘지 않으면 이 도시는 입점대상에서 제

그림 8-2 소매지역선택에 사용되는 영향요인 정리

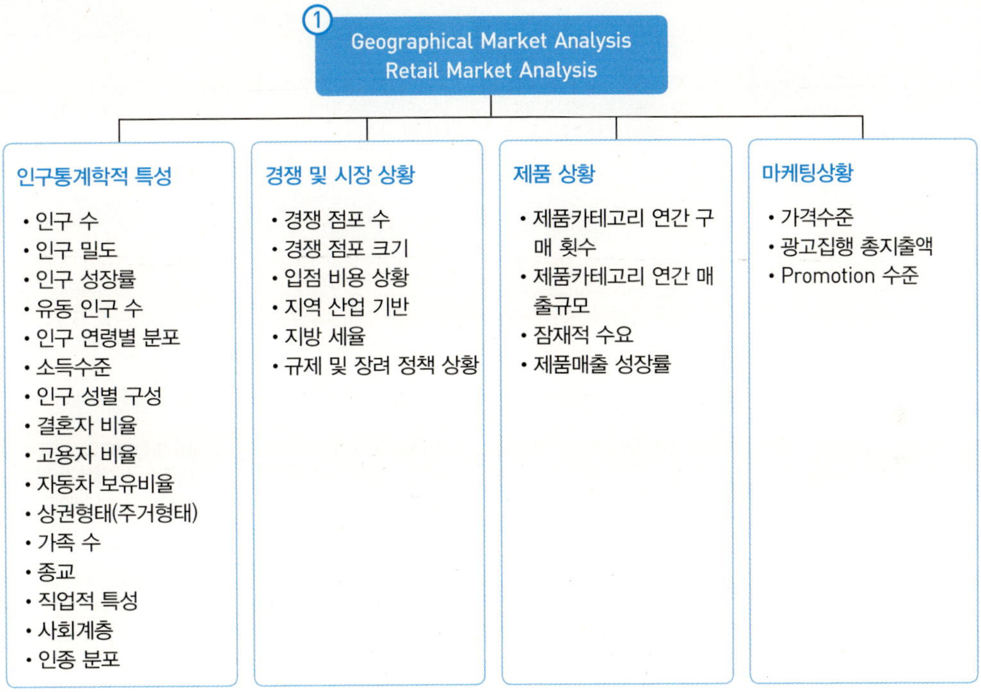

외한다고 말했다.

3) 인구성장률: 라스베가스 옆 핸더슨, 북경 옆 연교 등의 인구성장률을 2020년대 다른 도시 평균보다 3배가 높았다고 알려져 있다. 손해보험회사의 임원과 인터뷰를 한 결과 특정 행정동 및 지역에서 인구감소가 지속적으로 발생하면 지점폐쇄를 고려한다고 말했다. 자신이 한 대전 지역의 지점을 맡았을 때 이 지역은 인구가 감소하는 지역이어서 매출이 줄어드는 것을 막을 수 없었다고 토로하였다.

4) 소득수준: 북경 장타이루지역 소득은 다른 조양구 지역보다 낮다. 해운대 센텀 지역의 소득수준은 해운대 신시가지보다 높다고 알려져 있다. 이 요인이 소매시장선택의 기준이 된다.

5) 유동인구 수: 용인 수지의 수지구청 근처의 복덕방 사장님 말씀에 의하면 이

그림 8-3 소매지역선택에 사용되는 영향요인별 적용사례 중 인구통계학적 요인 1

① Geographical Market 평가기준

인구통계학적 특성

- 인구 수
- 인구 밀도
- 인구 성장률
- 유동 인구 수
- 인구 연령별 분포
- 소득수준
- 인구 성별 구성
- 결혼자 비율
- 고용자 비율
- 자동차 보유비율
- 상권형태(주거형태)
- 가족 수
- 종교
- 직업적 특성
- 사회계층
- 인종 분포

인구 수	인구 연령분포	고용자 비율
백화점은 30만 명 이하의 도시에는 들어갈 수 없다! 극장은? 롯데리아는?	강남역, 싼리툰의 주간활동 인구의 연령은 낮다. 베트남, 수지!	거제와 통영은 성별 고용자 비율의 차이가 심하다.
인구 밀도	**소득수준**	**자동차보유비율**
신도시에 인구집적도가 일정수준을 넘지 않으면 전자제품판매점을 내지 않는다.	북경 장타이루지역 소득은 다른 조양구 지역보다 낮다. 한성대 근처 상권은 다른 서울지역보다 소득이 낮다고 알려져 있다.	매장이 상권 내에 위치해야 하는가? 상권 밖에도 위치해도 되는가를 결정한다. Family restaurant!
인구성장률	**인구 성별구성**	**주거형태(상권형태)**
북경 인근 연교나 세종시의 인구성장률은 다른 도시보다 3배가 높다. 라스베가스, 산호세, 벤쿠버!	거제지역은 남초, 홍콩은 여초국가-신라호텔은 화장품회사를 설립	아파트밀집지역과 단독주택 지역은 구매행태가 완전히 다르다. Stock filing
유동 인구 수	**결혼자 비율**	**가족 수**
주간활동인구와 야간활동인구를 2차자료를 통해 파악해야 한다. 베드타운, 수지, 신도림	미혼비율이 높으면 혼밥, 즉석음식 매장이 잘 된다!	공동구매의사결정하는 가전 등의 소비단위가 달라진다.

지역 아파트 거주자들은 거의 서울로 출퇴근을 하는 사람들이기 때문에 낮의 유동인구를 대상으로 한 업종은 매출이 적다고 말했다.

6) 연령분포: 베트남의 평균연령은 한국보다 훨씬 낮다. 베트남 전쟁의 영향으로 노인층이 적다. 따라서 노인을 대상으로 한 사업보다는 젊은 이를 대상으로 한 업종이 더 시장기회가 있을 것이다.

7) 소득수준: 상해에 근무하는 한국인 컨설턴트의 말에 의하면 '부산 센텀시티몰'과 같은 상권이 상해에만 19개가 있다고 말하면서 소득이 상권별로 집적화되어 있다고 말했다.

8) 인구성별구성: 중국 동북삼성에 있는 조선족의 경우에는 여성비율이 높다. 많은 남성이 중국 대도시나 한국으로 일하러 갔다는 것이다. 따라서 여성복 판매가 남성복 판매보다 높다고 한국 의류회사 직원이 말했다.

서울시 전체의 성비는 94:100으로 여초이지만 금천구는 103:100으로 약간 남초이다. 인천 옹진군은 해병대가 있어서 135:100으로 남초이다. 남초 여초 등은 주로 산업이나 지역특색으로 인해 발생한다. 이들 지역의 성별간 라이트스타일 차이로 인해 판매되는 상품구성이 다르게 된다.

9) 결혼자 비율: 결혼자 비율에 따라 사용물품이 다르다는 것은 일반적인 사실이다. 스칸디나비아 3국의 결혼형태는 한국과 매우 상이하다. 동거비율이 높다. 결혼자비율을 각 국별로 지역별로 세심히 살펴야 한다. 싱글이 많은 지역은 싱글소비상품이 많이 팔리게 되므로, 이 결혼자비율 미혼자비율은 소매지역 선택의 기준이 된다.

10) 고용자 비율: 거제와 통영은 조선업 등의 산업적 특성에 의해 고용율의 증가 감소가 빈번하고, 남녀 고용자 비율 중 남성의 고용비율이 높다.

11) 주거형태: 주거형태에 따라 상품을 구매하고 stock filing 하는 정도가 다르다.

그림 8-4 소매지역선택에 사용되는 영향요인별 적용사례 중 인구통계학적 요인 2

① Geographical Market 평가기준

인구통계학적 특성

- 인구 수
- 인구 밀도
- 인구 성장률
- 유동 인구 수
- 인구 연령별 분포
- 소득수준
- 인구 성별 구성
- 결혼자 비율
- 고용자 비율
- 자동차 보유비율
- 주거형태
- 가족 수
- 종교
- 직업적 특성
- 사회계층
- 인종 분포

종교

이슬람교도가 있는 지역은 삼겹살집을 할 수 없다.
이슬람교도를 위한 별도의 매장이 가능하다.

인종분포

흑인이 많은 지역에는 맥도날드가 된다.
백인이 많은 지역에는 스타벅스가 된다.

직업적 특성

중공업 노동자가 많은 거제지역에는 술집이 잘 된다. 창원은?
숙대앞에는 분식집이 잘 된다.

사회계층

도곡동 타워팰리스 지역에서는 '해저심층수'가 비싸게 팔린다.
미용관련 병원도 잘 된다.

그림 8-5 소매지역선택에 사용되는 영향요인별 경쟁 및 시장 상황기준

① Geographical Market 평가기준

경쟁 및 시장 상황

- 경쟁 점포 수
- 경쟁 점포 크기
- 입점 비용 상황
- 지역 산업 기반
- 지방 세율
- 규제 및 장려 정책 상황

경쟁점포 수

거창군 **면 소재지에는 짜장면 집이 하나다.
강진에는 맥도날드 없다. 롯데리아도 없다.
함양군에는 영화관이 없다

경쟁점포 크기

천안 두정에 있는 PC방은 30~100석의 자리를 갖고 있다.
맨 처음에는 30석짜리만 있었는데, 100석짜리가 들어오자 30석짜리는 장사가 안 되었다.

입점비용상황

서울 권리금? 수지 권리금? 평거동 권리금?

지방세율 및 규제 장려정책

미국은 주별로 부가가치세가 다르다. 연방세도 별도다. 휴스톤은 기름값이 싸다. 텍사스는 고속도로가 무료다. 골프선수는 어디에 사나? 야구선수는?

12) 가족 수: 가족 수에 따라 공동구매의사결정을 하는 상품의 구매행동이 매우 다르다.

13) 경쟁점포수: 과거 대우증권이 강원도에 매장이 많았던 이유를 '대신증권'이 전라도를 석권해서 증권사가 없는 강원도에 진출했다고 임직원들이 말하곤 했다.

14) 경쟁점포 크기: 천안두정지구가 개발될 초기인 2000년대에 PC방 업종은 주로 1층에 입점하고 30석 정도의 매장을 주로 확보하고 있었다. 그래서 PC체인점들은 적극적으로 100석 이상의 대규모 PC방을 적극 개설하기를 창업자들에게 권고하였다. PC방업종은 점포의 크기도 측정하고 있었던 것이다.

15) 지방세율: 미국은 주세인 부가가치세가 주별로 다르다. 그래서 기름값에 차이가 많이 발생한다. 연방세는 별도로 지불한다. 소득세에도 차이가 많다.

그림 8-6 소매지역선택에 사용되는 제품상황기준

① Geographical Market 평가기준

제품 상황

- 제품카테고리 연간 구매횟수
- 제품카테고리 연간 매출규모
- 잠재적 수요
- 제품매출 성장률

제품카테고리 연간구매횟수

중국의 북쪽에 비해 남쪽에서는 색조화장품을 구매량이 3배 이상이다

제품카테고리 연간매출규모

중국 북쪽에서 남쪽으로 갈수록 국수 소비량이 많아진다

잠재수요

중국의 인터넷 사용자는 10억 명이다.
아직 5억 명이 남아 있다(2021년)

제품매출 성장률

중국의 커피시장 성장률
중국의 와인시장 성장률은 대단하다

골프선수와 야구선수가 플로리다에 가는 이유는 세금이 없거나 적거나 하는 이유 때문이다.

16) 법적인 규제 및 장려정책: 미국의 반도체 공장을 보자. 주정부의 보조금혜택이 많은 곳과 그렇지 않은 곳이 있다. 베트남도 지방자치단체별로 행정당국이 지불하는 보조금 차이가 많다고 알려져 있다.

17) 연간구매횟수: 한국의 무역관련 정보를 살펴보면 중국의 북쪽지역에 비해 남쪽지역의 인구당 색조화장품 구매량은 3배 이상이다. 한국의 영화유통사가 중국에 진출하면서 상해를 포함한 화동에 집중한 이유는 북경지역에 비해 1인당 영화관람횟수가 화동이 가장 많이 때문이다. 아모레퍼시픽이 중국 심양에 있던 본사 및 공장을 상해로 옮긴 것은 이런 고객의 화장품구매량과 관련되어 있다고 전해진다.

18) 제품카테고리 연간매출규모: 중국 북쪽에서 남쪽으로 갈수록 국수 소비량이 많아진다. 한국의 젓갈 소비량은 서울이 많을까 전라도가 많을까 경상도가 많을까? 1인당 술소비량을 위도(latitude)로 살펴보면 0도에서 북쪽을 갈수록 높아지지 않을까?

19) 잠재수요: 중국의 인터넷 사용자는 10억 명이다(데일리머니 2022.1). 아직 5억 명이 남아 있다. 중국 65세 노인 중 인터넷 사용자 수는 7,500만 명이 넘는다(eMarketer 2021.2). 한국 전체인구보다 많다. 중국노인대상의 업종에서 참고할 만하다.

20) 제품매출성장률: 중국의 커피 소비량이 증가하자 운남성의 차재배지가 줄어들고 있다는 소식이 있다. 중국의 우유 및 대두, 와인 소비량이 증가하자 전 세계 상품가격이 상승한다.

3. 요약

업종마다 매장개설 1단계 의사결정인 소매시장선택(retail market selection)의 기준이 다를 것이 예상된다.

독자들의 연습장

내가 관심있어 하는 업종을 적어보자. ______________________

이 업종에서 사용하는 소매시장선택기준을 나열해 보자.

그림 8-7 소매시장선택기준 정리표

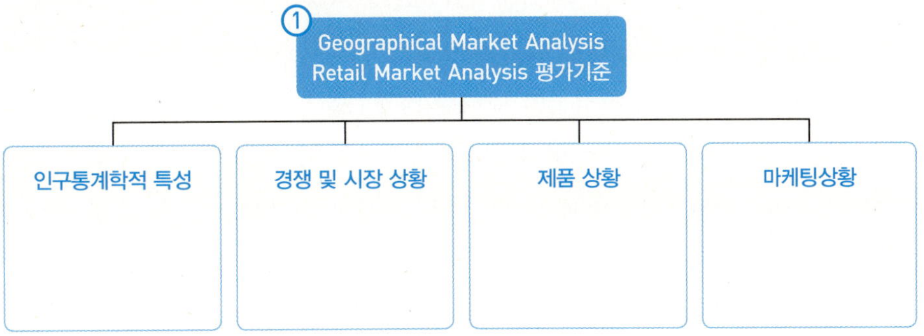

참고문헌

머니투데이(2022.1.23.), 중의 15억 인구를 보지 말고 10억 네티즌을 봐라.

이학식, 안광호, 하영원(2020), 소비자행동, 서울: 집현재.

insiderinterlligence.com(eMarketer Feb. 2021)

Chapter 9

상권선택

(trade area selection)

- K상사는 전국적으로 100여 개가 넘는 대리점망을 갖고 있었다. 이 회사가 갖고 있는 M상표의 인지도와 평당 매출액은 다른 업종이나 다른 상표의 프랜차이즈보다 대리점에게 많은 이익을 갖다주었다. 많은 사람들이 대리점 영업권을 따내기 위해 서울 본사에 몰려들어왔다. 부산 서면상권의 경우, 3명의 경합자들이 이 지역상권의 대리점을 획득하기 위해 경쟁하였는데, 3명이 제시한 매장 중 2개는 회사가 요구한 20평은 넘었지만, 고객동선에서 멀어져 있었고, 1명은 서면의 고객중심 동선상에 위치했으나 14평에 불과하였다. 이에 K상사는 중심상권에서는 조금 떨어져 있으나 가장 큰 평수를 제시한 대리점 개설 희망자에게 기회를 부여하였다. 하지만, 매장의 매출은 극심히 부진했고, 본사와 대리점은 6개월이 못가서 매장 철수를 결정했다. 그 이후 부산 서면에는 대리점을 개설하기를 원하는 사람을 만나보기 힘들었다. 더구나 본사의 시장조사 결과, 서면의 유동인구는 M상표에 대한 부정적인 인식을 갖고 있는 것으로 나타나, 직영점을 개설하려던 본사 계획조차 취소하게 되었다. 따라서 상권 내 매장 철수가 다시는 그 상권에 매장을 개설할 수 없게 하는 조건임을 K상사는 깨닫게 되었다.
- 미국의 맥도날드는 1988년에 압구정 전철역 옆 갤러리아 백화점 길 건너에 한국 최초의 오프라인 매장을 개설하였다. 하지만 이 매장은 더 이상 그 곳에 존재하지 않는다.
- 2022년에 KFC는 1984년에 국내 1호점으로 개설한 종로점을 철수하였다.
- 2022년 '올리브 영'은 오늘드림이라는 배달서비스를 제공하기 때문에 구매자와 가장 접근성이 높은 상권에 오프라인 매장을 설치해야 하는 어려운 의사결정을 하고 있다.
- 2022년 코로나로 인해 영화관객 수가 줄어들고 있다. CGV는 고정비가 높은 비즈니스모델을 갖고 있다. 분명히 어느 극장을 먼저 폐쇄할 것인지에 대한 의사결정을 하고 있을 것이다.

그림 9-1 이해관계자의 충돌이 비일비재한 상권선택의 가상적인 상황

이 장은 상품을 구매하는 목표시장(target audience)을 대상으로 오프라인에 매장을 개설하여 영업을 하는 모든 투자자의 매장개설 및 관리를 위해 작성되었다.

- 은행, 증권사 지점의 진입 및 철수와 같이 대기업이 자신의 자본으로 매장을 개설하여 운영하는 경우
- 제과점, 편의점의 진입 철수의사결정과 같이 대기업의 자본과 대리점주의 개인자본이 혼합되어 투자되는 franchise의 경우

오프라인의 지점은 실질적으로 회사의 매출이 실현되는 고객과의 접점(service encounter)이 이루어지는 공간이다. 그런데, 오프라인지점을 새로 개설하여 진입하는 데는 많은 돈과 시간이라는 자원이 들어갈 뿐만 아니라, 진입 후에도 만약 그 지점이 충분한 매출을 올리지 못해서 철수할 경우에는 그 상권에서 회사의 이미지를 무척 해친다. 어떤 경우에는 다시는 그 상권에 진입할 수 없는 경우의 사태에 이르기도 한다(사례 1, 사례 2). 따라서 회사의 지점전략과 개인의 투자전략을 세우는 데는 사전에 충분한 횡단적 상권분석과 종단적 상권분석이 필요하다.

1. 상권의 정의

상권의 정의를 내리는 것은 출점전략의 출발점이다. 기업이라면 경영자는 아래와 같은 질문에 대한 답을 갖고 있어야 한다.

- 각 상권의 범위는 물리적 지리적으로 어디에서 어디까지인가?
- 우리 회사의 매장이 들어갈 만한 몇 개의 상권이 국내에 존재할까?
- 각 상권에 매장이 경쟁자를 포함해서 몇 개까지 들어갈 만한 매출력을 갖고 있는가?
- 각 상권별로 점포를 진입할 것인가, 규모를 확장할 것인가, 점포를 철수해야 하는가, 규모를 축소해야 하는가?

상권이란 한 점포가 고객을 끌어들일 수 있는 지리적 면적을 의미한다. 즉, 고객들이 우리 점포에 오기 위해 이동하는 범위를 말한다. 고객의 입장에서 이동하고자 하는 거리는 산업별로 다르다. 편의점을 갈 때와 백화점을 갈 때 고객이 이동하고자 하는 거리는 다르다. 은행을 갈 때와 증권사를 갈 때 역시 고객이 이동하고자 하는 거리가 다르다. 따라서 가장 중요한 것은 우리 회사 고객들이 우리 점포로 이동하고자 하는 거리를 상권으로 정의하는 것이 바람직하다. 여기서 고객이 이동하고자 하는 거리는 어떻게 해석할 수 있을까? 고객을 이동하게 하는 원인은 무엇일까? 그 원인을 '우리 점포에 대해 고객이 느끼는 가치'라 정의한다. 즉, 고객이 이동하고자 하는 거리는 점포에 대해 느끼는 가치이다.

따라서 이 책은 고객이 이동한 거리를 추적함으로써 상권을 확인한 후, 그 고객들의 집합체인 상권의 특성을 파악하고, 그 상권특성에 걸맞는 점포형태나 크기 등의 특성을 제시하는 일련의 과정을 이런 이유로 유통 및 장소마케팅의 대상인 오프라인 매장도 고객가치에 근거하게 된다.

2. 상권의 선택과정

기업이나 개인이 offline에 매장을 설치하기 위해 소매시장선택 이후 상권선택과정은 다음과 같은 과정을 거치게 된다.

그림 9-2 상권선택과정

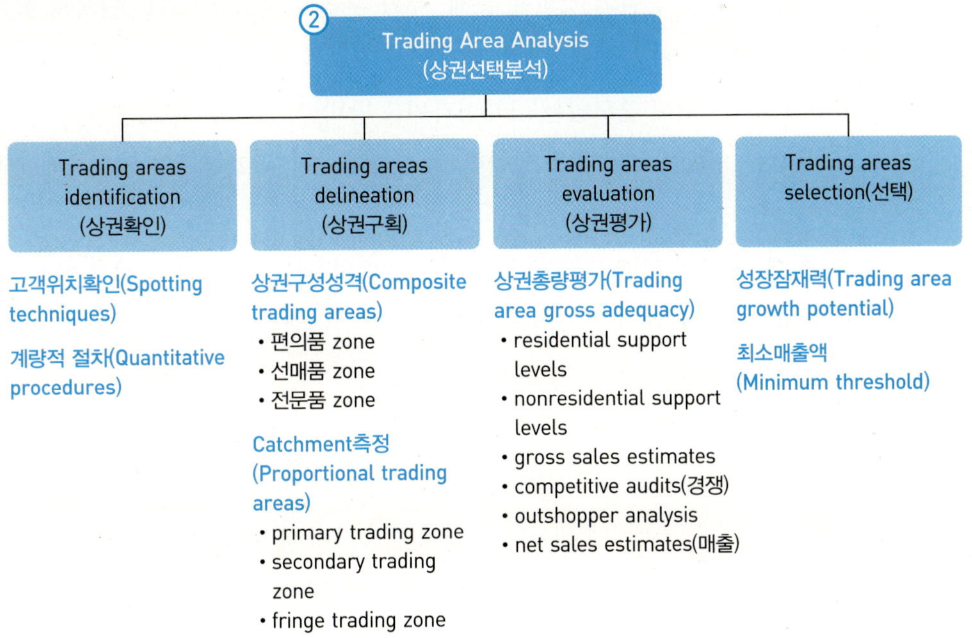

2.1. 상권확인(trading area identification)

업종마다 고객을 끌어들이는 정도가 다르다. 그렇다면 우리 회사가 정의하는 상권은 무엇일까?

> 전국에는 3,500여 개의 행정동이 있다. 이것이 우리 회사의 상권일까?
> 전국에는 200여 개의 구가 있다. 그럼 이것이 우리 회사의 상권일까?
> 전국의 200여 개 구를 거주중심지역/ 상업중심지역/ 사업중심지역/ 관광중

심지역/ 교육중심지역 등으로 나눌 수 있다. 그럼 이것이 우리 회사의 상권일까?

그렇다고 확신을 가질 수 없다. 고객들은 행정동 안에서 혹은 區 안에서 움직이지 않기 때문이다. 또 고객들은 거주 중심지역, 상업중심지역을 넘나들면서 움직이기도 한다. 따라서 고객을 움직이게 하는 것은 행정단위나 지역특성이 아니라 우리 회사 점포가 고객을 끌어들이는 유인력인 것이다. 이 유인력을 반영하여 상권을 정의 해야 한다.

또한 정확한 상권의 정의를 통해, 누가 우리의 경쟁자인지를 명확히 할 수 있다. 고객이 찾지 않는 경쟁자의 매장이나 점포를 경쟁자로 정의하면, 그 경쟁자와 경쟁하기 위해 쓸모없는 마케팅자원을 낭비할 수도 있기 때문이다. 정확한 상권정의는 명확한 경쟁자를 확인할 수 있게 하며, 이 경쟁자의 경쟁행태에 따라 적합한(right) 경쟁행위를 우리는 취할 수 있게 된다.

첫째, 점포의 고객 DB를 이용한다. 이 방법은 우리점포에 입점하거나 구매(거래)하는 고객에 대한 주소지 데이터로 찾을 수 있다. 고객주소의 비교적 정확하다면 가장 믿을 수 있는 방법이다. 정기적인 우편물을 발송하는 회사라면 우편물 수령지가 더욱 정확할 것이다. 〈그림 9-3〉은 어느 은행이 대출고객의 주소지를 이용하여 상권을 확인한 일부 자료를 보여주고 있다. 특히, 우리나라는 신용카드를 주로 소매업종의 상품구매에 이용하기 때문에 신용카드의 주소지를 파악하면 고객의 위치 및 그를 통한 상권의 지리적 범위를 확인할 수 있다. 실제 김병진, 서진형, 조춘한(2020)은 카드사용데이터를 통해서 제과점의 상권을 측정하여 보고한 바 있다.

둘째, 고객에게 직접 물어보는 방법이다. 법률상 업종상 고객의 주소 데이터의 수집이 불가능한 경우가 있다. 이럴 때는 고객에게 직접 묻는 방법이 있다. 정식 설문지 형태가 아니라, 양해를 구한 한 두 가지 질문으로 고객이 어디서 오셨는지 대략적으로 파악하여 상권을 정의하는데 이용할 수 있다.

셋째, 점포에 근무하는 실무자들의 感을 조사하는 방법이 있다. 점포에 근무하는 실무자들은 대략 우리 점포가 어느 곳의 고객까지 끌어들이고 있는지에 관한 감을 가지고 있다. 이 실무자들을 대상으로 설문조사나 인터뷰를 실시하면

그림 9-3 어느 은행에서 고객의 주소지를 이용하여 상권으로 정의한 사례

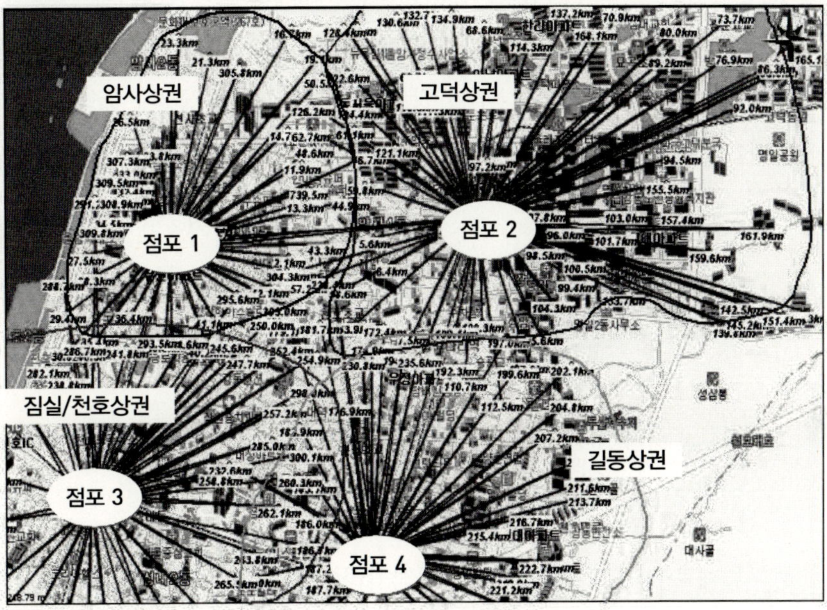

전국별 상권을 정의하는데 도움이 된다.

넷째, 유사한 특성을 가진 행정동을 하나의 상권으로 묶는 모델링을 하는 방법이 있다. 각 행정동의 인구특성, 유동인구 비율, 산업체 비율, 종사업종, 소득수준 등 다양한 DB를 이용하여 유사한 특성을 가지면서도 인접해 있는 상권을 찾아내는 방법이다.

위의 네 가지 방법은 모두 장단점을 갖고 있으며, 이를 통합한 상권정의가 필요하다. 저자는 위의 방법들을 이용하여 정의한 결과, 우리나라 남한지역의 경우에는 금융업에서는 업종의 특성에 따라 150개~700개 정도의 상권으로 정리되었고, 점포가 많지 않은 유통업(제화업 또는 의류업)의 경우 100개~200개 정도의 상권이 확인되었다.

2.2. 상권구획(trading areas delineation)

두 번째 단계는 소매시장 지역을 구획(delineation)하는 단계이다. 가장 단순한 상권구획은 상품성격에 따른 상권구획, 매장과 고객과의 거리에 따른 상권구획으로 나뉜다. 먼저 우리가 다루는 상품의 성격에 따라 상권구성의 성격이 다르게 된다. 상품이 편의품, 선매품, 전문품인가에 따라 상권구획이 달라진다.

- 편의품이란 고객이 필요와 욕구를 느낄 때 지리적으로 가까운 매장에서 구입하는 상품을 말한다.
- 선매품이란 고객이 상품을 선택하기 전에 몇 개의 매장에서 상품을 비교하는 경우를 말한다.
- 전문품이란 고객의 특정욕구를 만족시키는 기술이나 상품구성이 이루어져 있는 것으로 매장이 멀리 있어도 고객이 찾아가 구매하는 경우를 말한다.

둘째로 점포로부터 단순한 이격거리에 의한 1차 상권, 2차 상권, 3차 상권의 정의(catchment)가 있다.

그림 9-4 catchment와 proximity

Catchment	proximity
• 특정거리 내에 존재하는 고객의 수 • 1km 이내: Primary trade area(1차 상권) • 2km 이내: Secondary trade area(2차 상권) • 3km 이내: Tertiary trade area(3차 상권)	• 15minutes 이내 도달할 수 있는 사람 수

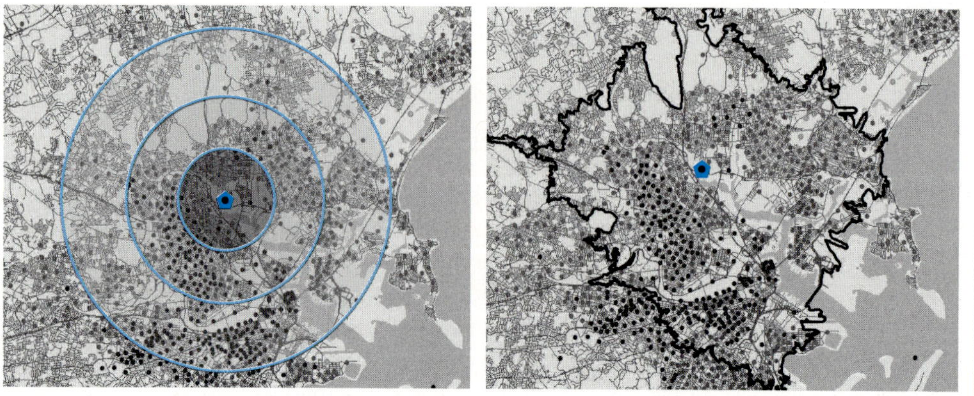

그림 9-5 catchment 사례(북경 산리툰)

산리툰 주변 단지 및 인구수(3km 내)

산리툰	인구	산리툰	인구
幸福村小区	1,058	三源里	6,615
联宝公寓	522	团结湖北里	1,960
东外公馆	252	东苑公寓	372
胡家园社区	3,567	南三条小区	1,411
亮马河公寓	2,798	左家庄东里	9,212
白家庄东里	2,450	华普花园	1,120
核桃园北里	1,911	民安小区	2,450
南丽华园	1,313	甜水园	1,602
新源里	2,171	华冠丽景嘉园	1,470
博雅园	1,999	砖角楼南里	19,600
复地国际公寓	926	甜水园东里	6,483
京达花园	397	道家园小区	6,125

산리툰 지형도

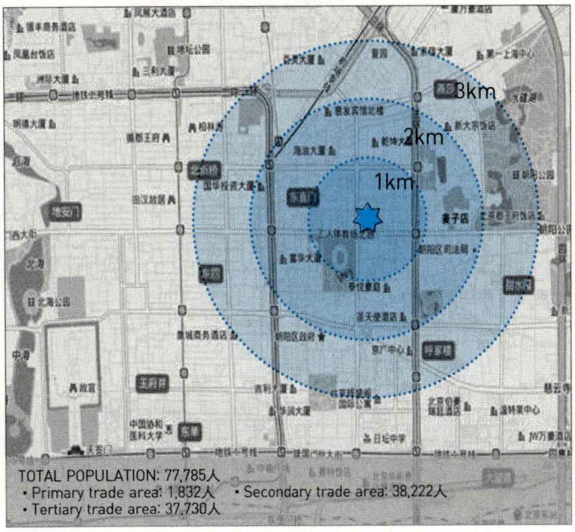

- 1차 상권(primary trading area)이란 우리가 매장을 내려고 하는 곳에서 1km 안에 있는 거주하는 고객의 수를 말한다.
- 2차 상권(secondary trading area)이란 매장에서 2km 안에 거주하는 고객의 수를 말한다.
- 3차 상권(tertiary trading area)이란 매장에서 3km 안에 거주하는 고객의 수를 말한다.

〈그림 9-5〉는 북경 산리툰상권의 3차 상권 내 거주인 수를 조사한 사례이다. 바이두에 있는 거주민 데이터를 이용하였다. 중국 바이두에서 우리가 원하는 매장위치를 정해놓고 3km 범위 내에 몇 명이 사는지를 아파트 이름과 주거단지별로 인구수를 추적하여 1km 안에 1,832명, 2km 안에 38,000명, 3km 안에 77,002명이 거주함을 표시하고 있다. 이런 과정을 상권별로 실시하게 된다. 〈그림 9-6〉은 북경 조양구에 주요상권별 catchment를 조사한 결과를 보여준다.

독자들도 스스로 catchmemt를 측정할 수 있다. 여러분이 관심있어 하는 업종을 하나 선택하고 그 다음에 인터넷에 '소상공인마당'을 검색한 후, 회원 가입

그림 9-6 북경 조양구 중 일부 상권의 catchment사례(3차 상권)

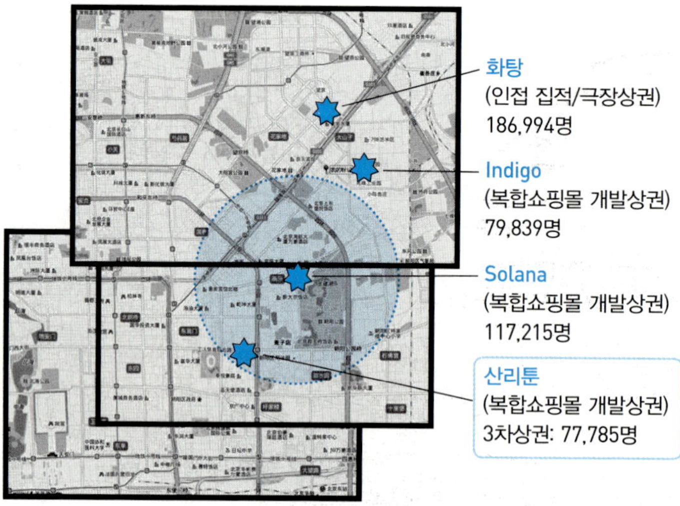

하고 로그인하면 내가 원하는 매장 위치에서 catchment를 숫자로 알려준다.

이와 유사한 개념으로 Proximity가 있다. 이 개념은 고객이 매장으로부터 몇 km 밖에 거주하는가에 관계없이 고객위치에서 매장까지 15분 이내에 도달할 수 있는 사람의 수를 말한다. 매장으로부터 1km 이내에 있어도 대형 도로에 막혀있거나 산이나 강이 있어서 도저히 15분 안에 올 수 없으면 상권으로 여기지 않는 것을 말한다.

독자들의 연습장

catchment가 중요할까요? proximity가 중요할까요? 기업이나 창업자에게 더 유용한 정보는 둘 중의 어디인지를 생각하여 선택하고 그 이유를 적어보자.

2.3. 상권평가(trading area evaluation)

상권평가기준은 매우 많다. 〈그림 9-7〉에 기존 문헌에서 찾은 유용한 상권선택기준을 인구통계학적 특성변수, 경쟁 및 시장상황 변수, 제품 및 소비상황변수로 구분하여 모아 놓았다. 이 pool은 모든 소매업종에서 사용할 수 있다. 다만 자신의 업종에 맞추어 선별적으로 사용해야 한다.

인구통계학적 특성변수 중 catchment와 proximity는 이미 설명한 바 있다. 경쟁 및 시장상황 변수 중에서 특이변수인 anchor store유무와 Tenants mix-product fit를 부가설명하고자 한다.

그림 9-7 상권선택 의사결정 기준

Trading Area 평가 및 선택의사결정 기준

인구통계학적 특성

인구 수
인구 밀도
인구 성장률
유동 인구 수
인구 연령별 분포
소득수준
인구 성별 구성
결혼자 비율
고용자비율
자동차 보유비율
상권형태(주거형태)
전체인구 중 구매자 비율
Catchment
Proximity

경쟁 및 시장상황

Anchor store 유무
Tenants mix-product fit
(상권 내 제품구성과 우리제품의 적합도)
경쟁 점포 수
경쟁 점포 크기
경쟁 점포 유형
입점 비용 상황
인당 점포 수
상권 구조 유형(쇼핑몰 상권 시장 상권 등)
법 행정적 특기 사항
운행 차종

제품 및 소비 상황

제품구매 패턴
(제품 구매횟수
제품 구매규모
제품 구매시기)
제품매출 성장률
규제 및 장려 정책 상황
Price-area target fit
(목표시장과 우리 제품 가격과의 적합성)

1) anchor store(앵커 스토어)

앵커 스토어라는 것은 상권으로 사람들을 유인하는 핵심 매장을 일컫는다. anchor라는 개념이 매장에 국한된 경우를 말한다.

- 매장이 상권에 집객주체로 작동하는 경우를 앵커 스토어(anchor store): 광화문 교보문고, 부산 해운대 센텀시티, 하남 안성 스타필드
- 도시 자체의 매력성으로 작동하는 장소를 앵커 플레이스(anchor place): 뉴욕의 브로드웨이, 파리의 샹젤리제 거리, 에펠탑, 부산 해운대 등

나의 매장이 앵커 스토어가 되거나 다른 기업의 앵커스토어 옆에 위치하는 것이 우리 매장의 매출을 높이는 방법이 되기 때문에 상권평가에서 앵커스토어의 여부와 집객능력의 크기를 평가하게 된다.

북경에 관광을 가 보면 많은 관광객들이 산리툰(Sanitun)에 간다. 산리툰에

그림 9-8 북경 산리툰의 앵커 스토어

② Trading area 평가기준

- 경쟁 및 시장상황
- Anchor store 유무
- Tenants mix-product fit(상권 내 제품구성과 우리제품의 적합도)
  - 경쟁 점포 수
  - 경쟁 점포 크기
  - 경쟁 점포 유형
  - 입점 비용 상황
  - 인당 점포 수
- 상권 구조 유형(쇼핑몰 상권 시장 상권 등)
  - 법 행정적 특기 사항
  - 운행 차종

Anchor store 상권으로 사람들을 유인하는 핵심매장(key store, building, spot, or space to attract people)

Anchor Store: 사람들을 끌여들이는 핵심 매장

- UNIQLO: 북경 최대의 UNIQLO숍, 산리툰의 Landmark로 자리잡음
- Adidas: 중국 최초, 세계 최대의 Adidas 브랜드숍
- Apple Store: 중국 최초의 Apple Store(2008.7.19) 소매점

사람들이 가는 이유는 여러분이 〈그림 9-8〉에서 발견하는 것과 같이 상권초입부터 유니클로, 아디다스, 나이키, 퓨마 매장이 있고, 좀 더 들어가면 애플스토어(apple store)가 있기 때문이다. 마치 뉴욕의 록펠러센터 있는 애플 매장이 고객을 끌어들이는 것과 같다. 산리툰의 랜드마크로 이 매장들이 자리 잡고 있다.

2) Tenants mix(매장구성)

테넌츠 믹스란 공간을 구성하는 플레이어들의 성격과 그 구성 정도를 말한다.

- 이화여대 앞 상권은 '옷 상권'이다. 압도적으로 상권 내 의류 엑세서리 매장이 많다.
- 부산대 앞 상권은 '요식업 상권'이다. 주로 먹고 마시는 업종의 매장들이 많다.

그림 9-9 중국 조양구 4개 상권의 tenants mix

산리툰

Store Type	No. of Store
• Clothing	85
• Food	38
• Beverage	15
• Theatre	1
• IT	2
• Accessories	33
• Shoes	29
• Bank	3
• Mart	2

솔라나

Store Type	No. of Store
• Clothing	54
• Food	41
• Beverage	11
• Theatre	1
• IT	1
• Accessories	44
• Shoes	38
• Bank	1
• Mart	2

화탕

Store Type	No. of Store
• Clothing	102
• Food	2
• Beverage	0
• Theatre	1
• Accessories	19
• Shoes	26
• Mart	1

인디고

Store Type	No. of Store
• Clothing	65
• Food	23
• Theatre	1
• Accessories	19
• Shoes	11
• Mart	1

위의 북경 조양구에 존재하는 4개 상권의 tenants-mix를 보면 산리툰과 솔라나는 주로 옷과 음식 악세서리 신발 매장이 많지만, 화탕에 비해서는 적다. 압도적으로 화탕 상권은 옷 상권인 셈이다. 이렇게 상권별 업종매장 수를 조사하여 상권의 성격을 파악하는 작업이 상권평가에서 필요하다.

그림 9-10 상권선택에 사용되는 영향요인별 적용사례

② Trading area 평가기준

제품 및 소비 상황

제품구매 패턴
(제품 구매횟수
제품 구매규모
제품 구매시기)
제품매출 성장률
규제 및 장려 정책 상황

Price – area target fit
(목표시장과 우리 제품 가격과의 적합성)

제품카테고리 연간구매횟수

특정기간당 구매횟수가 많은 업종이 좋을까? 적은 업종이 좋을까?
손님이 적으면 스트레스, 많으면 생산성 문제!

제품카테고리 판매시기

판매에 계절성이 있으면 인사관리에 어려움
외국 이사는 3, 4월에 이루어지지 않음
11월에 아이스크림 판매 최저

제품매출 성장률

강남 증권, 보험 매출 성장 및 감소율 문제
상권이 움직이는 문제: 압구정동, 이태원 가로수길

Price-area fit

상권과 가격수준의 적합도가 높아야 함

3. 요약

업종마다 매장개설 2단계 의사결정인 상권선택(trading area selection)의 기준이 다를 것이 예상된다.

독자들의 연습장

독자의 연습장: 내가 관심있어 하는 업종을 적어보자. ______________________

이 업종에서 사용하는 상권선택기준을 나열해 보자.

그림 9-11 상권평가 및 선택의사결정 기준 정리표

참고문헌

Jones, K. and Simmons, J.(1990), Retail Environment, Van Nostrand Reinhold.

Keller, K.L. and Swaminathan, V.(2019), Strategic Brand Management, New Jersey: Prentice Hall.

Levy, M,, Weitz, B., and Grewal, D.(2018), Retailing Management, Irwin.

Lewison, D.M(1994), Retailing, Macmillan College Publishing Co. NY: New York.

김병진, 서진형, 조춘한(2020), 카드데이터를 활용한 중소기업 적합업종 제도의 실효성 분석: 제과점업 사례 중심으로, 프랜차이징저널, 6(2), 1-25.

신우진, 문소연(2011), 프랜차이즈 커피전문점의 입지특성이 매출액에 미치는 영향 분석, 부동산학연구, 17(2), 111-123.

안치호 외(2013). 대형마트와 SSM의 출점이전통시장의 매출액에 미친 영향: 공간적 경쟁구도를 중심으로, 주거환경, 11(2), 63-78.

여은실, 최창규(2015), 역세권 상업지역의 업종별 매출액에 영향을 미치는 요인분석, 한국도시행정학회 학술발표대회 논문집, 147-157.

유민희, 김지영, 최윤정(2018), 모범거래기준과 영업지역 침해: 한국 커피 프랜차이즈 산업을 중심으로, 규제연구, 27(1), 157-192.

유혜정 외(2020), 출폐점에 따른 편의점 간 거리 변화가 매출에 미치는 영향, 국토계획, 55(3), 43-55.

이상규(2004). 대형할인점의 매출액 결정에 있어서 입지요인의 영향에 관한 연구, 국토연구, 3, 35-52.

임영균, 안광호, 김상용(2015), 고객지향적 유통관리, 서울: 학현사.

Chapter 10

사이트선택

(site selection)

사이트선택에 대한 저자들의 경험을 몇 개 적어본다.

- 어느 증권사 영업부와 총무부는 부평역 앞에 매장을 개설하기로 했다. 지점이 들어갈만한 공간을 가진 2개의 후보지가 나왔다. 하지만 영업부는 A자리가 좋다고 하고, 총무부는 B자리가 좋다고 주장한다. 합의가 이루어지지 않았을 때 마케팅본부장 조상무는 AHP(analytical hierarchy process)라는 것을 적용하면 두 자리 중에 어느 자리가 좋은지 선택할 수 있다며 두 부서 의견조율을 시도했다.
- 중국에 진출한 한국 극장체인의 영업부장님은 한국에서 근무할 때 주유소 입점자리만을 전국으로 돌아다니면서 찾아다닌 적이 있다고 말했다. 중국에서 도시별로 어느 상권에 어느 자리에 극장을 개설할지 고민이 많다고 말했다.
- 저자들이 만난 중국 내 경영컨설턴트들은 북경 왕푸징에 롯데백화점이 들어서기 전부터 우리에게 이런 말을 했다. 1) 그 자리는 남쪽에서 북쪽으로 이동하는 고객동선이 딱 끊기는 자리이다. 2) 왕푸징에 Rolex 매장이 이미 몇 개가 있다. 그 매장을 가진 백화점보다 훨씬 고급으로 매장이 구성되고 포지셔닝되어야 한다.
- 파리바게트, 베스킨라빈스를 갖고 있는 SPC의 본사를 방문하여 천안에 대리점을 내고 싶다고 말하면 영업부직원은 이렇게 말한다. '저희는 두정지구 ***위치에 **평 매장을 확보하여 오셔야 매장개설을 검토해 드립니다'. SPC는 정확하게 자신의 매장이 개설될 사이트를 계산해 놓고 있는 것이다. 이런 영업부직원의 자신있는 말은 1990년대 이랜드 영업부사원에게서도 들었던 말이다.

이 장에서는 상권 내 구체적인 매장의 위치를 잡는 의사결정을 다룬다. 구체적인 매장위치를 규범적으로 선택하는 학술적 내용이 드물기 때문에 1) 저자들이 접근가능한 자료에서 일반적인 사이트 선택기준을 설명하고, 2) 업종별로 특이한 사이트 선택기준을 제시하고, 3) 마지막으로 여러 개의 매장개설 가능 사이트 대안이 존재할 경우에 어느 사이트를 선택해야 하는지에 대한 계량적인 분석기법으로 AHP가 있음을 소개한다.

1. 사이트 의사결정과정

기업이나 개인이 상권 내 매장위치를 선택하기 위해 다음과 같은 과정을 거치게 된다.

1.1. 소매매장 사이트 확인(retail site identification)

앞서서 상권이 선택되었다. 이 개별상권 내에 우리가 원하는 위치에 매장이 비어 있으면 좋은데 그렇지 않을 수 있다. 그래서 기업이나 창업자는 먼저 상권 내

그림 10-1 소매매장 사이트 선택과정

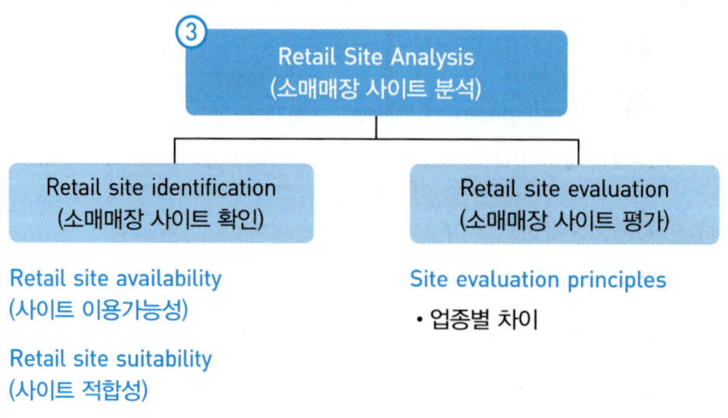

에 소매매장 사이트 중 비어있거나 입점가능한 사이트를 확인해야 한다. 또한 이용가능한 사이트 중 우리 업종에 적합한 지도 점검해야 한다.

1.2. 소매매장 사이트 평가(retail site evaluation)

1.2.1. 일반적인 소매매장 사이트 평가기준

소매매장 사이트 평가기준은 업종별로 상이하다는 것이 정설이다. 이 단락에서는 여러 업종에서 공통적으로 사용가능한 사이트 평가기준을 소개한다. Jones and Simmons는 구체적으로 매장을 어느 자리에 둘까를 평가하는 기준을 두 가지로 구분했다(상황 기준, 사이트 기준). 먼저 상황요인을 살펴보자. 사이트에 영향을 미치는 상황변수들이 존재한다는 의미이다.

1) 시장의 공간정도(spatial extent of the market)

해당 사이트를 둘러싸고 있는 공간적 특성을 말한다. 먼저 고객 수를 살펴보자. 김종률(2020)은 편의점 하나가 입점하여 이익을 창출하기 위해서는 적어도 2,000명의 고객 수가 매장 주위에 필요하다고 지적하고 있다. Simon and Yoo(2022)은 일본의 경우에 편의점 1개당 평균 인구수가 2,253명이고, 한국은 1,082명이라고 보고한 바 있다. 한국의 편의점 1개당 매출력이 일본에 비해 50% 정도에 불가한 셈이다. 매장을 입점하는 위치에서 확보할 수 있는 고객 수는 많고 촘촘할수록 좋다.

또한 구체적으로 지리적 범위 중 어디까지가 바깥 범위인가(outer limit)를 점검해야 한다. 다시 말해 손님 중 가장 멀리서 우리 매장에 올 수 있는 사람이 어디에 사는지를 알고 있어야 한다. 김병진, 서진형, 조춘한(2020)은 카드데이터를 활용하여 지자체별로 얼마나 멀리 사는 사람이 제과점에 오는지를 측정한 바 있다. 한국제과점의 경우에는 3km 정도 떨어진 곳에서 매장을 방문한다고 밝혔다.

자연적 장애물과 인공 장애물 모두 사이트결정에 영향을 미친다. 의류업종에서는 서울의 경우 8차선 상에 도로가 있으면 길 건너 사이트는 별도의 상권으로 여겨진다.

그림 10-2 소매매장 사이트 선택의사결정 기준

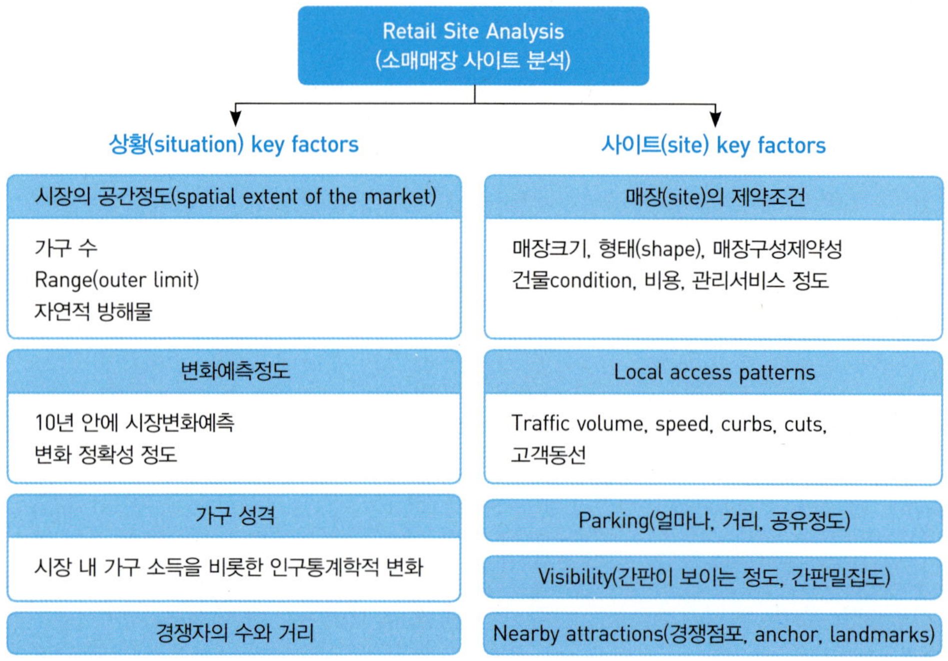

2) 변화예측정도

상권에 있는 사이트가 10년 안에 어떤 시장 변화가 예측 될 것인가 그리고 그 예측이 얼마나 정확한가도 측정을 해야 된다.

- 부산 남포동, 남천동 상권을 보면 세월이 무색할 만큼 쇠퇴했다.
- 경기도 평택시의 구도심은 쇠퇴했는데, 안성과 평택 사이에 스타필드가 들어와서 그 쇠퇴를 촉진했다.
- 북경 왕징 지하철역 재래시장상권은 갑작스런 철거로 인해 사라졌다. 아침에 주문을 받던 가게가 오후에 사라졌다.

3) 가구성격

상권 내 사이트 주변 거주자의 인구통계학적 변화가 사이트결정에 영향을 준다. 2010년대 후반부터 정부가 통영의 조업 어선 수를 급격하게 줄이고, 거제의 조선업이 거의 몰락하자 통영과 거제에 거주하는 젊은 사람들이 갑자기 떠나 버렸다. 젊은이를 상대로 한 매장들, 당구장, 술집 등이 줄어들었다. 이런 변화 예측이 가능해야 한다.

다음은 사이트요인을 보자. 구체적인 매장개설 시 주의해야 할 디테일이 모두 포함된다.

4) 매장의 제약조건 중 매장크기

업종별로 최소 필요매장크기가 존재한다. 의류매장의 단독점포나 프랜차이즈 제과점을 개설하기 위해 본사 영업부를 방문하면 '최소 *평'의 매장을 구해오라는 소리를 듣게 된다. 또한 프랜차이즈 계약서 상에 의류매장의 경우 옷을 전면으로 디스플레이 할 수 있는 공간이 얼마 이상이어야 한다는 규정도 있다.

4) 매장형태 shape와 매장구성 제약성, 건물 컨디션

프랜차이즈 매장 개설을 위해 본사를 방문하면 영업부 직원이 매장전면이 몇 m 이상이어야 한다는 조건을 제시하곤 한다. 또한 매장 구성시에 계약서 상에 매장 안에 테이블이 몇 개 들어가야 한다는 규정을 두기도 한다. 건물의 노후화 정도, 수도, 전기 등이 사이트 결정에 영향을 주기도 한다.

- 요식업의 경우에 수압이 작으면 매출에 영향을 미친다.
- 피렌체에서 에어콘이 달린 B&B를 임대하면 비싸다. 이 도시에서 전기와 건물 노후화문제로 에어콘을 설치할 수 없는 경우가 있기 때문이다.

5) 지역접근 패턴(local access patterns)

기본적으로 고객과 자동차의 통행량이 많은 것이 좋다. 유동인구가 적은 썰렁한 동네에 사이트를 선택하면 안 된다. 교통량이 많아도 스피드가 지나치게 높으면 매출이 적다. 도로변이나 막다른 곳 등도 고객동선에 영향을 주고 매출에 영향을 준다.

- 서울 대방역에서 여의도방향으로 다리를 건너는 사람들은 모두 빠른 걸음으로 이동한다. 대방역에서 대방동 쪽으로 가는 사람은 걷는 속도가 상대적으로 느리다.

6) 주자창의 크기와 위치

요즘 자동차를 갖고 있는 사람이 많기 때문에 주차 할 수 있는 위치와 숫자가 매출을 좌우한다.

- 소득이 높을수록 이동반경이 높다.
- 건출물이 스스로 주차공간과 상업공간을 동시에 만드는 경우가 많아졌다.

7) 가시성(간판과 매장이 보이는 정도, 간판밀집도)

매장과 간판이 고객에게 얼마나 잘 노출되는가 하는 것이 사이트 평가에 중요하다. 간판이 밀집되어 있어도 매장이 안 보이게 된다.

8) 주변 매력성(near by attractions)

사람이 많이 모이는 anchor store, anchor place, landmarks가 많을수록 사이트는 좋은 평가를 받는다.

2. 주유소와 편의점 사이트 의사결정기준

이제 개별업종별로 사이트를 평가하는 기준을 살펴보자. 주유소 사례를 보자. 지금 제시하는 하나하나의 변수가 실제 주유소 사이트 결정에 사용되는 기준이다.

〈그림 10-3〉은 주유소 개설 업무 담당자의 인터뷰와 관련 자료를 검토한 결과를 요약한 것이다.

- 주유소는 싱글 스탑(single stop) 주유소가 있고 리피트 스탑(repeat stop)이 있다. 싱글 스탑이라는 것은 어중이떠중이 고객이 스스로 자동차로 지나가다가 눈에 보여서 어쩌다 들어가는 주유소를 말한다. 리피트 스탑은 지역사회 고객들이 상표충성도나 장소충성도에 의해 주기적으로 방문하여 주유를 하

그림 10-3 주유소 사이트 선택의사결정 기준

Single stop(thru traffic)	Repeat(local market)
Site 변수	**상권변수**
독립주유소의 경우	**독립주유소의 경우**
Visibility access	상권 소득구성(가격탄력성)
Chain주유소의 경우	**Chain주유소의 경우**
간판, 다른 주유소의 위치	상표충성도, 신용카드소지비율, 경쟁자수
	공통요인
	자동차의 타입(승용 또는 상업용 또는 트럭) 교통량, 평균스피드, Traffic origin(뜨내기, 단골, 지역사람 등), 교통목적 Site visibility Site size, frontage, layout, 운영제약조건

는 주유소를 말한다. 한적한 국도변이나 도시 진입 도로상에 위치하는 경우는 싱글스탑이 많고, 도심에 위치한 주유소는 리피트 스탑이 많다.

- 싱글 스탑은 다시 두 부류로 구분한다. 체인점 주유소가 있고 독립 주유소가 있다. 체인점의 경우에는 간판이 로고가 일정하기 때문에 고객은 멀리서도 간판을 보고 주유소에 들어온다. 그리고 다른 주유소 위치와 밀접해 있느냐 떨어져 있느냐에 따라 선택확률과 그에 따른 매출액이 달라진다. 그래서 간선도로에서 SK는 빨간색, 에쓰오일은 노란색, 파란색은 현대정유 등, 각 기업은 주목성이 큰 색상을 사용하여 간판을 크게 내걸게 된다.
- 싱글스탑 주유소 중 독립주유소의 경우에는 가시성(visibility)과 접근성(access)이 중요하다. 가시성은 말 그대로 얼마나 매장이 잘 보이는 위치인가로 사이트를 평가하게 된다. 또한 자동차가 주유소에 얼마나 접근하기 쉬운가도 평가기준이다.

- 주로 지역사회에 위치하는 로컬주유소(리피트스탑)의 경우에는 싱글스탑주유소와 사이트 결정기준이 다르다. 독립주유소의 경우에는 가격이 중요하다. 주로 가격경쟁력으로 상표력이 없는 독립주유소가 경쟁을 하기 때문이다. 대부분의 운전자들은 자신의 이동반경에서 가장 싼 주유소와 가장 비싼 주유소를 기억하게 된다. 하지만 리피트스탑 주유소 중 체인주유소의 경우에는 상표충성도와 경쟁주유소의 수가 중요하다(사례: 미국 텍사스 Lubbock에 사는 어느 주민은 'Chevron'만을 주유하는데 이 기름이 가장 엔진을 부드럽게 한다는 신념을 갖고 있다).
- 하지만 독립주유소나 체인주유소에 상관없이 자동차의 타입(승용 또는 상업용 또는 트럭), 교통량, 자동차 평균스피드, 구매빈도, 구매자의 위치, 교통 움직임의 목적, 사이트의 가시성(site visibility), 사이트의 크기(site size), 주유소 전면의 모습, 매장 내 구조(layout), 운영제약조건 등은 사이트선택기준이 된다. 예를 들어 차량평균스피드가 높은 곳에 위치한 드라이브스루 커피매장이나 맥도날드 매장의 매출액은 차량평균스피드가 낮은 곳에 위치한 매장 매출보다 낮은 경우가 있다.
- 참고로 특정목표시장을 대상으로 구성된 주유소가 존재한다. 미국 Iowa에 위치한 'Iowa 80 world larest truckstop'은 트럭커를 상대로 한 전문매장이다. Love's, Pilot는 미국전역에 분포한 화물트럭 전문 서비스 주유소이다. 샤워시설이나 차량용품 등을 많이 비치하고 있다.

그림 10-4 미국 전역에 분포한 트럭 전문 주유소

편의점은 어느 기준으로 사이트를 평가하고 선택할까? 〈그림 10-5〉는 편의점의 상황요인과 사이트요인을 정리한 것이다. 주유소와 편의점의 사이트 평가기준은 공통적인 것도 있고, 다른 점도 있다. 따라서 실제 매장을 개설하기 위해서는 업종별로 독특한 사이트 평가기준이 있어야 한다.

그림 10-5 편의점 사이트선택기준

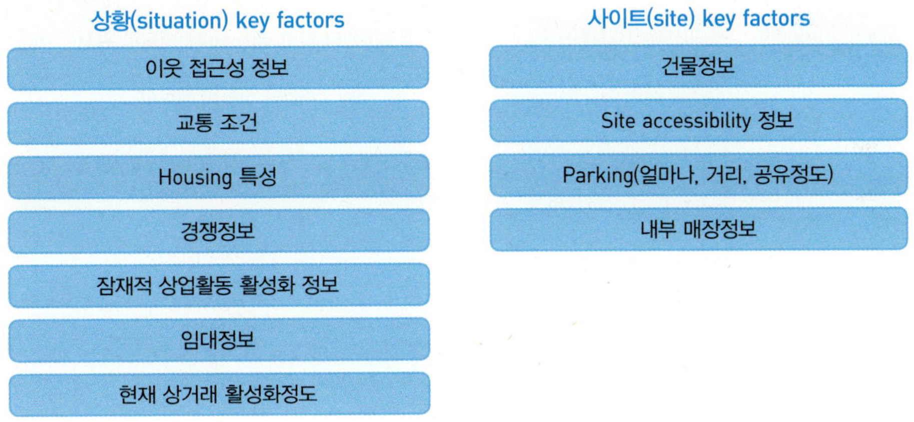

3. 실무자가 제시하는 업종별 사이트평가기준

저자들은 여러 실무자와 전문가가 발표한 자료, 신문기사를 검색하여 다음과 같이 업종별로 사용되는 독특한 사이트평가기준을 몇 개 제시한다. 창업자가 특정 업종을 개설하고자 할 때에는 반드시 더 깊숙하고 촘촘한 사이트 평가기준을 선배창업자, 업계전문가, 컨설턴트와 상의하기를 권한다.

그림 10-6 김종율(2020) 등 여러 분이 제시하는 여러 업종의 사이트 개설기준

구분	업종	기준
상권크기	편의점	적어도 2,000명 이상의 인구
	패스트푸드점	3km 안에 5,000명 이상의 인구
	자동차수리점	3km 안에 16,000대 이상의 등록차량
	은행	15분 이내 안에 10,000가구 이상
Site	장난감가게	지역쇼핑센터 가는 길(road)에 별도로 위치
	할인점	평당 6,000원 이하의 렌트비
	시내 음식점	사무실빌딩 밀집지역에서 걸어서 7분 이내
	설빙	2층 50평 이상
	파리바게트	횡단보도 앞

4. AHP(Analytical Hierarchy Process)의 활용: 사이트 정하기

회사의 중요 사안에 대해 실무자들의 의견이 공통적으로 모여지지 않을 경우, 기업의 의사결정은 어려움에 봉착하게 된다. 다수의 의사 결정자들이 모여, 여러 가지 기준과 대안을 객관적이고 냉철하게 평가하고 결론을 내는 과정이 때로는 매우 복잡하고 어렵기 때문이다. 특히 의사결정 환경이 점점 복잡해지는 현실에서는 의사결정과정을 보다 객관적으로 관리하지 않으면 잘못된 의사결정의 가능성이 높아질 수밖에 없다.

이러한 문제점을 해결하여 복잡하고 중요한 의사결정을 합리적, 능률적으로 하기 위해 개발된 것이 AHP(Analytic Hierarchy Process) 기법이다(Saaty, 1976). AHP 는 인간의 사고와 측정 등을 정량적으로 해석하기에 유용하기 때문에, 국

가기관이나 공공정책의 계획수립과 의사결정에 이용되어 왔으며 1980년대 이후 경영과학분야의 주요 의사결정기법으로 인정 받아 왔다. AHP 방법에 대하여 개괄적인 개념을 제시하고, 사이트선택과정의 사례를 제시한다. 구체적인 프로그램운영방식과 이론은 곽영식(2005)을 참조하기 바란다.

4.1. AHP의 필요성

우리회사의 지점을 어느 지역에 입점시킬 것인가에 대한 과업을 달성하는 일반적인 과정을 보자. 두 가지 대안이 대립했을 때 하나의 대안으로 결정되는 방법은 보통 3가지로 나누어진다. 첫 번째는 주장이 강한 실무자의 의견을 따르게 되는 방법, 두 번째는 직급이 높은 실무자의 의견을 따르는 방법, 세 번째는 다수결을 통해 의견을 따르는 방법으로 대안선택이 이루어진다. 이 세 가지 방법은 각 대안을 선택기준의 중요도에 따라 객관적으로 평가하기가 힘들고, 관료적인 특성을 보여 소수의 의견이 반영되지 않는다는 단점을 가지고 있기 때문에 잘못된 의사결정을 내릴 가능성이 크다.

따라서 선택기준이 회사의 과업에 미치는 중요도나 기여도에 의해 평가되고, 관료적 행태를 방지하며 소수의 의견도 반영시키는 의사결정은 기업의 중요한 사안을 결정하는데 반드시 필요한 부분이다. AHP는 달성해야 할 목표, 의사결정을 위한 여러 가지 기준 및 선택해야 할 대안들로 구성된 계층적 구조를 통해 복잡한 문제에 대한 최적의사결정을 모색할 수 있는 의사결정지원(decision support system) 시스템으로, 위와 같은 문제점들을 해결할 수 있는 방안으로 고안되었다.

4.2. AHP의 유용성

일반적으로 다수의 참여자가 있는 의사결정과정은 매우 복잡하기 때문에, 구성원간의 상호작용과 참여가 필수적이다. AHP는 다수가 모여 의사결정을 과정에서 의사결정분석(decision analysis)을 가장 효과적으로 지원하는 모델이다(Belton, 1986). AHP는 기존의 의사결정 방법과 비교해서 여러 가지의 유용성을 가진다.

첫째, AHP는 의사결정과정의 정보에 대하여 정성적(Qualitative)인 기준과 정량적(Quantitative)인 기준을 비율척도를 통해 측정할 수 있다(Satty, 1980). 다시 말해 외형상 과학적, 객관적으로 보이는 수치화된 data 외에 실무자의 직관이나 개인적인 경험, 느낌과 같은 질적 요소를 의사결정과정에 통합하여 더 합리적이고 현실적인 의사결정이 이루어질 수 있도록 지원할 수 있다. 이를 통해, 기업 내에서 소비자의 행동에 대한 조사 결과와 실무자의 감을 통합하여 의사결정을 할 수 있는 방법으로 사용될 수 있다.

둘째, 비정형적이고 여러 가지 기준의 복잡한 문제를 하위 기준으로 점차 세분하여, 계층적으로 분화함으로써 상호 이원비교에 의한 판단으로 복잡한 사회적, 정치적 문제 해결을 가능하게 한다(Satty, 1980). AHP의 과정은 문제를 해결하기 위해 어떠한 기준으로 판단을 해야 하며, 각 기준에 따라 선택대안을 평가하는 단계를 계층적으로 구성하고 분화하여, 일련의 간단한 비교화, 서열화 및 통합의 과정을 거치는 작업이다. 다시 말해서 복잡한 의사결정 과정을 간단한 비교작업 등의 통합을 통해 단순화함으로써 해결할 수 있고, 더 나아가 왜 그런 의사결정을 내렸는지에 대한 근거를 제공할 수 있다. 또한 의사결정시 사용된 기준이나, 기준들에 부여된 중요도 선택대안의 평가에 변화를 주었을 때 최종결과가 어떻게 달라지는지 simulation할 수 있다.

셋째, 구성원 개개인의 의사를 반영하는 집단 의사결정이 가능하여 전문가의 여러 의견이 필요할 때 이를 수렴하기가 용이하다(Weiss and Rao, 1994). AHP는 집단적으로 의사결정을 할 수 있는 통합기능을 제공함으로써 특정인에 의하여 의사결정 과정이 지배, 왜곡되는 현상을 피할 수 있어 집단적인 의사결정을 가능하게 한다.

넷째, 계층구조로 이루어지는 AHP는 문제해결의 접근방법에 따라 수정이 용이하므로 융통성이 있는 의사결정 방법이라고 할 수 있다(Chan, 1990). 강성범(1997)은 Logit 모형과 AHP 모형을 비교한 연구결과에서 정성적 정보만을 이용한 경우 Logit 모형보다 AHP 모형의 예측률이 약 6.5% 높았으며 정량적 정보만을 이용하는 경우에는 1.4% 정도 예측력이 개선되었다는 연구결과를 발표하여 AHP 방법의 유용성을 입증했다.

이와 같은 유용성 때문에 AHP는 아래와 같은 분야에서 폭넓게 응용되어져 왔다.

- 전략기획(Strategic Planning: 중점 육성 사업단위별(SBU) 선별, 지방자치단체 중점육성산업선정)
- 정보기술선택(Information Technology Selection Decisions)
- 인적자원관리(Human Resource Management: 인력선발, 배치, 고과)
- 마케팅의사결정(Marketing Decisions)
- 예산배분(Budget Allocation)
- 목표시장선정, 경쟁우위측정, 광고카피선정, 유통망선정 등
- 협력업체 선정(Vendor/Source Selection: 공급업자 선정)
- 위치선정(Site Selection:비행장 위치선정, 항만위치선정, 매장위치 선정 등)
- Project/Risk Management(자본조달비용 구성 등)
- 상표자산측정(Brand Equity Measure)

4.3. AHP의 구성

AHP는 네 단계로 이루어진다. 1단계는 계층구조(hierarchical tree)를 수립하여 전체적인 의사결정 framework를 만드는 과정이다. 2단계는 도출된 framework에 따라 선택기준(criteria)간 이원비교(pairwise comparison)를 하여 도출된 결과를 고유치(eigenvector)로 전환하는 과정이다. 이러한 과정을 통해 선택기준의 상대적 중요성을 도출할 수 있다. 3단계는 선택기준에 비추어 봤을 때 선택대안(alternatives)의 상대적 효용을 비교하는 과정으로 비교하여 나온 결과를 역시 고유치(eigenvector)로 전환하는 과정이다. 4단계는 선택기준의 중요도, 선택대안의 선택기준별 평가를 종합하여, 선택대안의 효용을 얻을 수 있다. 마지막으로 이렇게 얻어진 고유치(eigenvector)에 비용(cost)을 감안하여 최종적으로 가장 적당한 선택대안을 도출하는 것이 전체적인 과정이다.

1) 목적을 명확히 한다(setting objective).
   (보기: 의류제조업체의 outlet store 입지 선정하기)

2) 제품선택기준(대안선택기준)을 명확히 한다(setting criteria).
   그 후, 선택대안기준 간의 상대평가(pairwise evaluation)에 의해 상대적 중요성을 결정한다.
   (보기: 교통편리성, 구매력, 지역성장성)

3) 선택대안들을 나열한다.
   그 후, 선택대안별로 선택대안기준을 중심으로 2개의 대안씩 상대평가를 한다.

4) 2단계에서 얻어진 선택대안별 상대적 중요성과, 3단계에서 얻어진 선택대안별 평가치를 종합한다.
   이를 통해 선택대안별 효용(utility)을 얻는다.

5) 각 선택대안별 4단계 효용을 비용으로 나누어서 선택대안별 비용대비효용 값을 계산한다.

4.4. expertchoice 이용하기

여기서는 AHP의 구성과정의 이해를 위해 가정적인 예를 들어 설명했다. 한 의류제조업체의 outlet store 입지선정으로 가상적인 의사결정 목표를 정하고, 입지를 선택하기 위한 주요 기준으로 교통편리성, 구매력, 지역성장성으로 선정했다. 이 세 가지 기준을 통해 결정해야 할 입지 후보, 즉, 선택대안으로는 동대문, 신촌, 반포, 구로를 선정했다. 위의 정보를 계층구조의 개념으로 정리하면 〈그림 10-7〉과 같다. 독자가 AHP를 사용하기 위해서는 expertchoice program을 이용하는 것이 편리하다. 미국과 한국에서 이 프로그램으로 AHP를 실행해주는 전문회사가 존재한다. 이 회사에게 의뢰하시는 것이 편리하다.

〈그림 10-8〉은 프로그램에 이 프로젝트의 목적을 입력하는 모습을 보여준다. 그 이외에 평가기준별 쌍대비교, 기준별 대안별 쌍대평가 등이 실행된다.

그림 10-7 AHP 계층구조의 개념

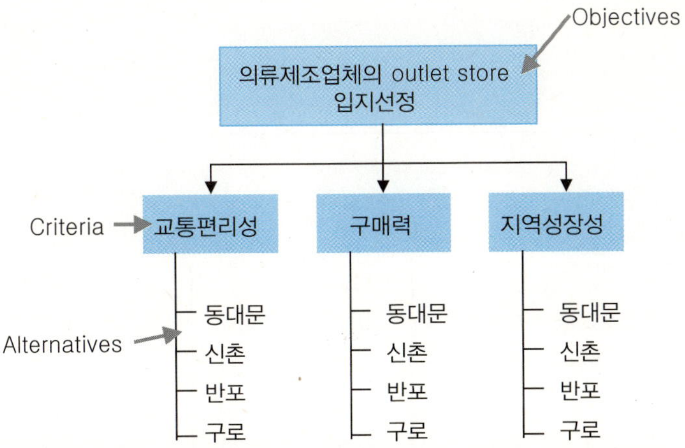

그림 10-8 계층구조 구현 프로그램 그림

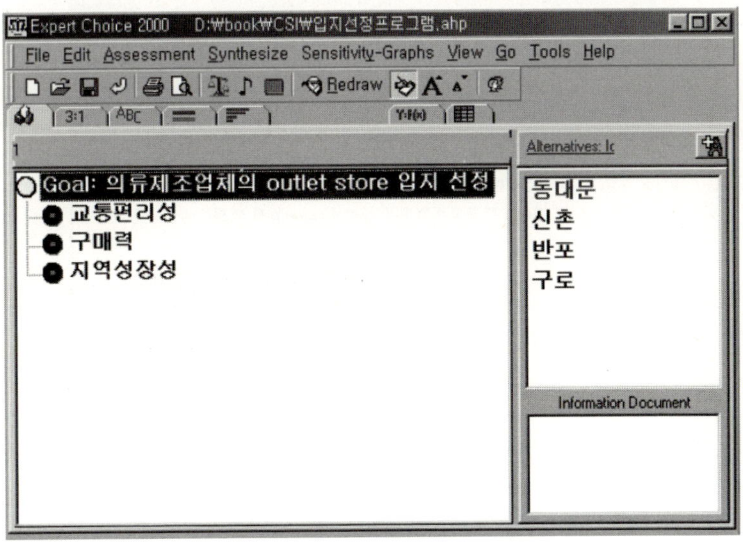

그림 10-9 계층구조의 완성

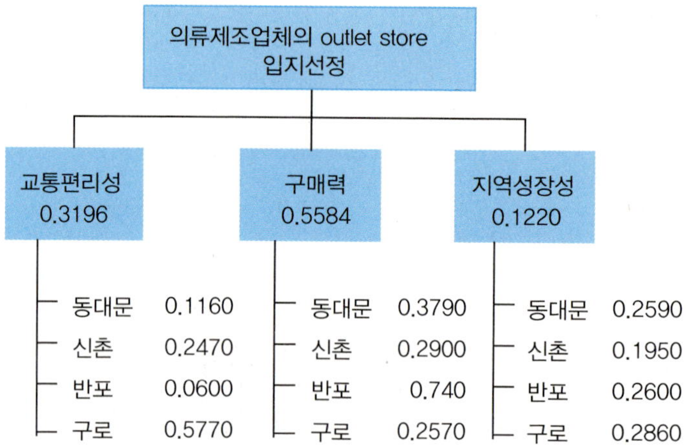

그림 10-10 AHP의 대안평가 결과를 expertchoice프로그램이 보여주는 그림

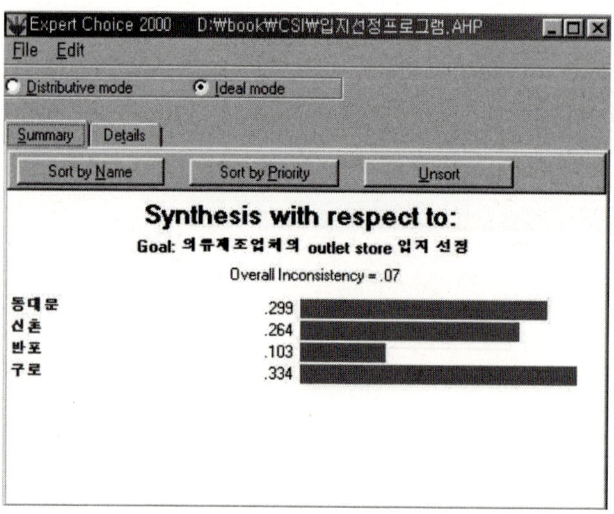

〈그림 10 - 9〉는 최종평가가 이루어지기 전에 모든 평가기준별 상대적 가중치가 산출된 것을 보여준다. 우선 선택기준별 대안의 평가치를 가지고 행렬을 만든 후, 선택기준의 중요도 행렬을 곱해주게 되면 각 대안별 고유치(eigenvector)가 산출된다. 이와 같은 과정을 프로그램에서는 〈그림 10 - 10〉과 같은 결과로 나타내준다. 결과를 해석한 결과 세가지 기준으로 네 가지 대안을 평가한 끝에 구로, 동대문, 신촌, 반포 순으로 입지선정의 순위가 정해지고, 기업체의 의사결정그룹은 구로에 outlet store를 입점시킬 것에 대한 의사결정을 내릴 수 있다.

참고문헌

Jones, K. and Simmons, J.(1990), Retail Environment, Van Nostrand Reinhold.

Keller, K.L. and Swaminathan, V.(2019), Strategic Brand Management, New Jersey: Prentice Hall.

Levy, M., Weitz, B., and Grewal, D.(2018), Retailing Management, Irwin.

Lewison, D.M(1994), Retailing, Macmillan College Publishing Co. NY: New York.

곽영식(2005), 기법과 사례를 통한 마케팅관리, 서울: 대명출판사.

김병진, 서진형, 조춘한(2020), 카드데이터를 활용한 중소기업 적합업종 제도의 실효성 분석: 제과점업 사례 중심으로, 프랜차이징저널, 6(2), 1-25.

김종율(2020), 1일 매출로 보는 대한민국 상가 투자지도, 서울: 한국경제신문

신우진, 문소연(2011), 프랜차이즈 커피전문점의 입지특성이 매출액에 미치는 영향 분석, 부동산학연구, 17(2), 111-123.

안치호 외(2013). 대형마트와 SSM의 출점이전통시장의 매출액에 미친 영향: 공간적 경쟁구도를 중심으로, 주거환경, 11(2), 63-78.

여은실, 최창규(2015), 역세권 상업지역의 업종별 매출액에 영향을 미치는 요인분석, 한국도시행정학회 학술발표대회 논문집, 147-157.

유민희, 김지영, 최윤정(2018), 모범거래기준과 영업지역 침해: 한국 커피 프랜차이즈 산업을 중심으로, 규제연구, 27(1), 157-192.

유혜정 외(2020), 출폐점에 따른 편의점 간 거리 변화가 매출에 미치는 영향, 국토계획, 55(3), 43-55.

이상규(2004), 대형할인점의 매출액 결정에 있어서 입지요인의 영향에 관한 연구, 국토연구, 3, 35-52.

임영균, 안광호, 김상용(2015), 고객지향적 유통관리, 서울: 학현사.

Chapter 11

매장선택모델(store-choice model) 역사와 기회

매장 또는 점포(store)라는 이름을 가진 오프라인상의 판매장소를 구축할 때 사용할 수 있는 계량적인 모델과 이론은 1930년대부터 현재까지 꾸준히 제시되어 왔다. 저자들은 각 모델이나 이론의 가정과 내용, 장단점을 논의하는 과정에서 기업관계자나 창업자가 응용하여 자신의 매장에 적용할 수 있는 유용한 시사점들을 발견하였다. 이에 기존 '매장선택모형(store-choice model)을 시대순을 정리하여, 아래와 같이 4세대에 걸쳐 진화되었음을 정리하고, 미래의 매장선택모형도 제시하고자 한다.

저자들은 논의의 편의를 위해 매장선택이론은 4세대로 구분지었다. 1세대와 2세대 모형은 주로 공급자측면에서 독점적으로 경쟁없이 재화를 제공하는 위치를 찾는 지리적 관점이었다. 3세대 매장선택이론은 주로 중력이론(gravity theory)을 다루는 것으로 '경쟁'을 본격적으로 도입한 이론이다. 4세대 매장선택이론은 고객특성과 고객구매행동, 경쟁상황에 관한 영향요인을 주로 파악하여 업종별로 제시한다는 특징이 발견된다. 각 세대별 세부이론이 다음 세대의 이론과 어떻게 연관되어 있는지를 시각적으로 제시한 것이 〈그림 11 - 1〉이다.

각 세대별 이론 고찰 중 발견한 대기업프랜차이즈나 단독점의 매출에 영향을 주는 요인을 정리하면 〈그림 11 - 2〉와 같다. 크게 고객특성(customer characteristics), 고객구매특성(buyer behavior), 점포특성(store characteristics)와 경쟁상황(competition situation)변수로 나눌 수 있다.

그림 11-1 매장선택이론의 변천사를 시각관점에서 살피고 연관성을 제시

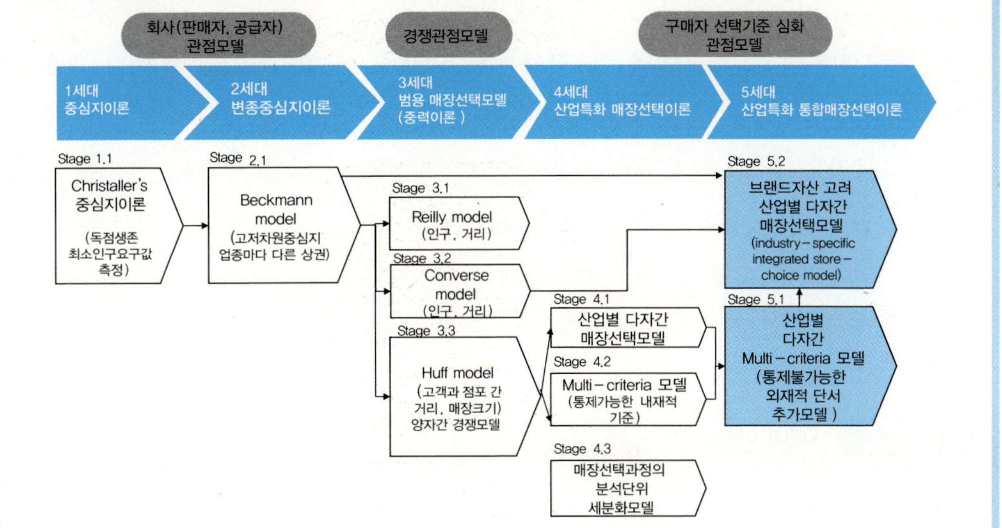

그림 11-2 매장선택이론에서 제시된 매장선택영향변수 요약

매장선택영향변수 정리

고객특성 (인구통계학적 특성)

인구 수, Catchment,
인구 밀도,
인구 성장률,
유동 인구 수,
인구 연령별 분포,
소득수준,
인구 성별 구성,
결혼자 비율,
고용자 비율,
자동차 보유비율,
상권형태(주거형태),
가족 수,
종교,
직업적 특성,
사회계층,
인종 분포

고객구매특성

전체 인구 중 구매자비율
제품구매 패턴
(제품 구매 성별특성,
제품 구매 연령특성,
제품 구매횟수,
제품 1일 구매규모(금액, 양),
제품 연간 구매규모(금액, 양)
제품 매출성장률,
제품 구매시기,
제품 구매채널(업태))

제품 구매 가격대
제품 광고반응도
제품 가격탄력성
Proximity(*분 안에 점포 고객 도달 인구 수)
브랜드자산(상표자산)

점포특성(상황)

고객과 점포 간의 물리적 거리,
점포 유형(단독점포, 몰 등)
업태
점포 크기
주차장 크기
입점 비용 상황
지역 산업 기반
지역 입지 특성
시설물(property)
제품구성(product merchandising)
제품 성격(편의품, 선매품, 전문품)
진열
제품노출(presentation)
가격대(price)
매장콘셉트이미지(theme and image)
분위기(atmosphere)

경쟁상황

경쟁구조
(경쟁자 수, 점유율)

경쟁양태
(가격경쟁, 가격수준,
광고경쟁, 광고집행 총지출액,
Promotion 수준과 경쟁강도,
경쟁자 간 물리적 거리,
신제품개발간격 등)

업종 내 업태 간 경쟁 강도
상권 구조유형(쇼핑몰 상권,
시장 상권 등)

정부 정책 및 규제영향
법 행정적 특이사항

1. 1세대 매장선택모델(1st generation store-choice model)

1세대 매장선택모델의 주요학자는 Christaller(1933)와 Losch(1941)이다. 1세대 매장선택모델을 주로 '중심지 이론(central-place model)'이라고 부른다. 두 학자의 목적은 '한 가지 기능(function)을 수행하는 node(기능을 수행하는 기관)를 어디에 위치시킬 것인가'의 의사결정을 돕기 위한 것이었다. 상행위를 하는 매장에 초점을 맞춘 모델이 아니었다. 후대의 연구자가 Christaller(1933)와 Losch(1941)의 '기능'을 가진 기관을 '매장(store)'으로 응용해석한 것이다.

그림 11-3 1세대 이론 요약

시대순 이론의 변화	시발점	특징	변수
① Central-place model (중심지이론)	도시가 제공하는 기능(function)이 분석단위. 도시 내 기능배치 필수조건을 탐색목적	도시-중심지, 도시권-배후지, 완전경쟁회피를 위한 공간크기 측정에 집중	1개의 기능이 유지하기 위한 최소 인구 요구값, (customer characteristics) 비용, 수익

1.1. 가정

기능을 가진 기관의 최적개설위치를 찾기 위해 두 학자가 공통적으로 가정한 몇 개의 전제가 있다.

- 기능을 가진 기관(예: 매장)의 자유로운 진입
- 지리적으로 일정한 인구 밀접도
- 모든 방향에서 동일한 교통수단과 접근성
- 자연조건은 동일
- 운송비는 거리에 비례
- 개인의 소비성향과 구매력은 동일
- 구매자는 경제적 인간을 가정하여 비용보다 수익이 많은 경우에는 구매를 실시
- 두 개 이상의 선택지 중 더 효용이 높은 선택지를 선택한다고 가정

1.2. 주요개념

이들이 사용한 기능(function)이라는 개념은 반드시 매장을 특정하지 않고, 소방서나 행정부서 등으로 다양하고 각기 다른 기능을 사용한 기관이나 조직을 일컫는 말이었다고 앞서 말한 바 있다. 이 학자가 사용한 주요개념으로는 '중심지', '배후지', '최소인구요구값', '재화의 도달범위'가 있다

- 중심지 기능이란 배후 지역에 재화와 서비스를 제공하는 기능으로 이러한 기능을 갖춘 공간을 중심지라고 하며, 그 중심지로부터 재화와 서비스를 제공받는 지역을 배후지라고 한다.
- 최소인구요구값: 재화와 서비스를 제공하는 중심지가 그 기능을 유지하며 계속 존재하기 위해서는 중심 기능에 대한 이익이 발생될 수 있는 최소한의 수요가 요구된다. 이와 같이 손해를 보지 않고 이익을 발생시키는 최소한의 수요(인구)를 최소인구요구값라 하며, 중심 기능의 차이에 따라 최소인구요구값의 크기는 다르게 나타난다. 최소인구요구값에서 중요한 변수는 수요의 크기와 비용의 크기이다.
- 재화의 도달 범위: 중심지로부터 거리가 멀어짐에 따라 운송비가 과다해지면 비용이 증가하여 중심지 기능은 공간 상에서 무제한 공급될 수 없다. 또한 소비자 입장에서도 중심지로부터 거리가 멀어지면 중심지 기능을 공급받는데 드는 교통비가 증가하고 구입 가격이 오르게 되어 수요는 줄어들어 결국 어느 지점에 이르러서는 수요가 발생하지 않게 된다. 즉 상품의 판매량 또는 수요가 0이 되는 지점을 재화의 도달 범위라고 한다. 즉, 재화의 도달 범위는 중심지가 수행하는 기능이 중심지로부터 미치는 한계 거리를 뜻하며, 이 한계 지역이 중심지의 배후지에 해당하는 공간이 된다. 예를 들어 제과점의 매출카드데이터의 주소지를 파악하면 그 제과점에서 가장 멀리서 와서 제과를 구매한 사람이 거주하는 위치가 바로 재화의 도달범위이다.

중심지 이론의 결론은 한 가지 기능수행 기관(예: 매장, 행정센터, 소방서 등)이 제공하는 서비스나 재화공급을 위해서는 '최소인구요구값'이 존재하고, 이 값

그림 11-4 1세대 매장선택모델 중 중심지 이론의 핵심 개념

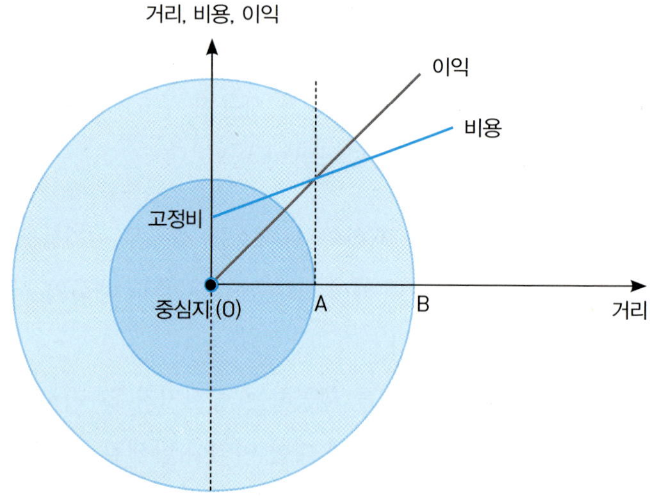

은 재화의 도달범위에 있어야 한다는 것이다. 이 이론의 결론을 정리하면 다음과 같다.

- 매장으로부터 최소인구요구값의 거리까지는 비용이 수익보다 많음
- 최소인구요구값보다 많은 인구가 존재하는 거리에서 수익이 비용보다 큼
- 재화의 도달범위보다 최소요구인구값이 크면 매장은 존재하지 않음

위의 그림에서 O는 중심지 위치, OA는 최소인구요구값(이익과 비용이 일치하는 거리), OB는 재화도달범위, AB는 순이익이 발생하는 거리범위이다.

1.3. 장단점

중심지이론의 장단점을 살피기 전에 이 책에서 사용할 용어의 정의를 살펴보자.

- 고객특성(customer charateristics)이란 인구 수, 인구밀도, 인구성장률, 소득수준, 성별, 기혼자비율, 고용자비율, 자동차보유비율, 가족 수, 상권형태(주거형태: 상업지역, 주거지역 등), 종교분포, 직업특성, 사회계층, 외국인비율, 인종분포 등의 인구통계적(demographic) 변수를 말한다.

- 고객 또는 소비자구매행동(buyer behavior) 변수란 고객이 언제 어디서 무엇을 얼마나 어떤 시간간격으로 어떻게 구매하는지에 관련된 변수를 말한다.
- 점포특성(store charateristics)란 점포가 가진 물리적 특성을 말함. 점포와 고객 간의 거리, 점포유형(단독점포 또는 mall 내 위치 등), 업태, 점포의 크기, 주차장의 크기, 시설물(property), 제품구성(merchandising), 제품의 성격(편의품, 선매품, 전문품), 진열(display), 제품의 노출(presentation), 가격대(price), 매장콘셉트(theme), 이미지, 분위기(atmosphere) 등을 말한다.
- 경쟁특성(competition characteristics)이란 업종 내 경쟁양태에 속하는 경쟁구조(수, 점유율), 경쟁행태(가격경쟁, 광고경쟁, 경쟁자 간 물리적 거리, 신제품개발간격), 업종 내 업태 간 경쟁, 상권 구조유형(쇼핑몰 상권, 시장 상권 등) 등을 말한다.

중심지이론의 장점은 경쟁을 회피하면서 한 가지 기능수행기관(예: 매장)이 생존할 수 있는 위치를 찾는 모델이라는 점이다. 중심지이론의 단점은 고객측면과 경쟁측면에서 살필 수 있다. 고객측면에서 고객이라는 수요에 집중하여 '인구'측면만을 강조하고 있다. 즉, 고객특성(customer charateristics) 중 '인구'에 집중하고 나머지 변수는 고려하지 않았다는 단점이 있다. 더 나아가, 소비자구매행동의 동질성을 가정하여 이질성을 반영하고 있지 않다. 경쟁을 고려한 소비자행동론의 관점에서는 고객이 선택가능한 경쟁자 간의 선택행위가 반영되지 않고, 오직 한 기관(예: 매장)이 독점적으로 존재하는 공간위치만을 탐색하였다는 단점이 있다.

이 모델은 독자생존의 독점적 위치와 크기를 결정하는 모델이다. 두 학자는 명백하게 기관이 수행하는 기능의 수나 기관의 서비스범위에 따른 중심지크기(center size)를 중점적으로 다루지 않았다고 평가받았고(Berry and Parr 1988). 다만, 업종별로 1개 매장이 생존하기 위한 최소 인구요구값의 차이가 있음을 시사하는 큰 공헌점이 있다.

1.4. 현대 점포 개설에 응용

이 이론이 거의 90년 이전에 제시된 생각이지만 아직도 이 이론에 의해 업종별 최소고객 수에 대한 실증적이고 컨설팅적인 조언이 계속되고 있음을 발견할 수 있다(김종률 2020).

또한 경쟁을 고려할 경우, 특정상권에 업종별로 몇 개의 매장만이 생존하기 위해 진입할 수 있는지의 한계가 존재한다는 것을 시사한다. 아래 사례는 증권업에서 행정동을 기준으로 나뉜 상권별로 진입가능한 매장의 수를 계산하여 제시한 결과이다.

상권에 따라 진입가능한 점포 수가 있고, 괄호 안에는 이미 진입한 점포 수가 표시되어 있다. 이 차이가 앞으로 출점 가능한 점포 수를 의미한다. 또는 상권에서 철수해야 할 매장을 확인하는데 사용되는 모습을 발견할 수 있다.

그림 11-5 김종률(2020)이 제시한 업종별 최소인구요구값

상권크기		
	1개 편의점	적어도 2,000명 이상의 인구
	패스트푸드점	3km 안에 5,000명 이상의 인구
	자동차수리점	3km 안에 16,000대 이상의 등록차량
	은행	15분 이내 안에 10,000가구 이상

1.5. 정리

1세대 매장선택모델에서 확인할 수 있는 매장선택영향요인은 '매장과 고객과의 거리', '인구 수(population)', '비용', '이익'이다. 업종마다 자신의 상권에 해당하는 '최소인구요구값'을 정확히 알고 있어야 매장이 생존할 수 있다.

매장개설의 check points

귀하가 개설에 관심있어 하는 업종을 적으시오. ________________________________

귀하가 관심있어 하는 상권을 적으시오. ________________________________

그 업종의 매장에서 1인이 한 번에 구매하는 매출액평균을 적으시오.

____(A)

그 매출(A) 한 번에 소요되는 비용(B)만을 적으시오(절대로 임대료 인건비, 이런 것을 적지 마시고, 상품 1개의 재료비 또는 사입금액을 적으시오. 예를 들어 던킨도너츠의 사입가(본사가 대리점에 출고시키는 가격)가 판매가격의 60%이면 마진은 40%이고, 귀하가 적어야 할 비용(B)는 A×60%를 적으시면 된다).

____(B)

1번 판매가 일어날 때 평균마진을 적으시오(A×40%). ____________________(C)

한 달 예상총매출을 적으시오. ____________________(D)

한 달 총변동비를 적으시오(D×60%). ____________________(E)

한 달에 매장에서 일어나는 매출빈도 수를 적으시오(C/D). ______________(F)

총변동비를 커버하기 위해 필요한 매출 횟수를 구하시오(E/C). ___________(G)

몇 m 이내에 사는 사람들이 총변동비를 커버하기 위해 필요한 매출 횟수(G)를 만들 수 있을까요(최소인구요구값)? 귀하의 생각을 적으시고, 그 근거를 제시하십시오. 가능한 포털에서 지리적 정보를 이용하여 인구 수를 검토하신 후 답을 적으십시오.

그림 11-6 2000년대 증권사 상권별 진입가능매장 수 도출결과의 일부 1

상대적 출점기준–상품구매자 밀집도

小 −1 표준편차 평균 +1 표준편차 大

절대적 출점기준–진입가능점포수	小 ~ −1 표준편차	−1 표준편차 ~ 평균	평균 ~ +1 표준편차	+1 표준편차 ~ 大 (● 우선진입)
3.0개		대구동/북 창원(1) 대구서/달서(1)	대구남/중(1) 부산진(1) 서교/신촌(1) 마포(1) 부산서/중/영도(1) 부산동(1) 종로2(1) 부산동래/연제(1) 영등포(1) 한남/이태원(1) 구로(1) 양재 인천남/남동(1)	삼성(1) 신사/압구정(2) 대치(2) 역삼(1) 서초2,4(2) 논현(1) 잠실동(1) 대구수성(1) 서초1,3(1) 반포(1) 잠실서(1) 효자(1) 방배(1) 성남서현(1) 도곡(1)
2.5개		신당 수원권선팔달(1) 안산(1)	장안/답십리(1) 부산수영/남 마산(1) 상계(1) 제기/청량(1) 대구상인(1) 수원팔달(1) 광주남/동(1) 홍제 천호(1) 왕십리 성북(1) 흑석/노량진	대림/신대방(1) 송파(2) 올림픽(1) 청담(1) 목동(1)
2.0개	천안(1)	대구성서(1) 청주(1) 울산중/남(2) 포항(1) 부평/계양(1) 중랑 수원권선 인천서 성남(1) 부산해운대/기장(1) 용인(1) 부산금정 전주(2) 인천연수 대전유성	용산 중/하계 안양만안(1) 신월/신정(1) 은평(1) 안양동안(1) 부천(1) 도봉 봉천(1) 이촌 금천(1) 수유(1) 성남미금(1) 방화 개봉/오류 미아 자양/노유	구의/광장(1) 명일/고덕(1) 과천(1) 동작/사당(1)
1.5개	경산	구미(1) 수원장안팔달(1) 의정부(1) 광명(1) 대전중/동(1) 울산동 군포 부산북(1) 부산강서/사상 춘천(1) 제주/북(1)	부산사하 고양주엽(1) 대전서(1) 일원/세곡/수서 충정로 인천중/동 강서(1) 신림 고양마두(1) 대구시지	대구지산(1) 성남야탑
1.0개		대구칠곡		

그림 11-7 2000년대 증권사 상권별 진입가능매장 수 도출결과의 일부 2

상대적 출점기준–상품구매자 밀집도

小 −1 표준편차 평균 +1 표준편차 大

절대적 출점기준–진입가능점포수	小 ~ −1 표준편차	−1 표준편차 ~ 평균	평균 ~ +1 표준편차	+1 표준편차 ~ 大
0.8개	평택 김해(1) 익산(1) 파주	광주북(1) 여수 시흥 구리/남양주(1) 오산 고양화정 양산 제천 강릉(1) 경주(1) 광주광산/서(1) 진주(1)		개포1,4
0.5개	안동(1) 수원영통(1) 충주(1) 이천 영천 경기광주 아산(1) 대전대덕 광양 김천 순천(1) 거제(1) 공주 울산북 동두천	진해 원주(1) 목포(1) 의왕 통영 군산(1) 밀양 영주 동해/삼척 김포	하남	개포2,3
0.3개	논산 정읍 보령 속초 나주 사천 문경 화성 남원 상주 서산 김제 제주서귀포/남(1)	태백		
0.0개	⊙ 우선철수	강화		

2. 2세대 매장선택모델(2nd generation store-choice model)

2세대 매장선택모델의 주요학자는 Dacey(1966), Beckmann(1968)와 Rushton(1969)이다. 중심지이론(center-place theory)의 엄격한 가정을 풀면서, 좀 더 현실적으로 매장선택모델을 발전시켰다고 평가받는 이론들이다.

Dacey(1966)는 한 개의 기관(매장)이 여러 개의 기능을 수행하고, 각 기능이 다른 시장영역에 작동하는 경우를 상정하여 매장위치를 결정하는 모델을 선 보였다. 즉, 한 매장 안에 다양한 카테고리의 상품군이 제공되는 경우에 사용할 수 있다. 다양한 업종이 한꺼번에 뭉쳐서 위치하는 쇼핑몰 등에 적합한 이론으로 평가받는다. Beckmann model(1968)은 업종마다 중심지크기(center size)가 다르고, 이를 고차원기관과 저차원기관 등으로 분류하였다. 업종별 중심지와 배후지의 크기차이가 다름에 주목한 것이다. Rushton(1969)는 소비자구매행동(언제 어디서 무엇을 어떻게 어떤 시간 간격으로 구매하는가)이 반영되어야 한다고 주장한다.

그림 11-8 2세대 매장선택이론 요약

이론	시발점	특징	변수
② Central-place variant model	매장이 분석단위로 필요 업종별 다양한 크기 상권반영필요 소비자구매행동 미반영 비판	매장을 분석단위로 채택 매장-중심지, 상권-배후지 업종별 상권크기 차이제시 소비자구매행동가미	업종별 상권크기차이 소비자구매행동패턴변수 (buying behavior)

2.1. 주요내용

2.1.1 중심지의 계층과 포섭 원리

소비자들이 요구하는 재화와 용역은 매우 다양하며 각각의 재화와 용역은 각기 다른 최소인구요구값와 재화의 도달 범위를 가지고 있으며, 각 기능의 특성에 따라 중심지 범위가 다르게 나타난다는 것이다. 고위 계층의 중심지일수록 중심지 존립을 위한 최소인구요구값이 크고 중심 기능의 도달 거리가 크기 때문에

그림 11-9 저위중심지와 고위중심지의 최소인구요구값과 재화도달범위 차이

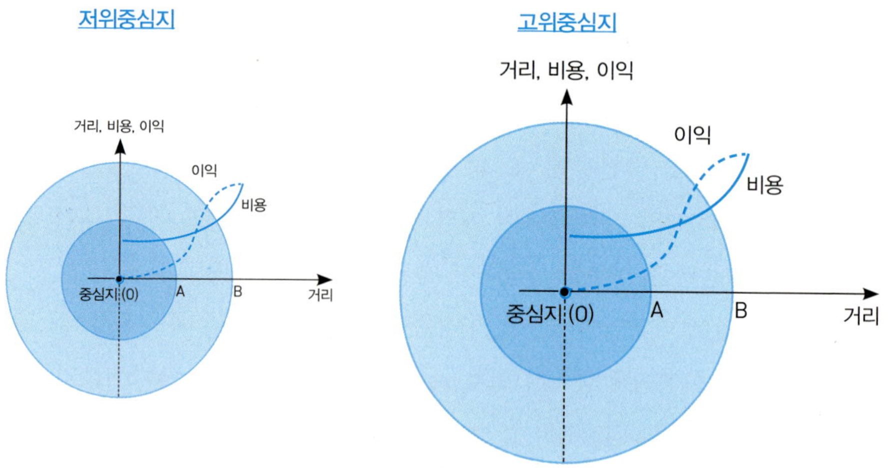

배후지가 넓고, 그 수는 적어 중심지 간의 간격은 넓게 된다. 또한 고위 중심지의 시장 지역은 저위 중심지의 시장 지역을 포함한다. 반면에 저위 계층의 중심지는 최소인구요구값이 작으므로 배후지는 좁고 그 수가 많아 중심지 간의 간격은 좁아진다.

즉, 고위 중심지일수록 접근도가 크게 나타난다. 고위 중심지의 사례는 주로 선매품과 전문품을 판매하는 매장이 된다. 미국식 쇼핑센터, 몰(mall), 전문상가, 종합병원을 들 수 있으며, 한국의 사례로는 스타필드와 같은 것으로 해석할 수 있다. 저위 중심지는 편의품을 판매하는 매장으로 생활 용품 판매상 등의 소매상으로 구분한다.

2.1.2. 중심지의 동태적 변화(dynamic evolution)

주로 중심지 이론의 핵심 가정이 완화되었을 때 장기적 변화에 주목한 것이다.

- 동일 면적 내 인구변화: 인구가 증가하거나 경제 활동의 활성화로 주민의 구매력이 향상되어 수요가 증가하면 중심지가 수적으로 증가하며, 중심지 간의 간격은 좁아진다. 반대로 인구가 감소하게 되면 고위 및 저위 중심지

모두 그 수가 줄어들고, 최소인구요구값을 확보하기 위한 공간도 확대되어 저위 중심지보다 고위 중심지가 먼저 쇠퇴하게 된다.

- 동일 면적 내 교통변화: 도로 등의 개설과 교통수단의 변화 등으로 교통이 발달하면 재화의 도달 범위가 공간적으로 확대되고 접근성이 향상되어 고위 중심지에 대한 구매 빈도가 증가하게 된다. 따라서 고위 중심지는 더욱 발달하고 저위 중심지는 쇠퇴하게 된다.

2.2. 평가

2세대 매장선택모형을 제시한 Decay(1966), Beckmann model(1968)과 Rushton(1969) 모델에 대한 본 연구자의 평가를 몇 가지 측면에서 살펴보았다.

- 분석단위: 기존 중심지 이론의 분석단위가 도시기능인데 비해 본격적으로 매장(store)을 분석단위로 사용하였다는 특징이 있다.
- 응용대상확대: Decay(1966)은 여러 상품군을 동시에 판매하는 쇼핑몰 등에 적합하고, Beckmann(1968)은 업종별로 중심지(상권)가 다름을 제시하였다.
- 관점의 변화: 1세대모형과 Decay(1966), Beckmann model(1968)의 모델은 모두 생산자 및 판매자 시각으로 공급자적 시각(supplyers' perspectives, just service provider)측면의 생각일 뿐이다. 하지만 Rushton(1969) 주장은 구매자 시각을 반영하였다는 특징이 있다.
- 매장선택영향요인 확대: 인구 등의 고객특성(customer characteristics)에서 벗어나 고객구매행동(buyers'behavior)으로 영향요인을 추가하였다.
- 동태적 연구(dynamic study) 또는 종단연구(longitudinal study)의 필요성 제기: 여러 변수가 시간이 지남에 따라 변화했을 때 중심지 및 배후지의 크기와 숫자가 변화한다는 것을 보여 주었다. 이를 매장선택모델에서 동태적 연구로 추적할 필요성을 제기하였다.

이와 같은 평가를 바탕으로 다음과 같은 시사점을 얻을 수 있다. 첫째, 업종별로 상권의 크기가 다름을 시사한 점으로 반드시 업종특화된 상권 및 매장선택행위모델의 필요함이 두드러졌다(business-specific store-choice model). 둘째, 업종 내 점포의 능력(기능)차이에 의해서도 상권의 크기가 다를 수 있다는 점을 시사하였다. 즉, 대기업매장과 소기업매장의 상권크기가 다를 수 있음을 시사하였다. 더 나아가 동일업종이라도 업태별로 상권크기가 다를 수 있음을 보여주었다. 셋째, 시간을 두고 상황(고객 및 경쟁상황)이 변화하면 상권의 크기도 다를 수 있음을 말해주고 있다. 매장의 상권에 대한 장기적 관찰이 업종별로 필요하다. 넷째, 매장선택행위에 고객구매행위(buyers' behavior)를 모델에 가미했다는 점이 가장 두드러진다.

2.3. 매장개설 시 응용점

2세대 매장선택모델의 이론에 근거하여 업종별로 독특한 고객구매행위를 감안한 입점기준이 실무적으로 제시되어왔다(Berry and Parr 1988; 김종률 2020).

〈그림 11 - 10〉과 같이 업종별로 사이트를 결정할 때 독특한 소비행동을 반영해야 한다는 생각은 일반인이나 유통전문가들 사이에 널리 퍼져있는 듯하다. 독자들은 매장개설 시 고객의 소비행동 때문에 지켜져야 할 속설들을 인터넷에서 검색하거나 소상공인지원센터에 상담해서 알아본 후 몇 개를 적어보자(예: 당구장은 1층은 안 된다. 칼국수 매장은 3층은 절대 안된다. 물건이 빛에 쉽게 바래는 상품을 파는 매장은 반드시 북향으로 매장전면이 있어야 한다. 남향의 매장을 가지면 상품이 많이 손상된다).

그림 11-10 2세대 매장선택이론에서 소비자행동이 감안된 컨설팅 사례 일부

Site		
	장난감가게	지역쇼핑센터 가는 길(road)에 별도로 위치
	할인점	평당 6,000원 이하의 렌트비
	시내 음식점	사무실빌딩 밀집지역에서 걸어서 7분 이내
	파리바게트	횡단보도 앞
	설빙	2층 50평 이상

3. 3세대 매장선택모델(3rd generation store-choice model)

3세대 매장선택모델 주요학자는 Reilly(1931), Converse(1949), Huff(1963)이다. 1세대와 2세대의 중심지이론(center-place theory)은 마케팅학자가 아닌 지리학자들에 의해 주도되었다. 따라서 거시적 관점에서 기관의 위치선택에 집중하는 경향을 보인다. 반면에 3세대 매장선택모델은 마케팅과학자나 마케팅지리학자에 의해 발전했으며 매장의 선택 또는 매력성이라는 미시적 관점에서 접근했다는 평가를 받는다(Berry and Parr 1988).

3세대 매장선택모델은 1930년대 중력모델(gravity model)에서 시작하였다. Railly(1931, 1953)가 2개 경쟁체 간에 끌리는 정도를 법칙으로 제시한 것이 시초이다. Luce가 선택공리(choice axiom)을 제시한 후에는 마케팅학자에 의해 시장점유율 유인력모델(market share-attraction model)로 개량되어 발전하였다. 이 공리에 의하면 n개의 경쟁자 속에서 우리가 측정코자 하는 대상의 선택확률을 구할 수 있다.이 Luce의 선택공리를 이용하여 매장의 선호확률(preference probability)을 거리와 크기를 이용해 제시한 Huff의 모델이 가장 많이 실무자와 학자 사이에 사용되고 기본형으로 응용되므로 이 시장점유율 유인력모델을 Huff model로 통칭하게 된다.

Huff Model은 기본적으로 '고객과 점포와의 거리(distance)'와 '매장크기(store size)'라는 점포특성 변수에 의해서만 결정되고, 거리가 멀어질수록 선택확률이 낮아지므로 Distance-decay model(거리 – 쇠퇴 모델)로도 불리운다. Distance-de-

그림 11-11 3세대 매장선택이론 요약

이론	시발점	특징	변수
③ General Store-choice model (Huff model)	경쟁요인의 도입필요성 Luce model로 경쟁모델의 바탕이 제공됨	Market share-attraction model 경쟁상황을 반영	기본적으로 거리-쇠퇴모델 (Distance-decay model) • 거리와 크기에 집중 • 물리적 경쟁력 위주

cay model(거리-쇠퇴 모델) 또는 중력모델, 유인력 모델이라고 통칭되는 모델에는 크게 세 가지가 있다.

3.1. 세 사람의 이론

먼저 Reilly(1931)은 '소매 중력의 법칙'을 살펴보면, 주요측정변수는 고객특성 중 '인구(P)'와 점포특성 중 '고객과 점포 간 거리(D)'이다. 성과변수는 상대적 매출력이다. 예를 들어 A지역과 B지역의 상대적 매출(S_a/S_b)은 두 지역의 인구비율(P_a/P_b) 곱하기 두 지역의 거리비율의 역의 제곱($(D_b/D_a)^2$)이다.

$$S_a/S_b=(P_a/P_b)\times(D_b/D_a)^2$$

이 중력모델(gravity models)은 뉴턴의 만유인력법칙처럼 매장이 서로 끌어당기는 정도를 인구와 거리라는 물리적 조건만으로 측정한다. 매장선택현상에 경쟁요소를 도입했다는 큰 공헌점이 있다.

그림 11-12 중력모델 또는 유인력모델의 분류

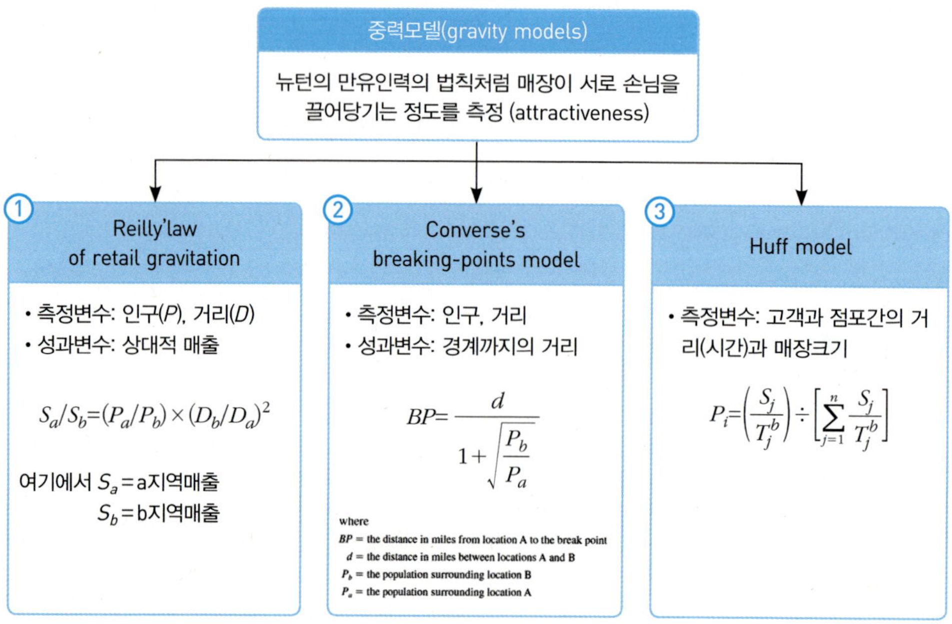

Converse(1949)의 'Converse's Breaking-Points model(손익분기모델)의 주요 측정변수는 고객특성 중 '인구(P)'와 경쟁특성 중 '매장과 매장 간 거리(D)'이다. 성과변수는 매장으로부터 상권의 경계까지의 거리이다. BP(breaking-points distance)는 상권의 경계를 구하는 공식의 결과치이다. 여기에서 a지역과 b지역의 실제 두 지역의 거리를 상대적 인구비율로 나누었다. 이를 통해 두 지역 간에 상권을 구획하는 경계(boundary)를 제시하였다. 전반적으로 기존 중심지이론에 경쟁요소를 추가한 형태이다.

$$BP = \frac{d}{1 + \sqrt{\frac{P_b}{P_a}}}$$

Converse의 모델에서 발견되는 정책적 시사점으로는 경쟁을 회피하면서도 동시에 최소이익을 보장하는 점포 간 '최소이격거리(least inter-competitor distance or least competition distance)'를 보장해야 한다는 것과 경계를 가져야 시장참여자의 이익과 생존을 확보한다는 것이다.

그림 11-13 Converse의 Breaking-Points model에 의해 도출된 재화도달범위와 상생을 위한 경계

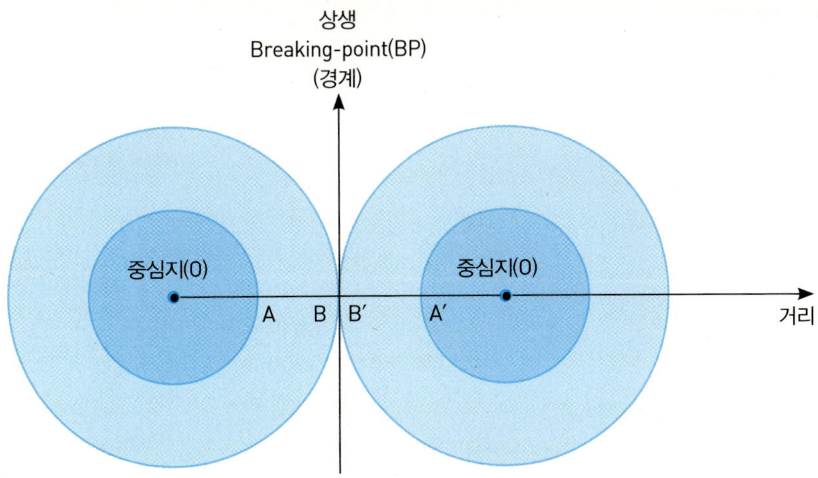

3.2. Luce의 선택공리

Luce의 공리는 multinomial logit model로 불리운다. 경쟁하는 모든 시장참여자의 효용을 분모로 하고, 특정 측정대상의 효용을 분자로 삼는다. 이 때 개별대상의 효용은 exponential을 취한다. 이를 통해 특정대상이 경쟁상황 속에서 선택될 확률을 표시한다.

$$P_{ij} = \frac{U_{ij}}{\sum_{j=1}^{i} U_{ij}}$$

여기에서 U는 개별대상 i의 효용값이고, 경쟁자의 수는 j개만큼이 존재함을 표시하고 있다. 따라서 Reilly나 Converse의 경쟁모형보다 자유롭게 경쟁자 수를 확대할 수 있는 장점이 있다. 효용(U)에 연구자가 경쟁상황에서 사용하는 변수를 삽입할 수 있는 자유를 부여하여 다속성선택기준(multi-choice criteria)을 사용할 수 있는 자유를 제공하는 형태를 취하고 있다.

위 사례는 오직 상표력만을 갖고 매장의 유인력을 Luce의 공리에 의해 측정한 것을 계산과정과 함께 보여 주고 있다. 가상적인 상권에 3개의 기존 닭집 매

그림 11-14 Luce의 공리에 상표력만으로 적용하여 시장점유율을 예측한 사례

사이트별 매력성	• AHP결과 산출된 상권별 매력점수 • 오꾸닭(O) = 1.000 • 누나홀닭(N) = 0.871 • 훌라훌라(H) = 0.589 • 의문의 매장(Q) = 0.323
유인력모델	• $P_Q = \frac{exp(U_Q)}{\sum exp(U_j)} = \frac{exp(U_Q)}{exp(U_O)+exp(U_N)+exp(U_H)+exp(U_Q)}$
의문의 매장 유인력계산	• $P_Q = \frac{exp(0.323)}{exp(1.000)+exp(0.589)+exp(0.323)+exp(0.871)}$
입점 고객 점유율예측	• Q 진입 전: • O = 46.1% • N = 30.5% • H = 23.4% • Q 진입 후: • Q = 8.8% • O = 42.8% • N = 28.7% • H = 20.7%

장이 있었다. 이 때 오꾸닭매장이 들어올 경우, 얼마의 시장점유율을 확보할 수 있는지를 Luce의 모델을 이용하여 계산하여 보여주고 있다. 사례에서 오꾸닭의 시장진입 전과 시장진입 후의 시장점유율의 변화가 최종산출물이 된다. 물론 이 계산에서는 새로운 시장참여자로 인해 상권의 매출 자체가 증가하는 것은 감안하지 않은 것이다.

3.3. Huff model

Huff는 Luce의 선택공리는 multinomial logit model에 U(효용값)를 측정하는데 오직 점포특성 중 '점포와 고객과의 거리(T)'와 '점포의 면적(S)'만을 사용한다는 단순함을 제공하였다.

$$P_i = \left(\frac{S_j}{T_j^b}\right) \div \left[\sum_{j=1}^{n} \frac{S_j}{T_j^b}\right]$$

여기에서 P_i는 개별점포 i의 선택확률 또는 시장점유율이다. 위 모델은 j개의 매장이 각자 갖고 있는 효용(유인력: utility, attractiveness)의 총합에서 우리가 측정하고자 하는 특정 매장의 유인력이 차지하는 비중을 계산하게 된다. Huff의 모델은 Reilly나 Converse모델모다 더 많은 경쟁요소를 도입하고, 그 시장점유율을 예측할 수 있다는 장점이 있다.

3.4. 전반적인 평가

이들 모델 모두 경쟁요인을 도입했다는 공헌점이 있다. 특히 중력모델 중 최종형태인 Huff model은 경쟁상권 내 모든 시장참여자를 고려하여 시장점유율(유인력)을 예측할 수 있는 자유로움을 부가하였다. 하지만, 경쟁자 간 매장크기나 점포와 고객 간의 거리라는 경쟁특성 중 물리적 조건에만 초점을 맞추었다는 단점이 있다. 더 나아가 거리가 멀어지면 선택확률이 줄어든다는 단순한 이론에 너무 집중한다는 평가를 받는다(distance-decay model). 하지만, 범용으로 어느 업종에서나 사용가능한 경쟁모델 또는 소비자선택모델을 제시했다는 큰 공헌점이 있다(general store-choice model, communal store-choice model).

3.5. 현실에서의 응용

3세대 매장선택이론에 의해 가장 많이 실무적으로 사용되는 영향요인 사례로는 한국정부가 동반성장위원회를 통해 대기업과 중소기업의 상생을 돕고자 '경쟁자 간 이격거리'를 제시하거나 프랜차이즈 업계의 동종업종 매장 간 배타적 영업범위 이격거리 실행하는 것 등을 들 수 있다.

3.6. 정리

저자는 3세대 매장선택이론으로 매장 간의 영향요인과 시장점유율을 살펴볼 때 기업이나 창업자들에게 다음과 같이 조언할 수 있다.

- 경쟁모델형태: Luce의 모델이나 Converse의 Breaking-points model을 사용
- 사용해야 하는 변수: 경쟁특성에서 '경쟁매장 간 거리', 점포특성에서 '고객과 점포 간의 거리', '손익분기 최소 이격거리(least inter-competitor distance)'를 고려

3.7. 2세대 이론과 3세대 이론을 동시에 고려한 경우

예를 들어 아래 그림은 3세대 매장선택이론의 정리사항을 시각화한 것이다. 1세대 매장선택이론에서 주로 다루던 독점상황이 아닌 2개 매장의 경쟁상황을 Huff가 사용한 두 개의 변수와 Converse의 모델로 한꺼번에 나타내면 〈그림 11 – 15〉와 같다.

위 상황에서 BB′은 동일한 능력(기능, 유인력)을 가진 2개의 경쟁자가 자신의 손익분기점을 확보한 상태에서 추가이익을 서로 쟁취하려고 경쟁하는 거리구간이다. 하지만 아래의 그림에서 동일한 능력(기능, 유인력)을 가진 2개의 경쟁자가 자신의 손익분기점을 확보하지 못한 상태에서 생존을 위해 경쟁하는 거리구간이 존재함을 보여준다. 〈그림 11 – 16〉에서 보듯이 서로의 최소인구요구값거리를 침범하여 손익분기점확보가 어려운 경우가 있다. 그림은 동일한 능력(기능, 유인력)을 가진 2개의 경쟁자가 손익분기점을 확보하지 못한 상태에서 극한 생존투쟁이 발생하는 거리구간을 보여준다. 국가가 매장개설에 개입하는 이유를 보여주고 있다. 이런 상황에서 유인력이 약한 동일업종 매장보호 대책을 국가가 실시하고 있다.

그림 11-15 수익을 갖고 경쟁하나 전반적으로 상생의 경계를 가진 공존상태

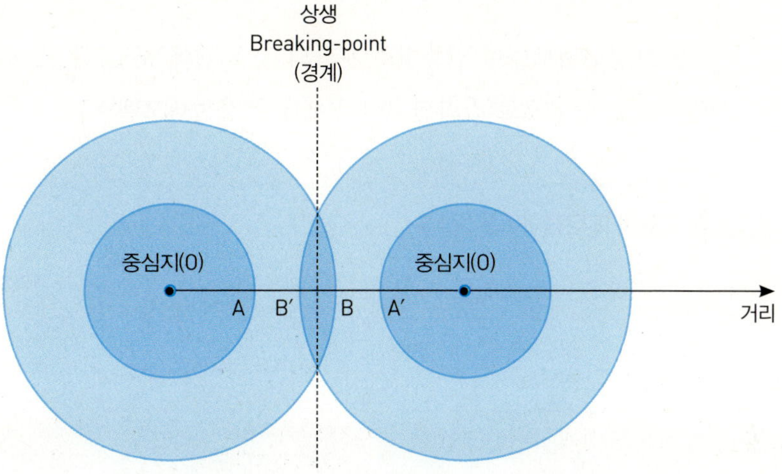

그림 11-16 경쟁자간 손익분기점과 초과수익을 서로 해치는 경쟁을 하는 경우 1

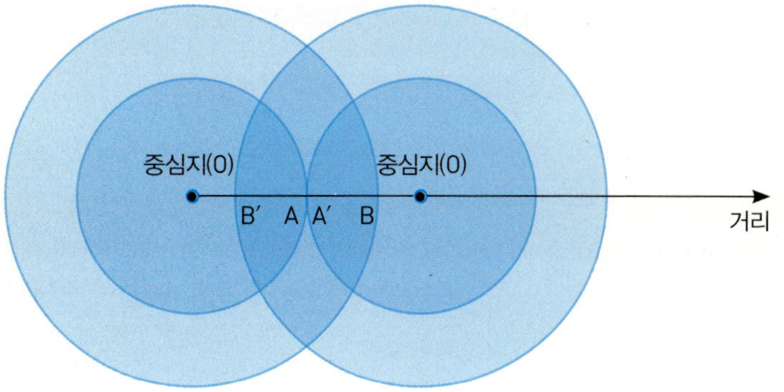

그림 11-17 경쟁자간 손익분기점과 초과수익을 서로 해치는 경쟁을 하는 경우 2

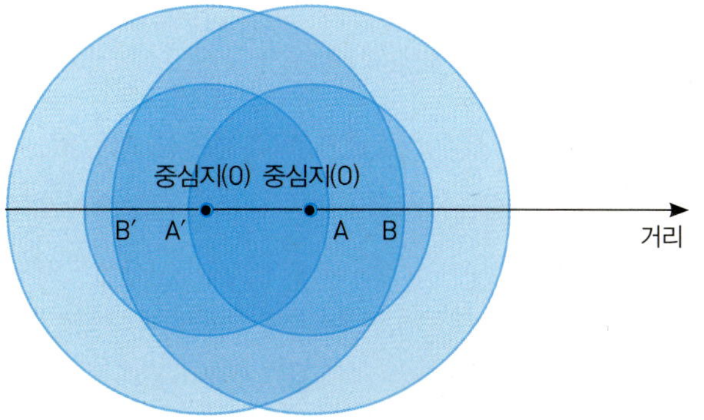

4. 4세대 매장선택모델(4th generation store-choice model)

3세대 매장선택모델이 업종별로 분화되고, 모델에 투입되는 변수와 분석단위가 세분화되는 방향으로 진화된 것인 '4세대 매장선택모델'이다.

그림 11-18 4세대 매장선택이론 요약

이론	시발점	특징	변수
④ Store-choice variant model	• 크기, 거리 이외에 다변수 채택필요 • 산업별 모델 필요 • 분석단위의 계층화필요	• 크기 및 거리 이외의 1) 시장 및 경쟁변수, 2) 매장 물리적 변수 • 산업별 모델 • 분석단위의 세분화	• Multi-criteria 도입 • 산업별 매장선택모델도입 • 분석단위 1) 소매지역선택, 2) 상권선택, 3) 사이트선택으로 구분

그림 11-19 3세대 매장선택모델에서 4세대 모델로 발전전개

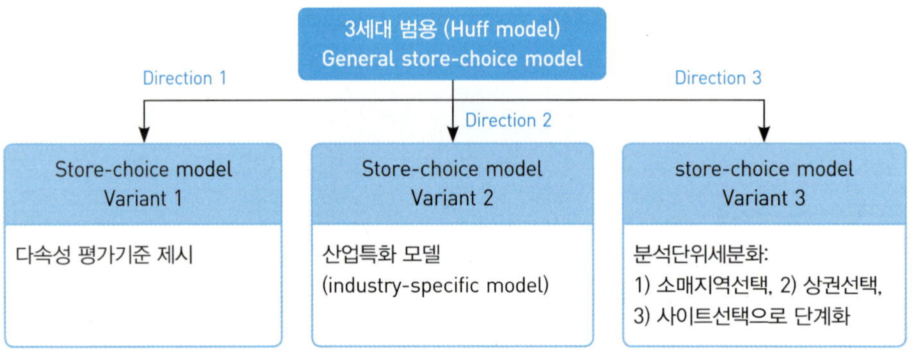

4.1. 투입변수의 다양화관점

4세대 매장선택모델의 첫 번째 발달분야는 매장의 매력성을 측정하는데 투입변수의 다양화가 이루어진 것이다. 〈표 11-1〉에서 보듯이 다양한 학자가 다양한 업종의 매장선택변수를 탐구하면서 적게는 8개에서 많게는 22개의 변수를 사용하고 있다.

〈표 11-1〉 각 연구자별로 산업별로 투입된 변수의 숫자

연구자	연구대상	투입된 변수의 수
Foland(1983)	병원	9
Weisbrod et al.(1984)	쇼핑몰	10
전달영(1999)	할인점	8
이상규(2004)	대형할인점	19
신우진, 문소영(2011)	프랜차이즈 커피전문점	22
안치호 외(2013)	대형마트, SSM, 전통시장	11
김성문 외(2014)	백화점	8
여은실, 최창규(2015)	식당	21

각 업종이 상품특성이 다르고 구매자 특성이 다르므로 이를 반영한 결과이다. Huff model에서 사용하던 점포특성 중 '고객과 점포와의 거리'와 경쟁특성의 '경쟁점포 간 거리'라는 두 가지 투입변수 이외에 다양한 투입변수가 매장선택모델에 사용되기 시작한 것을 보여준다. 기업이나 창업자도 내 업종의 매장선택평가기준을 독자적으로 확보하고 정리할 필요가 있다.

4.2. 업종별 다양화

4세대 매장선택모델의 두 번째 발달분야는 업종별로 각기 다르게 매장의 매력성을 측정하는 변수가 개발되었다는 점이다. Huff model이 여러 업종에서 다양하게 사용할 수 있는 범용모델(general model or communal model)이라면, 새롭게 제시되는 산업별 또는 업종별 모델이 1980년대부터 2020년대까지 꾸준히 제시되어 왔다. 이를 산업특화 모델(industry-specific model) 또는 업종특화 모델(business-specific model or Product category-specific model)이라고 명명할 수 있다.

각 연구자와 업종별로 매장의 매력성을 측정하는 변수성격도 매우 상이했다. 〈표 11-2〉에서 발견되는 변수들이 사용하는 단어는 주로 입지특성, 비입지특성, 점포특성, 접근성, 인구통계요인, 지역경제요인 등 다양한 용어가 사용되고 있다. 하지만 마케팅적 시각에서는 고객관련변수(고객특성, 고객구매행위), 경쟁자관련변수(경쟁특성), 자기자산 관련변수(점포특성)로 분류할 수 있다.

4세대 매장선택모델의 분화발달의 방향을 그림으로 표시하면 〈그림 11-20〉과 같다. 단순한 평가기준에서 많은 평가기준으로, 범용매장선택모델에서 업종특화된 매장선택모델로 진화하였다.

〈표 11-2〉 연구자별 연구대상에 상이하게 투입된 변수차이

연구자	연구대상	고객관련변수	경쟁자관련변수	자사 또는 회사 자체 요인	통제요인
Foland(1983)	병원	고객과 병원거리, 환자수입,	경쟁병원의 병상 수, 의사 수, 진료과목, 중환자실 보유여부	병상 수, 의사 수, 진료과목, 중환자실 보유여부 등	
Weisbrod et al.(1984)	쇼핑몰	교통수단, 소득 등	경쟁자의 상품구성 등	상품구성 등	
전달영(1999)	할인점	고객과 점포 간 거리	경쟁자의 상품구성, 가격, 편의성 등	상품구성, 가격, 편의성 등	
이상규(2004)	대형할인점	인구적 요인, 경제적 요인, 교통토지이용 요인	경쟁업태 수, 경쟁점포 유무	점포특성, 업체특성	영업시간
신우진 외(2011)	커피전문점		경쟁자의 점포물리적 특성, 접근특성, 입지특성	점포물리적특성, 접근특성, 입지특성	
안치호 외(2013)	대형마트	인구밀도, 공시지가	경쟁업태	시장물리적특성	
김성문 외(2014)	백화점	인구통계요인, 지역경제요인(공시지가)	경쟁자의 수, 파생수요요인	교통접근성요인, 점포물리적특성, 상품경쟁력요인	
여은실 외(2015)	식당	인구특성, 공시지가		접근성, 입지특성, 토지이용특성	

그림 11-20 3세대모델과 4세대 모델의 모델성격과 투입변수 차이

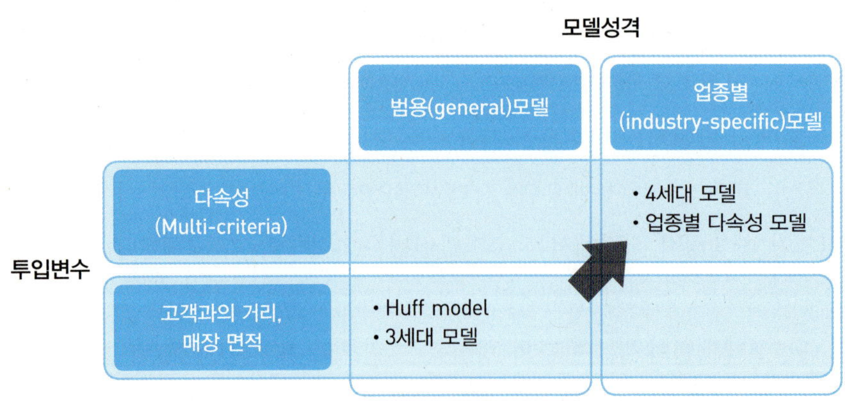

4.3. 매장위치선택과정의 세분화

고객의 매장선택을 향상시키기 위해 기업이 실행하는 매장개설 3단계 의사결정인 1) 소매시장선택, 2) 상권선택, 3) 사이트선택 의사결정과정을 말한다. 이 부분은 이미 제8장에서 제10장까지 자세히 다룬 바 있다.

4.4. 평가

이 4세대 매장선택이론이 기존 선택이론과 어떻게 기업의사결정과정에서 차이를 보이는지는 〈그림 11 – 21〉로 구분할 수 있다.

그림 11-21 1,2,3세대 매장선택모델과 4세대 업종별 특화모델의 차이

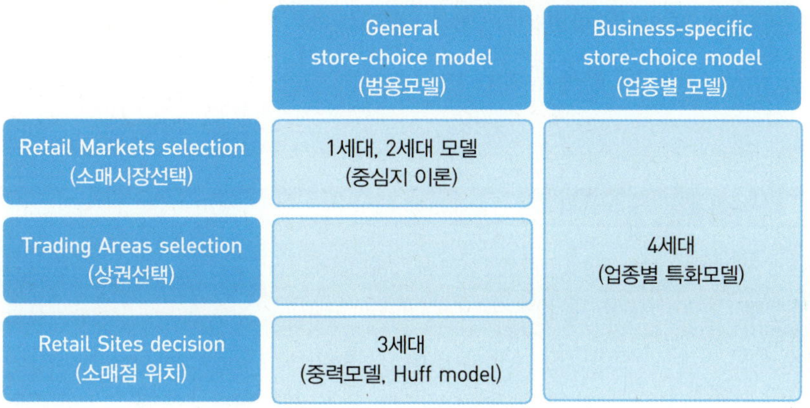

4.5. 매장선택영향 요인 총 정리

지금까지 1930년대부터 지금까지 매장선택이론에서 다루어진 변수들을 총정리해 보았다(〈그림 11 – 22〉 참조).

지금까지 논의된 4세대 매장선택이론에서 정리된 변수는

- 고객특성(customer charateristics)변수: 인구 수, 인구밀도, 인구성장률, 소득수준, 성별, 기혼자비율, 고용자비율, 자동차보유비율, 가족 수, 상권형태

(주거형태: 상업지역, 주거지역 등), 종교분포, 직업특성, 사회계층, 외국인비율, 인종분포 등의 인구통계적(demographic) 변수

- 고객 또는 소비자구매행동(buyer behavior)변수: 고객이 언제 어디서 무엇을 얼마나 어떤 시간간격으로 어떻게 구매하는지에 관련된 변수를 말함
- 점포특성(store charateristics)변수: 점포가 가진 물리적 특성을 말함. 점포와 고객 간의 거리, 점포유형(단독점포 또는 mall내 위치 등), 업태, 점포의 크기, 주차장의 크기, 시설물(property), 제품구성(merchandising), 제품의 성격(편의품, 선매품, 전문품), 진열(display), 제품의 노출(presentation), 가격대(price), 매장콘셉트(theme), 이미지, 분위기(atmosphere)
- 경쟁특성(competition characteristics)란 업종 내 경쟁양태에 속하는 경쟁구조(수, 점유율), 경쟁행태(가격경쟁, 광고경쟁, 경쟁자 간 물리적 거리, 신제품개발간격, 프로모션 경쟁강도), 업종 내 업태 간 경쟁, 상권 구조유형(쇼핑몰 상권, 시장 상권 등) 등을 말함

참고문헌

Berry, B.L. and Parr, J.B.(1988), Market Centers and Retail Location, New Jersey: Prentice Hall.

Christaller, W.(1933), The Central Places of Southern Germany, New Jersey: Prentice Hall.

Converse, P.D.(1949), New laws of retail gravitation, Journal of Marketing, 14, 379-384.

Dacey, M.F.(1966), Population of places in a central place hierarchy, Journal of Regional Science, 6, 27-33.

Foland, S.T.(1983), Predicting hospital market shares, Inquiry, 20, spring, 34-44.

Ghosh, A. and McLafferty, S.L.(1987), Location strategies for retail and service firms, Lexington Books.

Huff, D.L.(1963), A probabilistic analysis of shopping center trade areas, Land Economics, 39, 81-90.

Jacoby, J., Olson, C.J., and Haddock, A.R.(1971), Price, brand name, and product composition characteristics as determinats of perceived quality, Journal of Applied Psychology, 55, 570-579.

Jones, K. and Simmons, J.(1990), Retail Environment, Van Nostrand Reinhold.

Keller, K.L. and Swaminathan, V.(2019), Strategic Brand Management, New Jersey: Prentice Hall.

Levy, M., Weitz, B., and Grewal, D.(2018), Retailing Management, Irwin.

Lewison, D.M(1994), Retailing, Macmillan College Publishing Co. NY: New York.

Losch, A.(1941), The Economics of Location, Yale University.

Luce, R.D.(1959), Individual Choice Behavior, NY: John Wiley.

Reilly, W.(1931, 1953), The Law of Retail Gravitation, NY: Knickerbocker Press.

Reilly, W. J.(1929). Methods for the Study of Retail Relationships. Austin, TX: Bureau of Business Research.

Rushton, G.(1969), Analysis of spatial behavior by revealed space preference, Annuals of the Association of American Geographers, 59, 391-400.

Weisbrod, G.E., Parcells, R.J. and Kern, C.(1984), A disaggregate model for predicting shopping area market attraction. Journal of Retailing, 60, Spring, 65-83.

강창동, 신건철, 장재남(2012), 중소기업적합업종선정이 프랜차이즈산업에 미치는 영향에 관한 연구, 유통연구, 17(5), 1-23.

고윤석, 김병진, 강성욱(2012), 중소기업 적합업종과의 동반성장 방안, 한국벤처창업학회 학술대회 논문집, 153-155.

곽기호(2019), 서비스업에 대한 중소기업적합업종 지정제도 운영이 중소기업의 성과에 미친 영향, 한국혁신학회지, 14(2), 187-214.

곽영식, 한욱상, 이두희(2019), Small and smart 경영의 이해, 서울:피앤씨미디어.

김성문, 안지상, 심교언(2014), 백화점 매출액의 영향요인에 관한 연구, 한국도시설계학회지, 15(1), 51-66.

김병진, 서진형, 조춘한(2020), 카드데이터를 활용한 중소기업 적합업종 제도의 실효성 분석: 제과점업 사례 중심으로, 프랜차이징저널, 6(2), 1-25.

박찬욱(2014), 한국의 소매업태 및 업종별 유통경로. 한국생산성본부.

서용구, 이정희(2012), 유통관리, 서울: 서울경제경영.

신우진, 문소연(2011), 프랜차이즈 커피전문점의 입지특성이 매출액에 미치는 영향 분석, 부동산학연구, 17(2), 111-123.

안치호 외(2013). 대형마트와 SSM의 출점이전통시장의 매출액에 미친 영향: 공간적 경쟁구도를 중심으로, 주거환경, 11(2), 63-78.

여은실, 최창규(2015), 역세권 상업지역의 업종별 매출액에 영향을 미치는 요인분석, 한국도시행정학회 학술발표대회 논문집, 147-157.

우석진, 이명훈, 이상민, 빈기범(2018), 중소기업 적합 업종·품목 지정 제도가 중견기업의 수익성과 성장성에 미치는 영향, 경영학연구, 47(6), 1,391-1,422.

유민희, 김지영, 최윤정(2018), 모범거래기준과 영업지역 침해: 한국 커피 프랜차이즈 산업을 중심으로, 규제연구, 27(1), 157-192.

유혜정 외(2020), 출폐점에따른 편의점 간 거리 변화가 매출에 미치는 영향, 국토계획, 55(3), 43-55.

이상규(2004), 대형할인점의 매출액 결정에 있어서 입지요인의 영향에 관한 연구, 국토연구, 3, 35-52.

임영균, 안광호, 김상용(2015), 고객지향적 유통관리, 서울: 학현사.

임영균, 이수동, 김주영(2012), 가맹본부의 배타적 영업지역보호에 대한 탐색적 연구, 유통연구, 18(1), 37-63.

임영균, 진문근(2016), 중소기업 적합업종제도의 문제점과 개선방향: 가맹사업을 중심으로, 프랜차이징저널, 1(2), 35-69.

전극수(2014), 중소기업적합업종제도에 대한 법적 고찰, 법학논집, 18(3), 149-171.

전달영, 김용환(1999), 경쟁할인점간 점포선택결정요인, 마케팅연구, 14(4), 201-225.

Chapter 12

매장콘셉트잡기

(store concept selection)

- Las Vegas의 테마호텔인 Venetian, Luxor Hotel, New York New York Hotel은 각각 이탈리아의 베네치아, 이집트의 룩소르, 미국 뉴욕의 랜드마크건물 등을 호텔콘셉트로 삼아서 고객에게 해당국가 테마(theme)와 스타일을 제공한다.
- North Las Vegas의 프레몬트 거리(Fremont Street)는 4블록 거리에 419m에 걸쳐 전구로 천장을 만들어서 정해진 시간에 전등쇼(light show)를 보여준다. 사람들은 천장의 쇼를 보기 위해 모여든다. 이 주변의 호텔 간 콘셉트 차별이 별로 없다.

장소마케팅이란 고객을 자극하고 구매에 이르기 위해 마케터가 매장에서 행하는 활동이다. 매장콘셉트 잡기란 우리 매장에서 상품을 구매하는 구매자가 가장 많은 자극을 받고 구매에 이르게 하기 위해 매장의 주제와 스타일을 결정하는 것이다. 이를 실천하기 위해 저자는 두 단계를 마케터가 실천할 것을 요구한다.

- 구매자 스펙트럼분석
- 매장(place 또는 store)의 주제(theme)와 스타일(style) 정하기

우리의 목표시장은 우리 매장을 방문하는 고객이므로 이 고객 중 구매자가 과연 어떤 사람인지를 명확히 해야 한다. 이 과정을 구매자 스펙트럼이라는 시각으로 살펴본다. 두 번째로 이 구매자와 우리 매장의 적합도를 높이기 위해 매장의 주제를 잡고 스타일을 정하는 것이다. 이 책에서는 모든 업종이 공통적으로 사용할 수 있는 구매자 스펙트럼과 주제 및 스타일요소를 제시한다. 마지막으로 증권업을 대상으로 고객분석을 통해 세분시장별 매장별로 테마와 스타일을 설계하는 과정을 예시하여 보여준다.

그림 12-1 매장콘셉트잡기 과정 및 사례에 대한 이 장의 구성

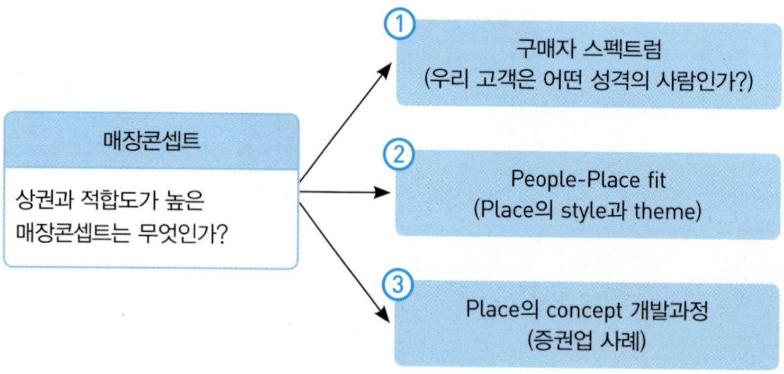

1. 구매자스펙트럼

Place-people-product fit. 그 장소와 거기에 오는 고객과 상품의 적합도가 높아야만 구매가 일어난다는 명제에서 논의를 시작해 보자. 즉, 나의 상품은 나의 고객이 좋아하는 장소 또는 유통망에서 잘 팔릴 것이다. 사람들은 자기 이미지에 맞는 매장을 좋아하고 방문하고 구매한다. 자기에게 맞는 매장에서 편안함을 느끼기 때문이다. 그래서 유통망 접점을 논의하기 전에 '우리 상품을 사는 사람'을 이해해야 한다. 아래 사례는 떡볶이를 판매하는 사업자가 고객에 맞추어 매장을 달리하여 업태를 갖춘 것을 보여준다.

- 가격과 지각된 품질 축으로 된 포지셔닝에서 맨 아래에 포지셔닝한 저렴한 상표들은 길거리 포장마차나 브랜드 없는 구멍가게나 분식집에서 즉석조리 제품으로 판매한다. 이것이 우리가 학생 때부터 먹던 떡볶이 판매업태 및 구매행동이다.
- 중간 가격과 품질을 가진 떡볶이는 전국적 브랜드 체인점 형태로 진입하거나 대형마트의 매대에 판매되는 비즈니스형태로 진입하였다. 이들 업체의 고객은 길거리 포장마차에서 구매하는 사람과 life style이 완전히 다르다.
- 마지막으로 단독가두점이나 백화점에 입점한 Villa de Spicy처럼 외식업체의 매장시설과 서비스로 매출을 올리는 업체가 있다. 이 곳에서 레스토랑에서 음식을 먹듯이 떡볶이를 먹는 사람은 기존 포지셔닝 상의 업태에서 이 상품을 먹는 사람과는 완전히 다른 고객일 수 있다.

각 업종에서는 시장참여자가 목표시장별로 상품과 적합포지셔닝을 정할 때 기업이 고객이나 구매자를 대하는 태도에도 많은 차이가 있다. 동일한 K-Pop 고객을 대상으로 콘서트나 굿즈를 판매하면서도 어느 업체는 K-Pop 팬덤을 '월마트'나 '이마트'처럼 고객을 단순한 '쇼핑객(shoppers)' 또는 '구매자(purchasers)'로 인식하여 제품카테고리별 제품노출을 수동적으로 한다. 하지만 BTS가 속한 HYBE는 고객개인별 선호도별 소속가수의 소식이나 굿즈, 콘서트를 개별노출

그림 12-2 포지셔닝별 떡볶이 구매 장소의 변화와 브랜드 여부

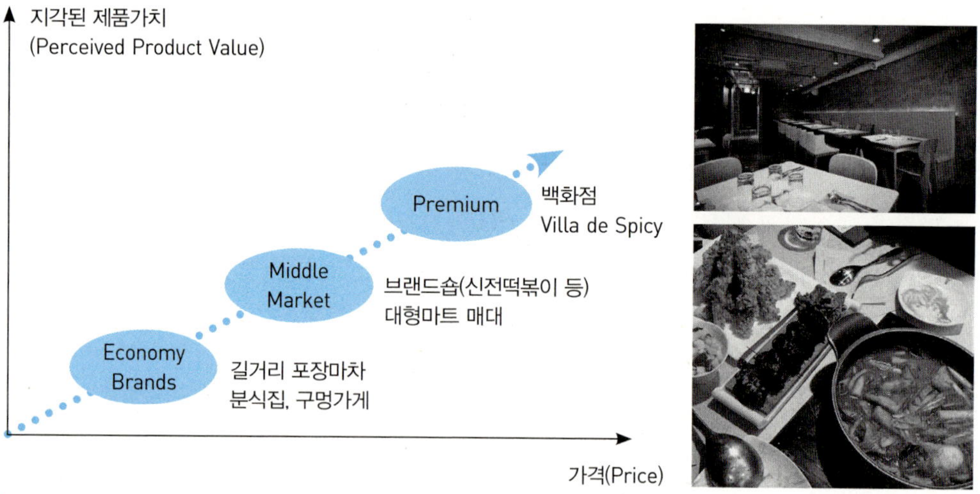

하고 push서비스를 통해 팬클럽 가입자별로 관리한다. SM엔터테인먼트의 팬덤 플랫폼인 '버블'은 특정 아티스트를 구독하면 고객별 기념일이 생성되고 아티스트의 메시지, 사진, 영상을 개인 카카오톡처럼 받아볼 수 있는 서비스를 제공한다. 엔씨소프트는 K-POP 팬덤 플랫폼 '유니버스'의 서비스를 시작하면서 AI 음성 합성, 캐릭터 스캔, 모션 캡처 등 엔씨소프트가 보유한 IT 기술을 콘텐츠와 결합해 고객맞춤형 경험을 할 수 있도록 제공하고 있다.

그림 12-3 동일 업종 안에서 대중마케팅을 하는 업체와 vip마케팅을 하는 업체

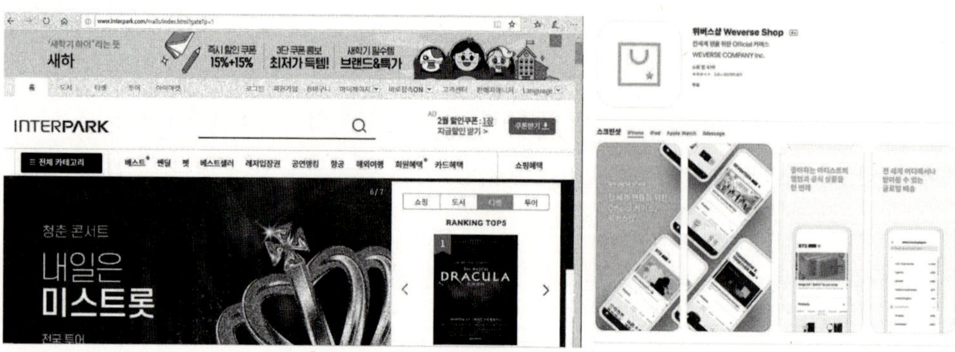

위의 두 사례와 같이 동일한 상품을 판매하면서도 고객을 어떻게 이해하고 대하느냐의 차이로 매장콘셉트와 업태와 비즈니스모델이 달라진다. 그래서 저자는 다양한 고객의 구매행동패턴의 차이를 갖고 〈그림 12-4〉와 같이 구매자들을 구분해 보았다. 저자들이 미처 파악하지 못하거나 이름을 붙이지 못한 구매집단도 물론 있을 것으로 판단한다.

그림 12-4 구매자스펙트럼

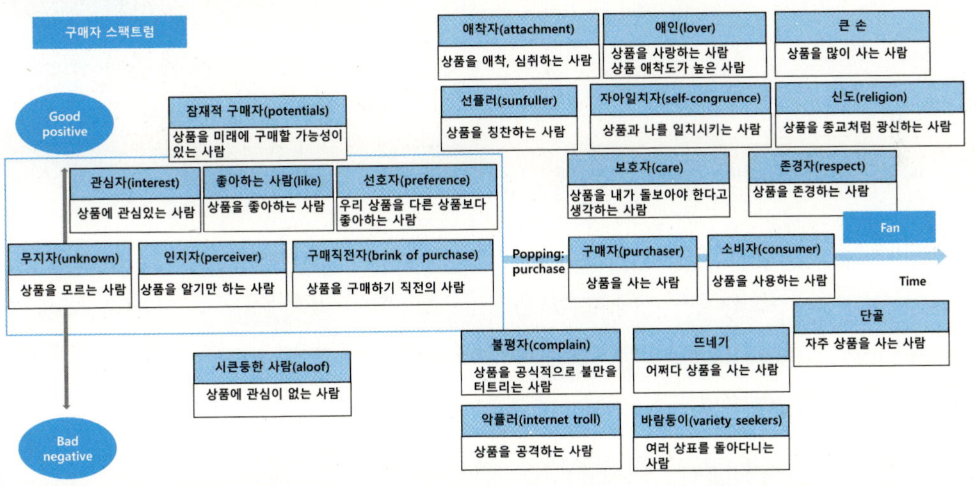

여기서 구매자 스펙트럼이란 구매량, 구매 간격(interpurchse time), 구매시기, 구매빈도 등의 구매관련 변수와 구매에 이르기 전에 인지부터 태도에 이르는 고객심리적 변수의 차이에 의해 구분된 고객집단을 말한다. 이 중 우리 상품이 어떤 성격의 구매자를 대상으로 판매가 되고 있는지를 매장콘셉트잡기 전에 파악해야 한다.

- 터미널 앞 중국집의 고객은 '뜨네기' 고객이다. 이런 매장에서는 상품의 품질과 서비스에 그다지 신경쓰지 않는 경험을 여러분도 갖고 있을 것이다.
- BTS의 팬클럽인 Army들이 BTS굿즈를 구매하는 Weverse shop에 대한 충성도가 매우 높은 우수고객이다. 충성도가 높은 고객을 어떻게 대해야 우리와

함께 할지와 같은 고민이 들어간 매장구성과 서비스접점 전략 및 전술이 필요하다.

따라서 매장콘셉트를 잡기 전에 우리의 상품을 구매하는 고객의 성격을 육하원칙에 의해 정확히 파악하고 있어야 한다. 아래는 저자들이 임의로 기술한 Weverse shop의 팬텀 분석기준 몇 가지이다. 아날로그 물품(내구재 및 비내구재)과 디지털 내구재 및 비내구재를 구매해 주는 고객이기 때문에 판매자가 상품관리에 신경써야 하는 부분이 방대할 것으로 예측할 수 있다.

그림 12-5 Weverse shop의 구매자스펙트럼 분석 기준 중 일부(가상)

who	when	where	what	how	How much
여성/남성 위주	하루 중 언제 구매	Weverse shop	앨범	신용카드	구매 간 간격
10대~20대	요일별 특징	Pop-up 매장	의류	미성년자의 결제수단	기간 내 구매량
인종 비중 특징	월별 구매 특징	중국 팬의 한국공연관람	MD	택배	
국가별 비중 특징	상품 출시 전 사전구매 특징	일본에서는 일본팬만	문구류	달러 한국돈?	
	상품 확산 특징	v live +	concert	기다림의 미학	
	Life share 하루 중 아티스트 소비하는 시간비중		아날로그 내구재/비내구재		
		weverse	디지털 내구재/비내구재		

예를 들어 이 고객들은 'life share(하루 중 자신의 아티스트의 IP가 들어간 아날로그 및 디지털 상품과 공유하는 시간)를 분석하면, 회사는 개별 고객별 24시간 관리 포인트를 개발할 수 있을 것이다.

독자 여러분도 자신의 전략을 아래 빈 칸을 채움으로써 관리 전략을 수립해 보자.

독자들의 연습장(오프라인 매장의 경우)

- 내가 관심있어 하는 업종을 선택하여 적어보자. (   )
- 내가 관심있어 하는 상권을 선택하여 적어보자. (   )
- 해당 상권에 내가 선택한 업종의 매장을 찾는 '고객의 성격'을 시각적으로 나타내 보자. 이 작업을 위해 인터넷에서 '마인드맵'프로그램 중 하나를 선택하여 자기 핸드폰에 깔고, 내 매장에 오는 고객의 성격이나 라이프스타일을 마인드맵으로 그려 보자.

최종적으로 자신의 고객이 〈그림 12-4〉의 구매자스펙트럼 중 어디에 속하는 지를 찾아 적어보자. 만약 〈그림 12-4〉에 귀하의 고객이 없다면 여러분 스스로 고객을 정의 내려 보자.(   )

2. 고객장소 적합도(People-Place fit): 스타일(style)과 주제(theme)

우리는 지금까지 우리 상품이 판매되는 온라인과 오프라인 매장을 방문하는 구매자스펙트럼을 생각해 보았다. 그 고객들에게 우리 매장에게서 어떤 인상을 갖게 할 것인가? 이 주제를 다루는 것이 단락의 목표이다.

마케터가 매장을 꾸미기 전에 우리는 고객이 오감 중에 어느 자극에 의해 상품을 구매하는지에 대한 연구결과 하나를 살펴보고자 한다(Wheeler and Millman 2017).

그림 12-6 오감각의 구분과 구매선택기준 활용 사례

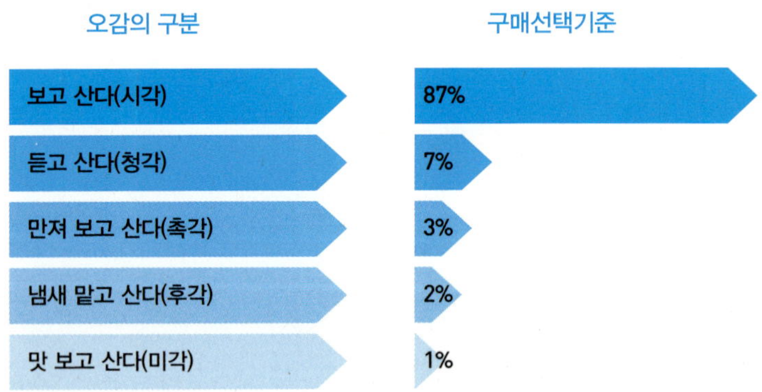

이 결과를 보면 고객은 시각을 통해 많은 정보를 받아들인다. 특히 오감을 시각·청각·촉각·후각·미각으로 나누어 보면, 시각적인 정보를 가지고 구매 선택을 하는 경우가 전체의 87%에 이른다. 이런 결과는 유튜브에서도 많이 발견할 수 있다. 만약 오프라인의 경우라면 매장방문 후 상품검색과 구매가 이루어지게 된다. 그런데 상품을 보기 전에 고객은 무엇을 할까? 고객은 매장을 들어간다. 매장을 방문해야 그 어느 상품을 본다. 그 매장이 노출되어 있고 고객 기억이나 태도에 매장에 대한 인식이 있어야 매장에 들어간다. 그래서 우리가 매장 콘셉트를 잡고 고객의 눈에 매장이 보이게 꾸며야 되는 것이다.

그림 12-7 기업의 표현과 기업에 대한 인상에 영향을 주는 스타일과 주제

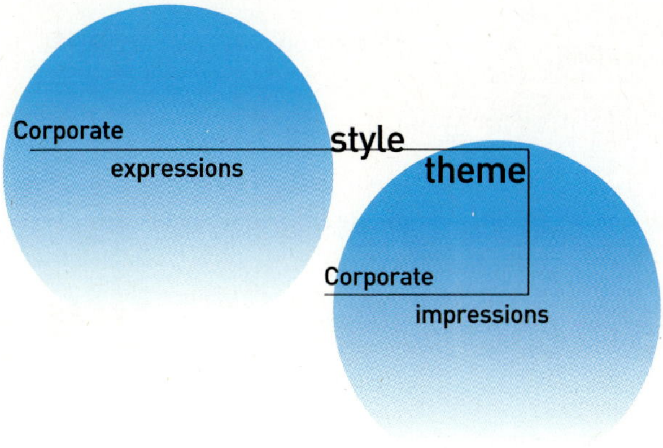

출처: Simonson and Schmitt 1997; Lewis 2018

기업이 매장을 비롯한 시각적 정보를 표현하는 방식은 경영자가 선택한 스타일과 주제(테마, theme)에 따라 달라진다. 이 두 가지 요소가 달라짐에 따라 기업(매장)의 인상(corporate impressions)이 달라진다. 따라서 스타일(style)과 주제(theme)를 관리해야 한다.

2.1. 스타일

너무나 많은 스타일이 존재하기 때문에 이 책에서는 미학적 마케팅에서 다루는 스타일(style)로 크게 네 가지 차원만을 구분하여 다룬다. 비록 20여 년 전에 주장된 내용이지만 지금도 유효하다고 판단했기 때문이다. 마케터는 매장의 스타일을 아래 4가지 차원에서 각각 하나씩 선택하면 된다.

매장 내 구성내용의 복잡성 정도에 의해 최소주의와 장식주의로 마케터가 매장콘셉트를 선택할 수 있다. 최소주의(minimalism)는 최소의 요소로 최대의 효과를 나타내려는 스타일을 말한다. 장식주의란 많은 장식을 하려는 요구가 반영된 사조를 말한다. 장식주의가 지나치면 복잡하고 혼란스러운 구성에 이르게 된다. 일반적으로 상류층일수록 minimalism을 선호하고, 하류층일수록 kitsch적이고 장식적인 스타일을 좋아한다는 보고가 있다.

그림 12-8 매장 스타일로 선택가능한 4가지 차원

최소주의 (minimalism)	복잡성(complexity)	장식주의
사실주의	표현양식(representation)	추상주의
동적	인식되는 움직임	정적
강함	잠재성(potency)	부드러움/ 약함

출처: Simonson and Schmitt 1997

그림 12-9 복잡성 측면에서 최소주의와 장식주의 스타일

최소주의 (minimalism)	복잡성(complexity)	장식주의

출처: Simonson and Schmitt 1997

중국의 최대 C2C 온라인 상거래사이트인 타오바오의 경우를 보면 아주 다양한 색과 제품진열을 통해 극단적인 장식주의로 매장의 스타일을 보여준다. 하지만 중국의 검색엔진인 Baidu는 google처럼 극단적인 최소주의로 UI를 구성하고 있음을 발견할 수 있다.

표현 양식(presentation)측면에서 추상적인 것과 사실적인 것으로 구분할 수도 있다. 목표시장(target customers)에 맞추어 추상주의와 사실주의 중 하나로 매장콘셉트를 잡아야 한다. 설렁탕집은 지극히 사실주의적인 매장을 갖고 있는 반

그림 12-10 중국 타오바오의 장식주의와 Kitsch스타일

면에 커피숍 주에는 매우 추상적인 매장을 갖고 있기도 한다. 동적/정적 스타일과 강합/부드러움 스타일은 독자 여러분이 쉽게 이해할 수 있는 개념으로 여기서는 설명을 생략한다.

스타일은 색상과도 연계되어 있다. 〈그림 12-11〉과 같이 맨 처음 소개되는 상품군은 주로 무채색으로 되어 있는 경우가 많이 발견된다. 하지만 시간이 지남에 따라 색상의 사용이 달라지는 흐름을 보인다. 이런 상품군별 색상경쟁상황에서 목표시장이 상류층이라면 주로 무채색과 황금색이 선호되고, 하류사회계층일수록 유채색을 선호한다는 주장이 많다.

그림 12-11 사회계층별 색상선호의 진화

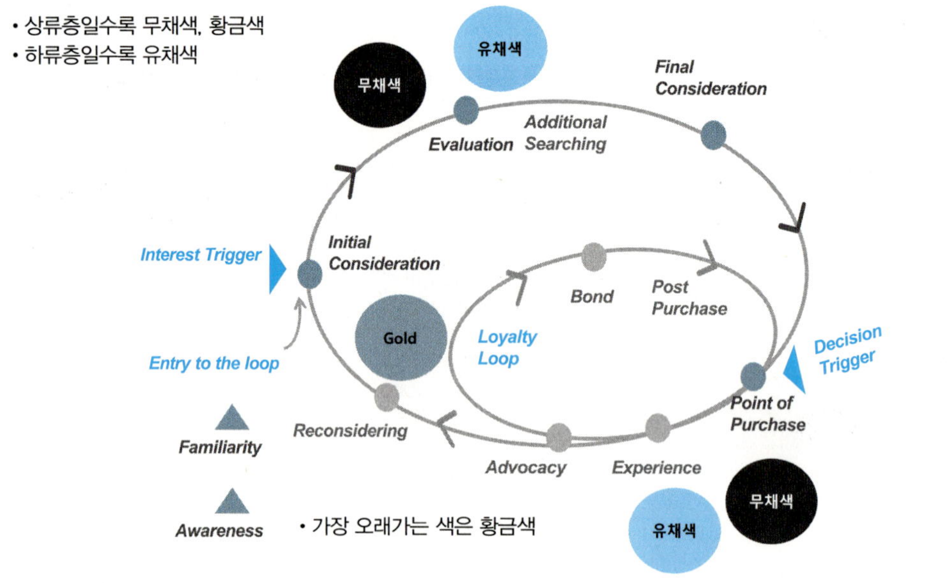

2.2. 주제(테마 theme)

너무나 많은 스타일이 존재하기 때문에 이 책에서는 미학적 마케팅에서 다루는 주제(theme)와 건축학에서 다룬 미래공간창조 키워드를 다룬다. 먼저 Simonson과 Schmitte는 매장의 주제로 사용할 수 있는 감성으로 16가지를 구분하였다. 이 감정은 고객이 상품을 소비하면서 느끼는 감성이라고 주장한다(emotion). 이들은 이 16가지 감성에 중 하나 또는 복수의 것을 선택하여 매장의 분위기를 연출하라고 권고하고 있다.

한편, 매장을 공간으로 인식하고 요즘 현대인이 선호하는 미래공간창조 키워드가 있다고 주장하는 사람들이 다수의 의견을 개진하고 있다. 이 중 정창윤(2019)이 제시한 콘셉트가 있는 공간의 키워드를 정리해 보면 다음과 같다. 독자들은 미학적 마케팅에서 주장하는 소비감성과 소비공간의 콘셉트에 대한 최근의 트랜드에 맞추어 자신의 매장에서 주장하는 매장키워드를 개발하여 결정하고 이를 실제 매장에 실천하기를 바란다.

그림 12-12 Simonson과 Schmitte의 16개 소비감성타입 분류

Anger Frustrated Angry Irritated	**Discontent** Unfulfilled Discontented	**Worry** Nervous Worried Tense	**Sadness** Depressed Sad Miserable
Fear Scared Afraid Panicky	**Shame** Embarrassed Ashamed Humiliated	**Envy** Envious Jealous	**Loneliness** Lonely Homesick
Romantic Sexy Romantic Passionate	**Love** Loving Sentimental Warmhearted	**Peacefulness** Calm Peaceful	**Contentment** Contented Fulfilled
Optimism Optimistic Encouraged Hopeful	**Joy** Happy Pleased Joyful	**Excitement** Excited Thrilled Enthusiastic	**Other Items** Guilty Proud Eager

그림 12-13 정창윤(2019)이 주장하는 미래공간창조 키워드 6개

- **시간**
  - 하남 스타필드
  - Fast or slow
- **자연**
  - 평거동 Grown up coffee
- **문화인프라**
  - 제주 플레이스캠프
- **접근성**
  - 평거동 엠코 상가 크레프트한스
- **경험적 소비**
  - 진기함을 소비

〈그림 12 – 14〉는 중국의 'The beast'라는 매장이 어떻게 매장콘셉트를 변화시켜 왔는가를 요약한 그림이다. 이 기업은 고객에게 진화하는 매장콘셉트를 보여주고자 자사의 매장을 네 개 부류로 구분하였다. 지역과 고객에 따라 어느 지역에는 꽃만 팔고, 어느 지역은 플라워숍에 카페를 더하고, 어디 매장은 보석을 팔고, 어디 매장은 스타일리쉬한 꽃만 판매했다 온라인에서 꽃을 파는 것으로 시작한 이 회사는 소비자의 스토리를 부케로 표현하는 서비스를 제공한다고 정의내리고 매장콘셉트 다양화를 시도했다.

그림 12-14 중국 The beast라는 매장의 콘셉트변화

독자들의 연습장

코로나19를 경험하면서 매장에서 고객이 요구하는 감성이나 키워드가 분명이 그 이전과는 다를 것이다. 각자가 생각하는 새로운 매장콘셉트키워드를 두 개씩만 제시해보자(예: 안전, 위생 등).

3. 증권사 매장의 콘셉트잡기 과정 사례

3.1. 전사적 전략부터 점포 layout까지 과정

통계청이 최근 발표한 생활 시간 조사 결과에 따르면 하루에 실내 거주 시간은 평균 15시간이다. 복합쇼핑몰은 실내에 거주하는 걸 좋아하는 사람들을 목표시장으로 한다. 굳이 외부에 나가지 않아도 편리하게 접근하여 시간을 소비할 수 있는 곳으로 다양한 물건을 구매하고, 자신의 취미생활을 하고, 어쩌면 단순히 시간을 보낼 수 있는 곳이 복합 쇼핑몰이다. 결국 복합쇼핑몰은 시간점유율(time share)을 높이는 매장 인테리어를 해야 한다.

그러면 우리 구체적으로 한 회사가 어떤 과정을 거쳐서 매장콘셉트를 잡는지를 증권사의 사례를 통해 알아보자. 회사가 추구하는 지향점과 소비 트렌드의 변화 등을 정량·정성적인 자료를 이용하여 분석함으로써 매장콘셉트를 설정할 수 있다.

점포 콘셉트결정을 위한 1단계는 전사적 전략방향을 확인하는 것이다. 회사나 창업주가 회사비전과 목표를 무엇으로 하고 있는가를 명확히 하는 단계이다. 예를 들어 이 증권사의 비전이 '프리미엄 자산관리의 선두주자'라는 정했다고 하자.

제2단계에서는 점포 전략방향수립 단계이다. 전사적 전략을 구현하는 것 중 오프라인 매장은 무엇을 할 것인가하는 것이다. 예를 들어 이 가상의 증권사가 매장 중 자산관리가 필요한 고객접점이 많은 상권에는 자산관리업을 하고, 단순 주식거래만을 고객들이 주로 이용하는 상권에 위치하면 입출금전용점포이 필요하다고 하자. 그러면 점포전략방향으로 '先자산관리 後거래보조 점포운영'이라고 설정할 수 있다.

제3단계는 상권분석에 의해 상권 내 매출가능액을 측정 후 경쟁점포를 감안하여 상권 '신규출점', '기존매장확대', '기존매장 철수'의 의사결정을 내린다.

제4단계에서는 제3단계에서 상권별로 확정된 점포가 입점해 있는 상권별 고객특성분석을 실시하고, 이 상권을 고객특성의 차이에 의해 몇 개의 세분군집

그림 12-15 점포콘셉트 개발과정의 실제 사례

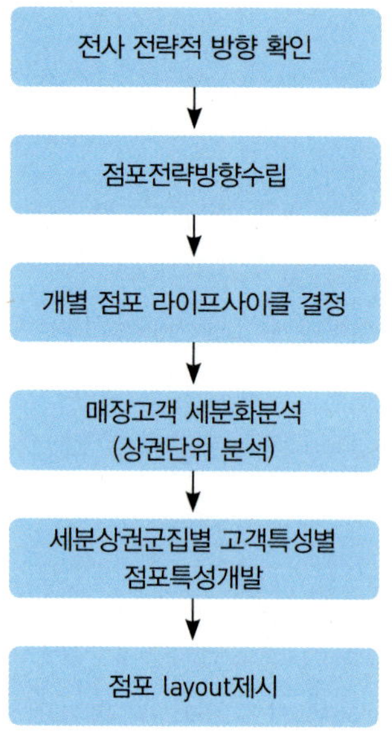

으로 분류하는 것이다.

제5단계에서는 군집화된 상권의 고객특성에 맞추어 점포특성을 개발하고 정리하는 단계이다. 제6단계는 군집별 점포특성을 반영한 점포 layout을 개발하고 적용하는 단계이다.

점포의 형태는 바로 점포가 담당해야 할 역할을 의미한다. 전사차원의 다양한 고객지원활동과 영업활동 중 우리 점포가 담당해야 할 역할을 충실히 수행할 수 있는 형태가 가장 좋은 점포형태이다.

만일 우리 점포의 역할이 공격적 영업의 거점 마련이라면…

점포가 영업을 효과적으로 수행할 수 있는 형태로 변신해야 한다. 요즘 은행의 경우 입출금과 수납 등의 업무를 처리할 수 있는 창구가 축소되고 자산관리 고객에게 영업을 하기 위한 컨설팅 창구가 늘고 있는 추세이다. 그렇다면 상권별로 VIP실과 상담창구를 늘리는 등 컨설팅 영역의 비중을 조절할 필요가 있을 것이다.

만일 우리 점포의 역할이 우수고객을 유치하기 위한 역할을 수행한다면 …

우수고객이 많이 분포되어 있는 상권일수록 점포의 품격을 높여야 한다. 이럴수록 점포의 접근성이 일반고객을 상대할 때 보다는 중요하지 않으며 점포가 반드시 1층에 있어야 할 필요도 없다. 특히 우수고객을 일반고객과 분리시킬 수 있는 점포 형태가 중요하다.

만일 우리 점포가 최대한 많은 일반 고객들을 유치해야 한다면 …

전반적으로 친근한 이미지의 점포콘셉트로 접근성이 중요한 위치에 입점해야 한다. 자동화 기기를 확충해야 할 것이고 보다 효율적이 업무를 위한 일반업무 영역 위주로 점포를 레이아웃 하는 것이 필요하다.

위의 사례처럼, 점포의 역할을 회사의 특수성에 맞추어 정의하는 것이 점포 형태를 달리 가져가는 작업의 출발이다.

3.2. 제4단계 상권의 고객특성분석

우리는 이 단락에서 이미 점포 콘셉트를 잡기 위한 제3단계까지는 완성하였다고 가정한다. 이제 제4단계로 상권특성에 따라서 점포형태를 달리 가져가기 위해서 상권특성분석을 시도한다. 〈그림 12－16〉과 같이 저자들은 서울 행정단위별로 은행과 증권사 수탁규모가 다름을 확인할 수 있었다.

그림 12-16 서울 행정단위별 은행 및 증권 수탁고 사례

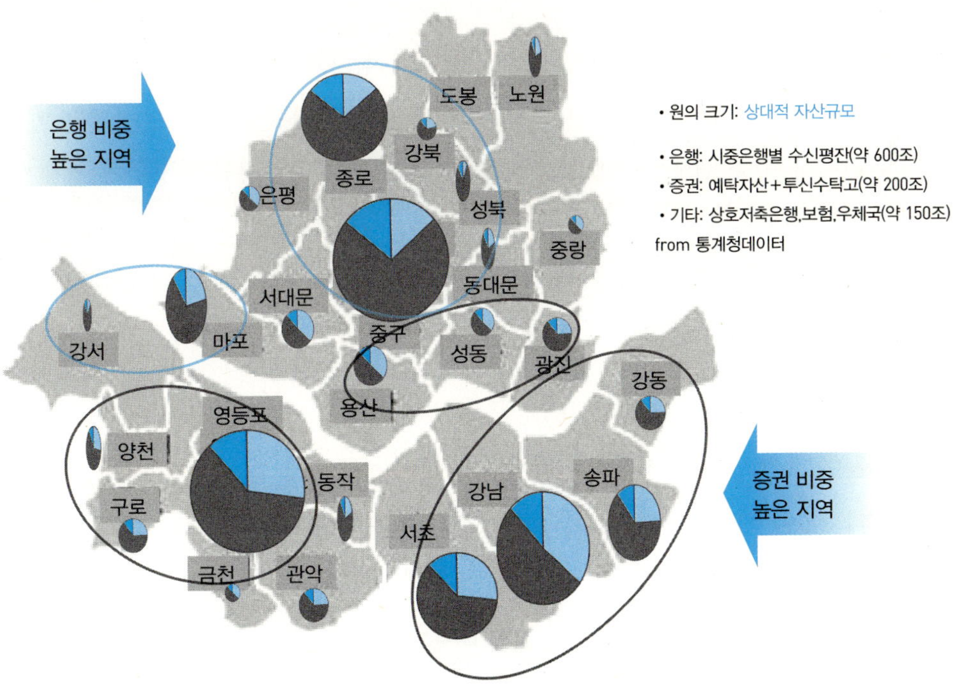

그림 12-17 증권사 매장별 최종 점포콘셉트 산출물(점포콘셉트 적합도 평가 matrix)

점포콘셉트 적합도 평가 Matrix

	점포콘셉트 A	점포콘셉트 B	–	점포콘셉트 N
잠실상권	★	★ ★ ★ ★	–	
과천상권	★ ★ ★ ★	★ ★	–	
주엽상권	★ ★ ★	★	–	★
충정로 상권		★ ★	–	
마포상권	★		–	
강릉상권			–	★ ★ ★ ★
–	–	–	–	–

일반적으로 상권특성분석은 상권을 대상으로 한 여러 특성변수를 이용한 군집분석을 통해 이루어지며, 실무자들은 이 결과를 가지고 주요 상권을 별도로 관리하는 등 점포전략에 유용하게 활용하고 있다. 증권업의 경우에 저자가 경험한 바로는 현업에서는 전국의 상권들을 작게는 5등급에서 많게는 30등급까지 관리하고 있다. 점포가 적은 회사는 전국의 입점가능한 상권을 100개로 보는 반면, 점포가 많은 회사는 전국의 상권을 700개로 보기도 하기 때문이다.

3.2.1. 변수의 취합

상권의 특성을 분석하기 위해서는 상권별로 가능한 데이터를 모두 모아야 한다. 일반적으로 많이 쓰이는 데이터는 전세금·평균소득 등 소득관련 변수, 인구수·주택수·가구수·인구증감률 등 인구규모 변수, 결혼·나이·학력·성별 등 인구통계적 변수, 주거형태·주거연도·건축연도 등 주거관련 변수, 직업·통학·통근수단 및 시간 등 생계유지 관련 변수, 종교·출생지·외국인비율 등 기타 변수 등이다.

〈표 12-1〉 증권사 상권특성분류를 위해 수입된 특성변수

구분	특성변수
경쟁사 지점 자료	점포형태, 개설일자, 직원수, 면적, 소유/임차정보
자사 지점 자료	점포정보, 직원수, 면적, 소유/임차정보, 실적, 점별 영업실적 현황, 무인점포 현황, 사무량 정보
자사 고객자료	고객분포, 고객등급, 고객실적, 자사 카드 실적 정보
소득/소비 데이타	총소득, 품목별 소비지출현황
아파트 단지정보	아파트 시세, 총세대수, 총동수, 평형, 방향, 교통환경, 교육환경, 주거환경, 주차대수, 면적, 입주일자, 용적률
지역특성 데이터	결혼/나이/학력/성별/직업 등 인구통계적 변수, 주거형태/주거연도/건축연도 등 거주관련 변수, 직업/통학/통근 수단 및 시간 등 생계유지 관련 변수, 전제제품/인터넷/위성/승용차 등 점유변수, 종교/출생지/외국인비율 등 기타변수 등

여기에 증권회사 내부자료인 우리회사 고객 분포 변수, 우리회사 매출변수 등이 포함된다. 예를 들어 은행의 경우 상권별로 고객분포 변수는 VIP 고객이 많은지 최우수 고객이 많은지 등에 관한 자료이고, 매출변수는 상권별로 가계자금대출이 많은지 요구불예금이 많은지 등이 포함된다. 이와 같은 내부 및 외부 변수를 모두 취합하면 통상 수백 개에 이르게 된다.

데이터를 모았다면 이 데이터를 이용하여 상권을 군집화하는 일만 남는다.

3.2.2. 상권 군집분류

어떻게 하면 상권의 특성을 잘 분류 할 수 있을까? 기본적으로 상권을 등급화하거나 고객을 세분화할 때는 군집분석(clustering analysis)이라는 방법을 많이 쓴다. 그러나 최근에는 혼합모델(mixture model)이라는 방법론이 나와서 군집분석의 단점들을 많이 보완하고 있다. 저자는 기업이 상권분석을 할 때는 mixture model을 사용할 것을 권한다. 이 방법이 어떤 장점을 가지고 있는지 살펴보자.

- **mixture model은 상권이 군집에 할당될 확률을 알려준다.**

기존의 군집분석 방법은 1등급 상권을 분류할 때 신사 상권과 잠실 상권이 각각 1등급 상권으로 표시된다. 그러나 mixture model은 같은 1등급 상권이지만 신사 상권이 1등급일 확률 89% 잠실이 1등급일 확률 70% 등으로 나타나 한 등급 내에서도 다시 서열이 매겨질 수 있다. 또한 해당특성이 치밀한지 헐렁한 특성인지를 상권별로 알 수 있게 된다.

〈표 12-2〉 mixture model에 의해 상권별 특성확률의 차이를 보여주는 사례

	신사상권	잠실상권	서초상권	개포상권
1등급에 속할 확률	89%	70%	72%	68%

■ **mixture model은 최적 상권분류 군집 수를 알려준다.**

기존의 군집분석 방법에서는 도대체 전체상권으로 10등급으로 나누는 것이 맞는 건지 20등급으로 나누는 것이 맞는 건지 선택기준을 제시해 주지 않는다. 그러나, mixture model은 우리 회사의 상권을 몇 개로 나누는 것이 최적인지를 알려준다. 예를 들면 "15등급으로 나누는 것이 가장 좋습니다"라는 통계적 수치를 보여주게 된다.

■ **mixture model은 수집 가능한 모든 데이터를 사용하여 분석할 수 있다.**

상권을 분류할 때 주거 형태가 중요할 수 있다. 예를 들어 주거 형태가 아파트인지, 단독주택인지 혹은 연립주택인지 상가주택인지에 따라 상권의 특성이 다를 수 있다. 기존의 군집분석에서는 주거 형태와 같은 명목척도의 변수들을 반영하여 상권을 분류할 수 없었다. 왜냐하면 군집분석의 기본 원리가 거리(distance) 개념으로 추정되기 때문이다. 그러나 mixture model은 어떤 변수든지 모두 반영하여 등급을 나눌 수 있다. 그 이유는 앞서도 말했듯이 확률개념으로 추정되기 때문이다.

mixture model을 이용하여 상권을 분류하면 아래와 같은 군집별 특성결과를 얻을 수 있다. 지금 관리하고 있는. 300개 상권을 믹스추어 모델을 이용한 결과 총 5개 등급으로 나누어졌다고 하자. 일단 2개의 군집의 profile 사례를 보자.

3.2.3. 상권별 매장할당

이제 우리는 가상적으로 5개로 상권을 구분하였다. 이제 각 매장이 어느 상권특성에 해당하는지를 할당하는 작업을 한다. 〈그림 12-18〉에 그 일부 결과를 보여준다.

그림 12-18 군집화된 상권의 profile 사례 2가지

1군집 강남 상류 상권	**"교육수준과 소득수준이 가장 높은 장기거주 지역"** 전국에서 소득수준과 교육수준이 가장 높은 45~54세의 전문직 화이트칼라들이 전세금이 가장 높은 아파트나 빌라에 5~20년 정도 장기거주하는 지역으로 지하철이나 자가용을 이용하여 통근함 예: 잠실, 반포, 방배, 대치 1,2 상권 등 18개 상권
2군집 젊은 아파트 부유촌	**"35세~44세 부부가 거주하는 아파트 부유촌"** 교육수준과 소득수준이 높은 편인 35세~44세의 부부가 초등학생 자녀를 키우는 거주지역으로 가구주 직업은 공무원/전문가/준 전문가 임. 전세비가 두 번째로 비싼 1990년대 지어진 아파트에 2~5년 거주 주로 자가용을 이용하여 통근하는 곳이다. 예 : 주엽, 야탑, 일원/세곡/수서, 과천 등 23개 상권

3.2.4. 점포콘셉트잡기

이제 상권군집특성에 점포콘셉트를 매칭시키는 작업을 해 보자(〈그림 12-19〉 참조).

그림 12-19 상권별 상품구매특성에 맞추어 점포콘셉트를 매칭한 가상적인 사례

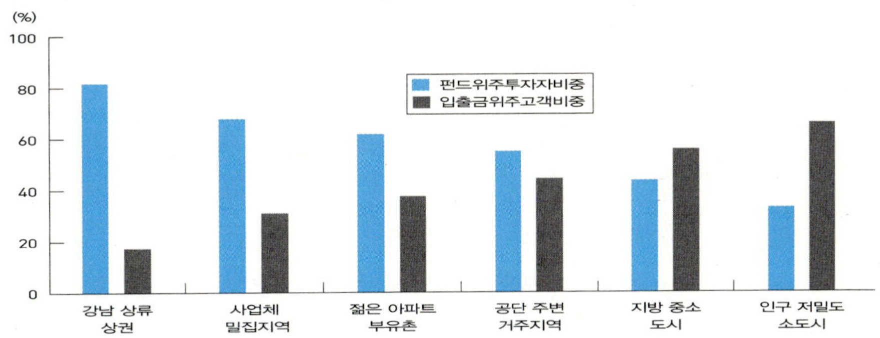

	1군집 강남 상류 상권	2군집 젊은 아파트 부유촌	3군집 사업체 밀집지역	4군집 공단 주변 거주지역	5군집 지방 중소 도시	6군집 인구 저밀도 소도시
비중 예측	펀드 중심 지역	펀드 중심이나 입출금 서비스필요 지역		혼합지역	입출금거래 위주 지역	입출금거래 중심지역
점포 콘셉트	Consulting 영역 중심 Layout	Consulting 영역 위주 Layout		Consulting Management 영역 비슷한 비중	Management 영역 위주 Layout	Management 영역 중심 Layout

이제 각 군집별 점포 콘셉트를 기술해 보자. 그리고 그 콘셉트에 맞추어 매장 내 어느 기능을 강화하기 위해 어떤 장치와 레이아웃과 사람이 필요한지를 정리해 보자(〈표 12－3〉 참조).

〈표 12－3〉 군집별 점포콘셉트잡기의 가상적인 사례

상권구분	1군집 강남 상류 상권	2군집 젊은 아파트 부유촌	3군집 사업체 밀집지역	4군집 공단 주변 거주지역	5군집 지방 중소 도시	6군집 인구 저밀도 소도시
고객 분포별 점포콘셉트	Consulting 영역 중심 Layout	Consulting 영역 위주 Layout		Consulting Management 영역 비슷한 비중	Management 영역 위주 Layout	Management 영역 중심 Layout
군집특성 반영한 점포콘셉트	중후하고 품위있는 점포형태	모던하고 우아한 점포 형태	신속한 업무중심의 점포형태	역세권 중심의 편리한 점포형태	중장년 고객을 위한 편안하고 친근한 점포형태	지방색을 반영한 편안하고 친근한 점포형태
기능강화 요소	• 분리된 VIP전용 공간 설치 (복층고려) • 대여금고 등 우수고객 유치 서비스 • 시세판 폐쇄 CYBER ROOM축소	• VIP전용 공간 설치 • 대여금고등 우수고객 유치 서비스 • 시세판 폐쇄 CYBER ROOM축소	• VIP전용 공간 설치 • ATM기 추가 설치 등 단순 입출금 등의 업무시간 단축 고려 • COUNTER 확대 등을 통한 업무 처리 속도 증가 유도	• ATM기 추가 설치 등 단순 입출금 등의 업무시간 단축 고려 • COUNTER 확대 등을 통한 업무 처리 속도 증가 유도	• 일반 점포의 표준안 적용에 적합한 형태 • 자산 관리형 업무변화에 따라 고객 상담실 추가 설치	• 일반 점포의 표준안 적용에 적합한 형태 • 자산 관리형 업무변화에 따라 고객 상담실 추가 설치

이제 각 군집별 점포 콘셉트에 의해 어떻게 고객이 이 매장을 이용하는지 스토리텔링을 상상하여 적어본다. 그래야 고객이 실제 이용할 때 무엇을 체험하는 지를 점검할 수 있기 때문이다.

마지막으로 해당상권의 이미지를 시각적으로 정리하여 모든 임직원이 공유한다.

Mixture model을 실행해 주는 알고리즘은 R이 있고, LatentGold가 있다. 대규모데이터를 분석할 때는 R를 권하고, 일반기업에서 100여 개의 상권을 분석하고자 할 때는 LatentGold를 이용하면 편리하다.

그림 12-20 70대 경영자에게 제공되는 1군집 상권의 매장 고객의 이용story

고객의 매장 이용 story

- '바람과 함께사람지다'의 스칼릿 오하라처럼 도도하지만, 이제는 40세에 이른 '도도한' 여사는 우리증권사의 대치지점을 찾았다.
- 2층으로 올라가는 계단은 '천국으로 가는 계단'이 아니라 '내 재산을 늘려주는 계단'처럼, 깔끔하게 청소된 폭신한 아이보리 카펫이었다.
- 2층 매장에 들어서니 안내데스크에서 반가운 인사를 보내주었다. 매장 입구에서는 투자상담실이 보이지 않는다.
- 그가 다가서자 안내데스크요원은 오늘 '자산증진 특진 예약'을 맡은 '유명한 과장'과의 상담시간 30분 전에 '도도한'여사가 도착했음을 알려주고,
- VIP waiting room으로 그를 안내하였다.
- 이 방에서 '도도한' 여사는 풍성한 파스텔톤의 미니멀리즘의 소파에 앉아 와인셀러에 full body의 와인이 많은 것을 보고는,
- 안내요원에게 한 잔 시음해 줄 것을 요구하였다.
- 그가 Note Oro 2018년도산을 즐기는 사이에, 투자상담 booth 'midas'룸에서 '유명한 과장이 기다린다는 전갈을 받았다
- 평상시에는 '안정한 대리'가 자신의 자산관리를 전담해 주었지만, 오늘은 중국 위안화의 변화에 따라 투자상담을 '유명한' 과장과 나누었다.

그림 12-21 매장이미지를 시각화한 사례

군집 2 store conceptual image

참고문헌

Lewis, W.(2018), Aesthetic Clinic Marketing in Digital Age, CRC Press.

Simonson, A. and Schmitt, B.(1997), Marketing aesthetics, Free Press.

Wedel, M, and Kamakura, W.A.(2000), Market segmentation: Conceptual and Methodological foundations, Kluwer Academic Publisher, Boston.

Wheeler, A. and Millman, D.(2017), Desinging Brand Identity, Wiley.

곽영식, 이진화(2002), 청바지제품 세분시장 내 가격-품질 평가집단 추출에 관한 연구: 결합분석과 mixture model를 이용하여, 한국의류학회지.

PART

III

장소마케팅과 6P

Chapter 13: 제품구성과 상품기획(product mix and merchandising)

Chapter 14. 가격노출전술(price presentation)

Chapter 15: 판매시설(property), 제공방식(presentation), 발행물 관리(publication)

Chapter 16: 서비스 접점인(people, service encounter)

장소마케팅(place marketing)이란 고객에게 정보를 제공하고 구매에 이르기 위해 마케터가 매장에서 행하는 활동이다. 이 책의 3부에서는 매장이라는 공간과 장소(place)에서 마케터가 활용할 수 있는 구성요소를 6P로 나누고 이것을 기획하는 과정을 소개한다. 저자들이 준비한 장소마케팅의 자극 구성요소인 6P는 다음과 같다.

제품(product)의 구성관리는 제품믹스(product mix), 제품구성(product assortment), 상품기획(merchandising)이라는 용어와 동일하다. 어느 범위까지의 제품을 매장에 갖다 놓을 것인가를 다룬다.

가격노출전술(price exposure tactics)은 매장 내에서 어떤 가격전술로 고객들에게 가격을 노출시켜야 가장 판매를 자극할까를 다루게 된다. 장소마케팅에서 판매시설(property)은 매장이 입점한 건물의 공간적 외관이 고객의 구매를 자극하게 된다. 그 자극정도가 높은 다양한 건축자산을 제시한다.

판매시설(property)이란 판매를 위해 공간을 구성한 물리적 자산(asset) 일체를 말한다.

제공방식(presentation)관리란 판매시설에서 고객의 감각을 자극하는 일체의 정적, 동적 자극물의 배치와 운영을 말한다. 발행물(publication)이란 구매를 촉진하기 위해 발간되는 출판물을 말한다.

서비스접점인(service encounter)은 사람(people)이다. 매장에서 고객의 구매상황에서 일을 하는 서비스접점인을 다루게 된다. 이 책에서는 특별히 서비스접점인인 영업인에게 권한위임을 주어야 한다는 점을 역설하고 있다. 또한 서비스과정을 사전에 도식화하고 매뉴얼하는 작업의 사례를 보여준다. 마지막으로 고객을 만족시킬 수 있는 서비스접점인의 능력을 측정하는 '서비스접점인의 고객지향성'의 개념을 다룬다.

Chapter 13

제품구성과 상품기획
(product mix and merchandising)

백화점에서는 누구를 위해 무엇을 준비하고 있는지를 분석해 놓은 어느 보고서를 보자. 백화점은 주로 3가지 기준으로 상품을 나눈다,

그림 13-1 백화점의 가상적인 제품분류

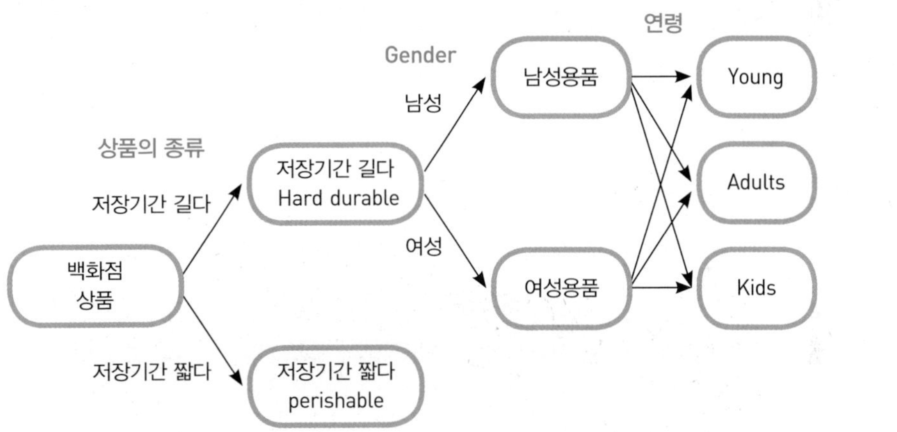

통상적인 백화점은 저장 기간이 긴 상품은 위쪽 층에 배치하고, 저장 기간이 짧은 상품(음식 등)은 아래층으로 배치하는 등 상품 종류별로 층에 구분되어 있다. 식품은 지하층, 1층은 화장품 및 잡화류, 2층은 의상, 4~5층은 가구 등.

다음 분류기준은 젠더별(gender)이다. 남성의류 여성의류 층이 다른 층이나 별도의 공간으로 분류된다. 그 다음은 연령층이다. 명동에 있는 롯데백화점은 심지어 Young매장과 adults매장이 건물 자체로 분리되어 있어 보인다.

이 때 귀하가 백화점의 기획자라면 기존 목표시장을 계속 만족시키기 위해, 또는 새로운 고객을 유인하여 만족시키기 위해 어느 제품계열을 추가하고 어느 제품계열을 기존 상품에

서 제거할 것인가? 이런 의사결정을 마케터는 해야 한다. 이에 따라 매장이미지가 모두 변화하고 매출과 이익이 모두 달라진다.

'용우동'에서는 '우동', '면', '돈까스', '밥', '덮밥', '간식', '짜글이', '여름메뉴', '오무라이스', '볶음밥'을 선택하여 먹을 수 있다. 돈까스만 해도 6종류가 있다. 반면에 골목식당에 나온 '연돈'은 돈까스 2종류, 추가메뉴 2종류의 메뉴가 있을 뿐이다. 용우동은 연돈에 비해 상대적으로 넓은 제품계열, 긴 제품길이, 깊은 제품깊이를 갖고 있다.

북경 조양구의 위치한 한국'식기전문매장'을 방문했다. 매장 안에는 텀블러를 보면, 다양한 용도, 다양한 사이즈, 다양한 색상으로 진열해 놓았다. 바로 옆 스타벅스매장에는 텀블러가 몇 종류 없다. 스타벅스 텀블러가 더 많이 팔릴까 식기전문매장의 텀블러가 더 많이 팔릴까?

그림 13-2 중국 북경의 어느 매장 용기진열상태

만화는 제작방식, 노출매체, 소비장소가 드라마틱하게 변화한 대표적인 문화산업이다. 저자는 50대들이다. 우리는 '보물섬'이라는 인쇄물 종합만화잡지에서 1983년부터 '아기공룡 둘리'를 만화방이나 식당에서 책자를 통해 보며 자랐다. 이 책에는 어린아이에서 성인까지, 여자용·남자용·공용 만화가 모두 들어가 있다.
요즘 사람들은 만화를 만화방에서 대여형식으로 종이로도 소비하지만 웹툰으로 많이 본다. 온라인상에서 웹툰을 구독하는 사람들은 네이버웹툰과 다음웹툰에서 다루는 스토리의 차이를 쉽게 발견한다. 많은 독자와 전문가들이 말하기를

- 다음웹툰: 한국적이고 서정적이고 드라마적이고 스토리텔링이 강한 웹툰으로 시작했고, 아직도 그렇다.
- 네이버웹툰: 판타지적 느낌의 웹툰을 만날 수 있다.

위의 사례에서 보듯이 오프라인 온라인 매장의 상품구성이 목표시장으로부터 매출과 이익을 결정하게 된다. 이 장에서는 매장을 채울 제품구성(product mix 또는 product assortment)을 다룬다. 이 장의 목적은 독자 스스로 자신의 개별 매장 안에 어떤 상품을 얼마의 양으로 구성해야 하는지를 생각하게 하는 데 있다. 이 장에서 다룰 주제는 다음과 같다.

- 제품구성(product assortment)을 이루는 세 가지 개념과 그 사례
- 앵커상품(anchor product)의 개념과 중요성
- 의류업체의 실제 제품구성과 현금흐름(cash inflow)관리의 실제

1. 제품구성(product mix 또는 assortment)

제품구성 또는 어소트먼트란 소매상이 판매를 위해서 제공하는 다른 종류의 제품을 말한다. 제품구성은 아래 세 가지 성격과 그 조화로 구성되어 있다.

- 제품넓이
- 제품길이
- 제품깊이
- 일관성

1.1. 제품넓이(product breadth)

제품계열(product line)이란 제품 카테고리를 말한다. 자동차 매장에서 귀하가 승용, 상용, 승용에서도 세단계열, SUV계열, 상용계열에서 트럭계열 등으로 부르게 되는 것이 제품계열이다. 쓰임과 목적이 비슷한 상품의 범위에 들어가는 것을 모두 일컬어서 제품계열이라 한다.

제품넓이란 제조사나 판매자가 판매를 위해 제공하는 제품계열의 수를 말한다. 제품계열의 수가 많으면 제품넓이가 넓다고 하고, 제품계열의 수가 적으면 제품넓이가 좁다고 말한다.

- 현대자동차는 제품 넓이가 스카니아(scania)보다 넓다. 현대자동차는 세단, SUV, 버스, 트럭 등을 생산하지만, 스카니아는 오직 트럭만을 생산한다.
- 카이스트의 전공모집단위는 일반 국립대학교보다 적다.

독자들의 생각 연습

귀하가 창업하거나 운영하는 매장을 적어라. ______________________

제품넓이가 넓은 것이 좋은가? 좁은 것이 좋은가? 둘 중의 하나를 선택하고 그 이유를 적자.

1.2. 제품길이(product length)

제품길이란 특정한 제품계열 내 제품의 수를 말한다.

- 용우동에는 우동계열 내 8개 상품, 돈까스가 6개 상품, 밥이 4개 상품 등 계열마다 상이한 길이를 가졌다.

그림 13-3 용우동의 제품넓이와 길이

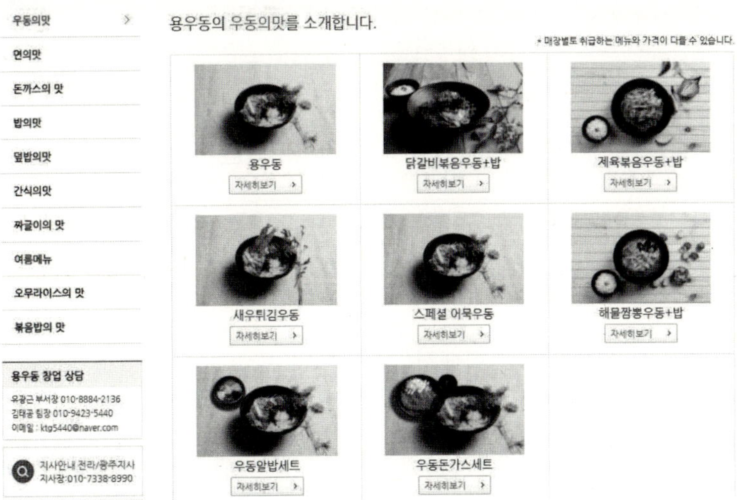

출처: www.yongwoodong.co.kr. 2022.2.26.

- 제주 대정 '옥돔식당'은 '보말전복손칼국수' 딱 하나만 판다. 다른 메뉴가 없다. 저자가 옥돔식당에서 갈 때마다 줄을 서서 기다리다 먹었는데, 딱 한 번 줄 안 서고 먹어보았다. 제품계열이 1개, 제품길이가 1개이다. 생산성이 무진장 좋을 것이다.
- 저자의 개인적인 생각으로 통영충무김밥 중 가장 맛이 있는 '뚱보할매김밥집'은 오직 '충무김밥' 1개 종류만 판다. 다만 가격이 개인적으로 비싸다고 생각한다.
- 기아자동차는 2022년 3월 초에 승용계열이 10개 차종, RV계열이 9개 차종이 존재한다. 구매자의 선택폭이 넓다!

독자들의 생각 연습

귀하가 창업하거나 운영하는 매장을 적어라. ______________________________

제품길이가 긴 것이 좋은가? 짧은 것이 좋은가? 둘 중의 하나를 선택하고 그 이유를 적자.

1.3. 제품깊이(product depth)

제품깊이란 동일한 상품 안에 다른 버전의 수를 말한다. spec, 색상, 사이즈 등으로 버전이 다양하게 존재하고 이 다양성을 통해 판매를 촉진하는 것을 말한다.

- 삼성전자 S22는 스펙에서는 세 가지 트림이 있다(S22, S22+, S22 ULTRA). S22 ULTRA는 7가지 색상에서는 있다.
- 2022년 3월 기아자동차의 K5는 K5하이브리드도 판매한다(2개 버전).
- 한국의 전국적 체인 남성구두판매점에서는 동일한 스타일의 구두에서 245mm부터 시작해서 다양한 사이즈를 선택할 수 있다.

독자들의 생각 연습

귀하가 창업하거나 운영하는 매장을 적어라. ____________________

제품깊이가 깊은 것이 좋은가? 얕은 것이 좋은가? 둘 중의 하나를 선택하고 그 이유를 적자.

1.4. 일관성

제품구성에서 말하는 일관성(consistency)이란 제품계열 간 상호 관련성 정도를 말한다. 매장 안에 상호관련성이 많은 제품이 존재하기 마련인데, 어느 회사의 매장에서는 엉뚱한 제품계열을 만나기도 한다.

- 한국의 유수의 주유소기업은 1950~1980년대 '석유'를 판매하는 매장에서 '쌀'을 팔았던 기억을 해냈다. 그래서 2000년대 전국 주유소에서 '쌀'을 판매할 계획을 세운 바 있다.

독자들의 생각 연습

www.locknlock.com에 들어가서 일관성이 높은지 낮은지를 판단하고, 일관성을 높이기 위해 어느 제품계열을 추가해야 하는지 적어보자. 그 이유도 적어보자.

일관성을 낮추는 어느 제품계열을 제거해야 하는지 적어보자. 그 이유도 적어보자.

1.5. 생산성과 고객의 선택 폭 이슈

제품계열이 좁고, 길이가 짧고, 깊이가 얕으면 제조업자나 판매자의 생산성이 높을 가능성이 있다. 반면에 제품계열이 넓고, 길이가 길고, 깊이가 깊으면 제조업자나 판매자의 생산성이 낮고 원가가 높아지지만 대신에 고객의 선택이 폭이 넓어져서 매출에 도움이 될 수 있다. 마케터는 자신의 업종과 매장의 크기와 상황에 따라 제품길이, 제품길이, 제품깊이를 목표시장의 고객에 맞추어 의사결정하고 실제 매장에 구비해야 한다. 결코 쉬운 의사결정이 아니다. 자칫 고객의 선택의 폭을 제한하거나 매출은 높은데 이익이 낮거나 손해보는 경우가 발생하기 때문이다.

매출은 경영자를 우쭐하게 하지만, 이익은 주주를 부유하게 한다(헤르만 지몬, 유필화 2022)

1.6. 독자들의 최종연습장

여러분! 그 많은 메뉴 중에서 김밥천국에 가셔서 무엇을 드시나요? 용우동에 가셔서 무엇을 드시나요? 넷플릭스에 들어가시면 볼 것이 많던가요? 그 때 그 때 유명한 프로그램만 보시나요? 여러분이 매장을 한 번 꾸며 보십시오.

그림 13-4 제품구성 의사결정해 보기

매장 내 Product 측면 경영자의 의사결정문제

- Product line을 몇 개로 할 것인가? (product breadth의사결정)
- 각 product line별로 Product length을 몇 개로 할 것인가?
- Product depth를 얼마로 할 것인가?

Product breadth

Product length

Product depth

2. 앵커상품(anchor product)

앵커상품이란 고객에게 매우 가치를 주는 상품으로 특정매장으로 고객을 끌어당기는 역할을 하는 상품을 말한다. 일반적으로 시그니처 상품이라고도 불리운다. 이 상품을 우리 매장이 확보하고 있는 것이 중요하다. 없으면 만들어야 한다.

- 명동 하동관에서는 '곰탕'을 먹는다.
- 프랑스 파리 'Le Procope'는 프랑스 최초 카페이다. 이 매장에 가면 커피를 먹어야 한다.
- 에르메스에 가면 '캘리백'을 사야 한다.

살바토르 페르가모의 대표적인 신발제품군을 보자. 이들이 앵커상품이다.

그림 13-5 페르가모 앵커프로덕트의 역사

Patchwork shoes 1930	분할
Wedge hill 1938	대체
Invisible sandal 1947	대체
Kimo 1951	aleatorik
Audrey shoes 1954 Vara shoes 1978	Stripping dressing

독자들의 생각 연습

우리 매장의 앵커상품은 무엇인가? 고객이 가장 많이 선택하거나 가장 많이 찾거나 가장 많이 만족한다고 말하는 상품은 무엇인가?

그 상품이 언제까지 앵커상품이 될 수 있을까? 경쟁자보다 더 나은 가치를 언제까지 줄 수 있을까를 적으시고 그 이유를 적으시오.

3. 의류업체의 상품기획(merchandising)

패션업계에서는 매장의 제품계열넓이선택, 제품길이, 제품깊이 의사결정을 내리는 사람을 상품기획자 또는 머천다이저(merchandiser)라고 부른다. 이 머천다이저가 상품구성에 대해 내리는 의사결정과정과 결과를 상품기획(merchadising)이라 한다. 이 단락에서는 어느 전국규모 패션회사의 가상적인 merchadising하는 사례를 가상적으로 소개한다. 실제 회사에서 이렇게 의류매장을 꾸미게 된다. 한국의 소매경영학과나 의류학과의 패션마케팅시간, 미국의 리테일링학과에서 배우는 내용이다. 우리나라는 이런 실무를 거의 가르치지 않고 회사에 입사해서야 일반인이 배울 수 있기 때문에, 저자들은 그 일부를 책을 통해 소개하고자 한다.

3.1. 월별 물량잡기(월별 판매패턴 결정)

〈그림 13-6〉은 11월만을 보여주고 있다. 의류업체는 S/S, F/W로 시즌은 구분하여 생산 및 판매계획을 세우는 경우가 많다. 위 사례는 F/W시즌 중 W의 첫달인 11월의 생산 및 판매물량을 계획하는 것이다. 겨울물량이다. 통상적으로 12월까지만 겨울물량을 생산하여 매장에 전시하고 1월부터 2월까지는 겨울물량의 매장으로의 출고는 이루어지지 않는다.

총 겨울물량(W시즌)물량 100% 중 몇 %를 11월에 출고시킬지를 머천다이저는 결정해야 한다. 11월에 팔리는 소재의 질감과 12월 추위에 팔리는 옷 소재의

그림 13-6 가상적인 의류업체의 매장내 상품구성 물량 잡기

11월	제품계열1 woven									제품계열2	제품계열3							
C급 매장	woven									가죽	신발						총생산량	
	TP(Two Piece)	OP(one piece)	ENC (emsemble	jacket	slacks	skirt	BL(blouse)	long coat	half coat	jacket	정장화	부즈	총출고량	재고(30%)	판매예측량	매장수	총출고량	총판매량
판매비중	40%	10%	5%	5%	5%	10%	5%	10%	10%				100%					
총style수	20	5	3	3	3	6	3	6	6				55					
총size수	3	3	3	3	3	3	3	2	2									
총출고량	232	58	29	29	29	58	29	58	58				580	174	406			
style당출고량	12	12	10	10	10	10	10	10	10									
매장당출고량																		
A급매장	418	104	52	52	52	104	52	104	104				1,044	313	731	3	3132	2192.4
B급매장	255	64	32	32	32	64	32	64	64				638	191	447	5	3190	2233
c급매장	232	58	29	29	29	58	29	58	58				580	174	406	6	3480	2436
D급매장	197	49	25	25	25	49	25	49	49				493	148	345	7	3451	2415.7
E급매장	162	41	20	20	20	41	20	41	41				406	122	284	2	812	568.4
																	14065	9845.5

질감이 다르기 때문에 이 월별 물량 비중결정은 판매와 재고에 직접적으로 영향을 미친다. 일반적으로 그 회사의 과거 11월 12월 판매량 실적을 기반으로 '월별 판매패턴'을 결정한다. 기상청의 정보를 이용해서 11월에 일찍 추위가 오면 11월 물량을 예전 해보다 많이 잡고, 그 반대의 경우이면 물량을 줄인다. 참고로 신발 중 부츠의 경우에는 서울지방 평균 첫 눈 오는 날을 기준으로 10일 전에 출고를 완료해야 한다.

3.2. 매장등급관리와 매장별 출고량, 매장 수와 총생산량

회사가 소유하거나 대리점계약을 맺은 매장마다 판매할 수 있는 능력(매출력)이 다르므로 다른 수치의 물량을 제공해야 한다. 그러기 위해 이 회사는 자기네 매장을 5개 등급으로 나누어서 판매 등급 관리를 하고 있다(〈그림 13-7〉 참조). 등급을 A, B, C, D, E등급으로 나누었다.

평균 C등급 매장이 한 달에 406피스(piece)의 여성 의류를 판매한다면 이 매장의 매출력을 기준으로 한다. 예전의 실적을 보면 B급 매장은 C등급보다 10% 정도 매출력이 더 좋고, A급은 그보다 약 80% 매출이 좋다. D등급과 E등급은 그보다 낮은 매출력을 보여주었다. 그래서 C등급은 11월에 406피스, B등급은 447(=406×1.1), A등급은 731피스(=406-1.8) 등을 공급하기로 결정한다.

여기에 재고예측량(30%)을 감안하면 각 등급별 매장의 총출고량이 산출된다. 예를 들어 A등급은 731피스(총출고량 70%)의 판매예측량을 팔기 위해 313피스(총 출고량의 30%)의 상품이 함께 전시되어 재고로 남아야 한다. 따라서 이 한 개의 매장에 출고해야 하는 상품의 수량은 총 1,044피스이다.

그림 13-7 매장 등급별 수량잡기

11월	제품계열1 woven									제품계열2	제품계열3							
C급 매장	woven									가죽	신발						총생산량	
	TP(Two Piece)	OP(one piece)	ENC (emsemble	jacket	slacks	skirt	BL(blouse)	long coat	half coat	jacket	정장화	부츠	총출고량	재고(30%)	판매예측량	매장수	총출고량	총판매량
판매비중	40%	10%	5%	5%	5%	10%	5%	10%	10%				100%					
총style수	20	5	3	3	3	6	3	6	6				55					
총size수	3	3	3	3	3	3	3	2	2									
총출고량	232	58	29	29	29	58	29	58	58				580	174	406			
style당출고량	12	12	10	10	10	10	10	10	10									
매장당출고량																		
A급매장	418	104	52	52	52	104	52	104	104				1,044	313	731	3	3132	2192.4
B급매장	255	64	32	32	32	64	32	64	64				638	191	447	5	3190	2233
c급매장	232	58	29	29	29	58	29	58	58				580	174	406	6	3480	2436
D급매장	197	49	25	25	25	49	25	49	49				493	148	345	7	3451	2415.7
E급매장	162	41	20	20	20	41	20	41	41				406	122	284	2	812	568.4
																	14065	9845.5

여기에 등급별 매장 수를 곱해야 한다. 등급별 평균출고량 곱하기 매장수는 '등급별 총출고량'이고 '등급별 총출고량'을 모든 등급으로 합하면 11월 '총생산량이 된다.

3.3. 매장별 제품계열 출고계획 결정

이제 제품 넓이를 결정해야 한다. 이 사례를 보면 제품계열을 3개 준비하고 있다. woven계열, 가죽의류, 신발계열이다. 논의의 편리성을 위해 이 사례에서는 제품계열을 woven으로만 하기로 한다. 의류에서 woven이란 옷감이 제조된 의류를 말한다.

3.4. 제품계열 내 길이결정

〈그림 13-7〉를 보면 woven계열 내 길이로 'TP투피스', 'OP원피스' 등 9개의 아이템이 준비되었다. 이것이 제품길이이다. 머천다이저는 'TP투피스', 'OP원피스' 등 9개의 상품별로 판매비중을 다시 설정하였다. 그러니끼 TP 40%라고 씌여져 있는 것은 전체 woven판매의 40%를 투피스TP로 예측하고 준비한다는 뜻이다.

3.4. 제품깊이결정

〈그림 13-7〉를 보면 woven계열 내 'TP투피스'의 스타일 수를 20개, 스타일별로 사이즈는 3개로 계획했다. 이를 바탕으로 디자인실은 20개의 판매성 높은 디자인을 개발하여 사장님의 confirm을 받아야 한다. 20개의 스타일을 매장에 진열해야 하므로 최소 60개의 디자인은 개발될 것이고 이 중 20개가 11월에 선보일 것이다. 40개 스타일은 최종생산되지 않는다. 지금까지 의사결정을 통해 TP의 경우에는 C등급 1개 매장 11월 총출고량(580피스) 40%인 232피스가 생산출고해야 한다. 이런 계산을 woven내 나머지 8개 상품군에 적용해서 계산한다.

지금까지 제품계열 내 아이템별로 모든 출고량이 C등급매장을 기준으로 이루어졌다. 이런 아이템별 스타일별 출고량을 모든 매장 수로 확산하여 계산하면 이것이 11월 총 머천다이징 결과가 된다.

3.5. 현금흐름

이제 머천다이저는 월별 현금흐름(cash inflow와 outflow)을 계산한다. 〈그림 13-6〉, 〈그림 13-7〉을 보면 11월 총생산량은 14,065피스이다. 이것에 협력업체에게 지불하는 사입가를 곱하면 본사가 지불하는 생산원가가 된다. 약 14억원 어치의 물량을 협력업체에게서 사 왔다. 11월 1일에 물량을 한꺼번에 받아서 검수를 마치고 그 날부터 2일 안에 모든 매장에 상품을 배송완료하였다. 검수를 마치면서 이 회사가 3개월짜리 어음을 협력업체에게 준다고 가정하면, 이 회사의 현금지출(cash outflow)은 1월 31일에 이루어진다.

매출액은 총생산 및 출고량 14,065피스의 70%인 9,845피스의 매출수량 곱하기 판매평균단가 40만원을 곱하면 된다. 총매출액은 39억원 정도로 예상된다. 대리점은 이 판매액의 30%를 마진으로 계약했다면 12억원 정도를 챙긴다. 그렇다면 총매출액 39억원에서 대리점마진 12억원을 제외하고 27억원을 11월 30일에 매장에서 본사로 현금으로 납입한다(계약을 그렇게 하면 말이다. 이를 판매분 결제라 한다).

본사는 27억원을 갖고 다음해 1월 31일까지 버티다가 생산원가인 14억원을 지불한다. 이 2달 동안 27억원의 이자를 본사가 챙기게 된다. 1월 31일에 실현된 순이익은 13억원 정도(총매출액 39억 – 대리점마진 12억 – 생산원가14억)이다.

그림 13-8 페르가모 앵커프로덕트의 역사

		11월 총출고량		
생산원가	총출고량*단위당생산원가	14065	100,000 ✓	사입가
	1,406,500,000 ✓			
매출액	총판매량*단위당판매가	9845.5	400,000 ✓	판매가
	3,938,200,000 ✓			
대리점마진	총판매량*30%			
	1,181,460,000 ✓			
본사이익	총매출액-대리점마진-생산원가			
	1,350,240,000 ✓			

기본적으로 이런 현금흐름을 가지면 의류회사는 망할 수 없다. 생산비는 나중에 주고, 판매는 다른 사람이 하고, 우리 회사는 기획만 하고, 생산 출고 판매 관리만 하다가 매출이 발생할 때마다 돈을 챙긴다. 하지만 판매예측이 예상보다 낮으면 재고가 쌓이고 현금흐름이 나쁘게 되면 힘들어진다. 그래서 디자이너의 개발능력과 상품기획자의 판매력 좋은 신상품의 선택이 아주 중요하다.

참고문헌

강민지(2011), 패션의 탄생, 서울: 루비박스.

안광호, 황선진, 정찬진(2018), 패션마케팅, 서울: 수학사.

이호정(1993), 패션마케팅: 패션머천다이징 시스템 개발에 관한 실증적 연구, 교학연구사.

헤르만 지몬, 유필화(2022), 이익이란 무엇인가? 서울: 쌤앤파커스

Chapter 14

가격노출전술

(price presentation)[1]

- 청주 한국병원 뒤 '손만두칼국수' 집의 메뉴와 가격이다. 가격을 오름차순 또는 내림차순으로 배치하지 않고 뒤죽박죽이다.
- 상품가격이 비싼 것부터 싼 것 순으로 보여줄까? 그 반대로 할까?
- 고객이 가격을 기억하기 쉽게 고정시켜 놓을까? 기억하기 어렵게 수시로 변경할까?
- 고객이 선택하기 편리하게 '만두'군, '라면'군, '칼국수'군, '쫄면', '콩나물밥'으로 분류한 것이 더 고객의 선택을 편리하게 하지 않았을까?

청주 한국병원 뒤 '손만두칼국수' 가격판

이 장은 가격을 시각적으로 노출하는 방법을 개선하여 고객의 제품구매의사결정을 돕고, 동시에 판매자는 이익을 증가시킬 수 있는 몇 가지 조언을 제시하고 있다. 마치 제품론에서는 제품 display를 개선함으로써 이익을 증대하듯이, 가격에서도 price presentation을 개선함으로써 이익을 증대시킬 수 있기 때문이다.[1]

저자들의 눈에는 기존 가격관련 서적이나 연구결과 중에는 가격노출에 대해 체계적으로 다루거나 정리해서 보여준 것을 발견하기 힘들었다. 그래서 저자

1) 이 장은 곽영식 홍재원 이윤경(2021), 마케팅가격전술, 서울: 피앤씨미디어에서 뽑았음

들이 아는 범위 안에서 가격노출에 대한 이슈를 찾아내고 그 실행방안을 정리해서 이 장에 14가지를 나열하였다. 창업자나 기업은 아래 이슈에 대해 고민해 보고 자신의 업종에 가장 적합한 선택을 하여 가격을 매장에서 노출시켜야 한다. 온라인과 오프라인에 관계없이 말이다.

그림 14-1 가격노출의사결정에 관련 이슈 및 실행방안

	이슈	근거	실행방안
①	현재 가격의 이름이 적당한가? 다른 이름은 없나?	가격은 고객에게 손실이므로 손실감이 적은 가격이름이 필요	고객에게 부담감이 적은 이름으로 바꾼다
②	가격노출여부 (가격을 노출시킬까 말까?)	가격을 보여주지 않아서 이익을 증대시킬 수 있는 경우가 있다	목표시장과 상품에 따라 고객에게 가격 사전/사후 노출 의사결정을 내린다
③	한 상품의 가격옵션의 수는 몇 개가 적당할까?	가격체계의사결정에서 고객이 선택할 수 있는 가격옵션이 많으면 많을수록 이익이 증가한다	• 한 상품의 가격선택옵션 증가비용이 이익을 지나치지 않을 때까지 증가시킨다 • 지금 하나이면 두 개만이라도 만들어 보자
④	내림차순 or 오름차순?	가격을 내림차순으로 배치하는 것이 오름차순배치보다 높은 가격수준의 상품이 많이 선택된다	메뉴는 내림차순으로 배치한다
⑤	Grouping or not? (상품을 묶어 배치 할까? 산포할까?)	일반적인 사람들은 너무 많은 정보가 들어오면, grouping하여 생각하는 경향이 있다	일정한 종류별로 grouping하여 배치한다
⑥	포지셔닝 내 상품가격만 or 포지셔닝 외 상품가격 포함?	포지셔닝을 넘은 상품과 가격이 함께 제시되면 두 포지셔닝 모두의 고객에게 외면받는다	가격-품질 포지셔닝 내의 상품의 가격만 노출시킨다
⑦	Mad Max!	미친 척하고 맨 위에 아주 비싼 상품을 배치하면, 그 바로 밑의 상품이 팔린다	• Mad max를 맨 위에 배치 • 마진이 좋고 상품성 좋은 상품은 그 밑에 배치한다
⑧	가격기대효과	미래 가격이 인상되거나 인하될 것을 기대하여 구매를 앞당기거나 늦추는 현상	가격인하는 실시하지 않는다
⑨	가격하방경직성	가격은 한 번 올라가면 내려가지 않는다는 것을 고객에게 장기적으로 학습시켜야 한다	가격인하는 생각하지도 마! 세일, 가격인하라는 말을 절대하지 말라!
⑩	가격은 움직이는 거야 가격변동성	가격은 시간 장소 채널에 따라 항상 다르다는 것을 학습시켜 놓아야 한다	한 상품에 대해 다양한 시간과 장소에 따라 다른 가격이 제공되어야 한다
⑪	모를 땐, 2/3법칙	고객들은 익숙하지 않은 상품을 만나면 위에서 2/3선의 제품을 선택하는 경향이 있다	마진이 좋고 상품성 좋은 상품은 메뉴판의 2/3선에 배치한다
⑫	가격간격문제	가격가격이 멀면 낮은 가격상품이 선택된다	상대적으로 높은 가격대에 상품을 촘촘히 배치한다.
⑬	기억하기 쉽지 않은 복잡한 숫자	복잡한 가격은 단순한 가격보다 기억하기 쉽지 않다. 고객의 준거가격을 흔들리게 할 수 있다.	가격인하는 실시하지 않는다
⑭	상대적으로 왼쪽에 배치된 상품이 잘 팔린다(일본, 중동 제외)	고객동선을 왼쪽에서 오른쪽으로 하면, 왼쪽배치의 상품이 구매가 좋다	온라인 오프라인 모두 상대적으로 왼쪽에 중점상품을 배치해야
⑮	고객에게 혜택은 나누어주고 고객에게 손실은 한꺼번에 손실을 주라	Tversky의 전망이론	Payback을 해 줄 때는 나누어준다. 손님 돈을 징수할 때는 한꺼번에 받아라

1. 현재 가격의 이름은 적당한가? 다른 이름은 없는가?

가격은 매우 다양한 이름을 갖고 있다(〈그림 14-2〉 참조). 상대적으로 고객에게 거부감이 적은 느낌의 가격이름이 존재하고, 거부감이나 불편한 느낌을 제공하는 가격이름이 있다. 가령 투자금이라는 이름을 가진 가격은 미래에 보상이 있을 것을 암시하므로 거부감이 상대적으로 적을 수 있다. 반대로 세금이라는 이름은 듣자마자 거부감이 마음에 든다. 가격은 기본적으로 고객의 돈을 빼앗아서 기업의 것으로 하는 것이므로 저항감 없는 가격이름을 갖는 것이 좋다.

그림 14-2 다양한 가격의 이름

- 팬들을 대상으로 굿즈를 판매하는 기업은 왜 '가격'이라고 표시하거나 덩그러니 '$30'이라고 표시할까? '소장료'라고 표시하면 안 되나? 항공사는 요금이라는 말 대신에 여행객에게 비행기값을 '운임(운반에 들어가는 비용)'이라고 불러서 거부감을 적게 하고 있다.
- 놀이동산에는 '요금' 또는 '입장료'라는 이름이 있는데, '체험비'나 '액티버티 참가비'라고 부르자는 의견이 실무자에게서 있었다.

가격에 대한 부담감을 없애기 위해 가격을 분할하여 제시하는 경우도 있다. 1) 고객 눈에 돈을 빼앗아 가는 것처럼 보이는 본연적 의미의 '가격'부분과 2) 고객이 스스로 선택하거나, 3) 구매자인 고객과 판매자인 기업. 이 두 주체와는 아

그림 14-3 가격이름 바꾸어 보기

관심제품: ______________________ 판매유통망: ______________________

그 곳에서 불리우는 이름	그 곳에서 불리우면 좋을 이름	새로운 이름 좋아하는 사람들	새로운 이름 좋아하는 이유

무 관련없어 보이는 '어쩔 수 없는 추가비용' 부분으로 가격을 나누어 고객에게 제시하는 것이다.

- 여행사들은 고객에게 가격인 '항공권요금'을 제시할 때 '항공운임'이라는 본연의 가격과 '유류할증료, 제세공과금, 발권대행수수료'라는 어쩔 수 없는 추가비용을 부과한다. 이 이외에 좌석승급이라던가 비상구 자리 선택, 추가 짐 붙이기 가격을 고객이 선택할 수 있게 한다.
- 제주도에서 자동차를 렌트하는 경우에 대여료와 함께 '고객면책포함'이라는 것을 함께 구매할지를 결정해야 한다. '고객면책포함'이란 보험료이다. 대여료는 렌트회사 간에 경쟁으로 인해 매우 저렴하다고 느낄 정도로 낮은 가격이다. 하지만 보험료를 렌트회사마다 상이하다. 이 렌트회사들의 비즈니스 모델 때문이다. 낮은 대여료(가격)으로 고객을 유인한다. 고객면책포함이라는 보험을 들게 한다. 고객이 '고객면책포함'을 지불하면 렌트카회사는 보험회사에 그 일부를 납부하고 나머지는 렌트카 회사의 수입으로 한다. '고객면책포함'이라는 이름으로 고객이 선택을 하도록 하지만 이것도 가격이다.
- 미국 'Best Buy'에서 노트북를 구매하면 가격이외에 몇 년 짜리 warranty를 구매하라는 권유를 받는다. 이 warranty는 고객이 선택하는 가격이다.

그림 14-4 가격이름 분할하기

가격이름		가격부분		어쩔 수 없는 추가비용		고객의 선택
항공권 요금	=	운임	+	유류할증료, 제세공과금, 발권대행수수료	+	좌석승급, 추가 짐 붙이기
제주도자동차렌트 (1일 172,000원)	=	대여료 (72,900원)			+	고객면책포함 (99,100원)

가격이름		가격부분		어쩔 수 없는 추가비용		고객의 선택
	=		+		+	

독자들은 〈그림 14－4〉의 마지막 행을 이용하여 자신이 관심있어 하는 상품의 가격을 적어도 세 가지로 분할해 보길 바란다.

2. 가격노출여부

마트에서는 제품 밑에 바로 가격표가 붙어 있는 것처럼 가격을 시각적으로 노출하여 고객의 제품구매 의사결정을 도울까? 아니면 가격을 노출시키지 않고 있다가 고객이 가격을 묻거나 구매의사결정이 내려진 후에 제시할까? 그렇지 않고, '앙드레 김' 의상처럼 가격은 아예 존재하고 있지 않고, 고객이 알아서 작품가격을 나중에 매장사무원에게 보내게 할까?

오트쿠튀르(Haute couture)는 파리 쿠튀르 조합 가맹점에서 봉제하는 맞춤 고급 의류를 말한다. 프레타포르테(Pret-a-porter)는 유명패션상표에서 제작한 명품의류를 말한다. 오트쿠튀르와 프레타포르테에도 가격을 명시하는 경우가 있고, 그렇지 않은 경우가 있다. 무엇이 정답일까?

그림 14-5 가격노출여부에 대해 생각해 보기

구매 전 가격 사전노출	숨겨두기	가격의 구매 후 노출
구매의사결정을 적극적으로 돕는 경우	고객이 일부러 열심히 탐색하여야만 가격이 노출되는 경우	구매의사결정에 가격이 영향을 안 미치는 경우
마트 매대	• 샤넬 홈페이지에서 상품별 가격을 탐색해 보라	• 삼천포 선진리 공원횟집 • 제품 구매 후 일정 시점 후 사후 결제

- 관심있는 상품을 적으시오. ____________ 팔리는 유통망을 적으시오. ____________
- 사전가격노출실시, 숨겨서 가격노출, 가격을 알리지 않는 경우, 이렇게 세 가지 중 한 가지를 선택하여 Key message란에 적으시오.
- 그렇게 생각한 이유를 Why란에 적으시오.
- 구체적인 실행방안을 What란에 적으시오.

Key message	
Why	
What	

3. 가격옵션의 수(More Price Option 원칙, Better Price Option 원칙)

기업이 고객에게 제시하는 가격옵션의 종류가 많으면 많을수록 회사의 이익이 증가한다는 원칙이 있다. 따라서 가격책정결과는 단일가격보다 다양한 가격옵션을 제시해야 한다. 기업이 많은 사례를 통해 고객의 구매량에 따라 제품가격을 달리하는 이유는 제품에 대해 고객별로 지불하고자 하는 가격대가 다양하기 때문에 이러한 고객의 욕구를 충족시켜주기 위함이다. 이를 통해, 가격 때문에 우리 제품을 구매하지 못했던 고객에게는 우리 제품을 구매할 수 있는 기회를

그림 14-6 가격옵션이 많으면 판매자의 매출이 많아진다는 그림

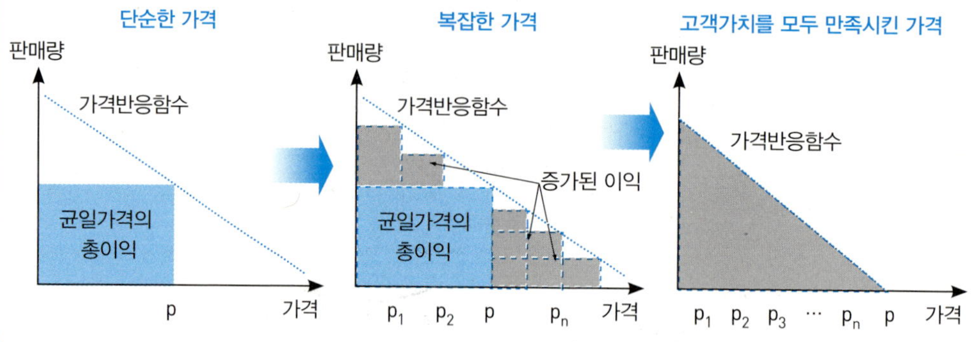

제공하고, 또한 가격 때문에 적게 구매했던 고객들로 하여금 우리 제품의 구매량을 늘리도록 유도할 수 있다.

이를 이해하기 쉽게 그림으로 표현하면 〈그림 14-7〉과 같다. 만약 〈그림 14-7〉의 상품의 비용이 0이라면, 한 개의 가격을 제시하는 균일가격일 때의 매출과 이익은 〈그림 14-6〉의 왼쪽 그림과 같이 A가 된다. 반면 시장에 여러 개의 가격을 제시하고 고객이 그중에 자신이 원하는 가격대의 제품을 고르게 하면 〈그림 14-7〉의 오른쪽 부분과 같이 매출이 증가하게 된다. 따라서 고객이 원하는 가격대를 여러 개 제시하는 가격체계가 제품가격이 균일할 때보다 높은 매출과 이익을 가져올 수 있다.

그런데 어느 산업에서는 다양한 가격을 제시하지 않는 경우가 있다. 2019년 10월에 우리나라 엔터테인먼트 회사들의 콘서트 가격을 검색하면 K-Pop 기획사들은 브랜드력과는 관련없이 '묵시적 단합'으로 11만원 근처의 가격을 매기고 있다. 일부 기획사는 좌석등급에 따라 가격옵션 수에 약간의 차이가 있다. 아래를 보면 '조명섭' 씨의 콘서트는 좌석등급에 따라 가격이 다르다. 이 뜻은 '이승윤'이나 '국민가수 TOP10'의 기획사보다 '조명섭' 씨의 기획사가 가격옵션을 보다 많이 제공하므로 고객을 만족시킬 수 있는 기회가 좀 더 많이 제시하면서 이익이 더 많게 된다. 예를 들어 한국공연 시 단일가격으로 고객을 초대하는 BTS공연장에서는 아티스트가 잘 보이는 자리와 그렇지 않는 자리 사이에 가격 차이가 없는 것이다. 고객이 자리에 대한 불공정성을 느끼게 된다.

그림 14-7 공연장 입장료의 가격옵션 차이

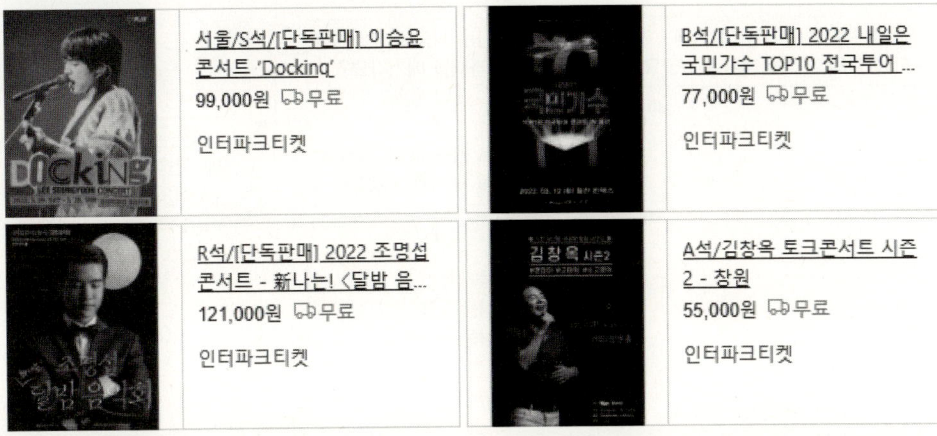

출처: 인터파크검색 2022.4.

저자들은 연예산업 이외에 많은 산업에서 가격옵션이 상대적으로 차이가 발생하는 경우를 많이 목격하였다.

- 당구장은 PC방보다 가격옵션 수가 적다.
- 한국 영화관의 관람료는 중국 영화관 관람료보다 가격옵션 수가 적다.
- 영화산업은 공연산업보다 가격옵션 수가 적다.
- 한국의 국영철도회사에 비해 독일철도회사의 가격옵션 수가 많다.
- 한국의 대학교 등록금은 단일가격이다. 미국은 학기당 등록금이 단일가격이 아니다.

기업이 만약 자신의 상품에 대해 단일가격을 매기고 있다면 아래와 같은 그림에 빈 곳을 한 번 채워보기를 권한다. 왜냐하면 회사가 단일가격을 매기는 경우에 이 회사에서 왜 단일가격을 매기는지 '기술(적어보기)'한 적이 거의 없을 것이기 때문이다. 그리고 하나만 더 가격을 개발하여 적어도 2개의 가격옵션을 만들어 보기를 권해본다.

그림 14-8 가격옵션 늘려보기

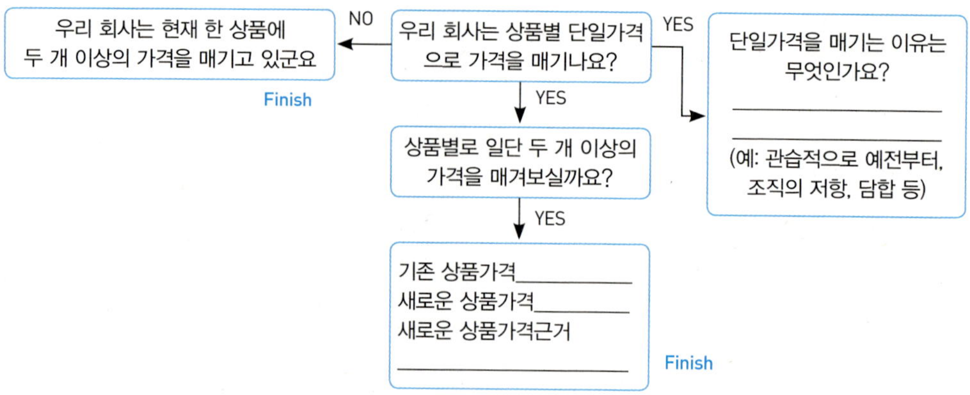

4. 내림차순 또는 오름차순: 어느 것이 좋을까?

가격의 내림차순이란 가격이 비싼 것부터 싼 것 순으로 보여주는 것이다. 가격의 오름차순이란 가격이 싼 것부터 비싼 것 순서로 보여주는 것이다. 고객에게 제시되는 가격을 내림차순으로 보여준 것이 오름차순으로 보여준 것보다 '평균구매가격대'가 높으며, 상대적으로 비싼 상품의 선택이 증가했다는 Lee and Lichtenstein(2012)의 실증연구결과가 있다. 따라서 가격은 메뉴판에서 내림차순으로 보여주어야 한다.

그렇다면 우리 주변에 있는 매장에 가서 메뉴를 살펴보자.

- 스타벅스는 제품군별로 군집화되어 있고(Teavana, Chocolate, coffee & Espresso) 모두 내림차순으로 구성되어 있다.
- 맘스터치는 제품군별로 군집화되어 있기도 하고, 그렇지 않기도 하고, 내림차순도 아니고 오름차순도 아니게 노출되어 있다. 청주 한국병원 옆 '손만두칼국수'집도 오름차순도 아니고 내림차순도 아닌 가격을 제시하고 있다.

그림 14-9 내림차순으로 보여주는 것이 비싼 상품이 더 선택된 실증분석결과

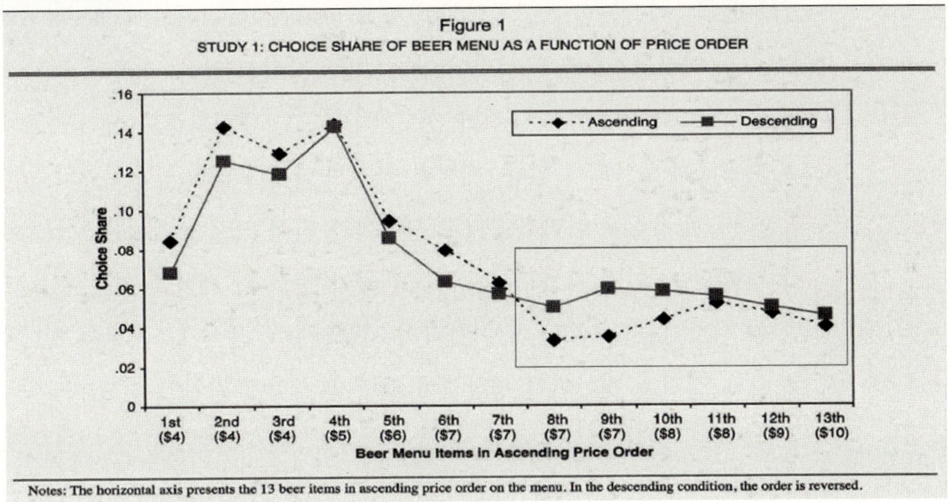

출처: Suk, Lee, and Lichtenstein, JMR(October, 2012)

- 김밥천국과 용우동은 가격을 오름차순으로 보여준다.

매장마다 내림차순 오름차순을 사용하거나 차순을 사용하지 않는 것을 발견할 수 있다. 따라서 우리 주위에서 가격을 순서대로 정비해 볼 것을 권유하고 싶다. 이것은 비단 매장의 경우가 아니라 인적영업을 할 때도 비싼 가격을 먼저 부르고 나중에 낮은 가격을 고객에게 제시하라는 의미이다.

5. Grouping or not!

몇 개의 상품을 묶어서 보여주는 게 나을까? 아니면 쭉 나열해서 보여주는 것이 좋을까? 일반적인 사람들은 너무 많은 정보가 들어오면, grouping하여 생각하는 경향이 있다. 너무 많이 나열하면 사람들은 선택이 어려워진다는 것이다. 따라서 상품을 grouping하여 제시해야 한다!

그렇다면 우리 주변에 있는 매장에 가서 메뉴를 다시 살펴보자.

- 스타벅스는 제품군별로 군집화되어 있고(Teavana, Chocolate, Coffee & Espresso) 모두 내림차순으로 구성되어 있다. 아주 잘하고 있다.
- 맘스터치는 제품군별로 군집화 정도가 약하고, 내림차순도 아니고 오름차순도 아니게 노출되어 있다. 개선의 여지가 너무나 많다.
- 김밥천국과 용우동은 제품군별로 군집화가 되어 있지만 가격을 오름차순으로 보여준다. 이것은 목표시장의 고객들이 주로 싼 제품을 먹는 것을 고려한 매장의 전술일 테고, 비싼 가격의 제품일수록 음식제조시간이 상대적으로 오래 걸리는 것이어서 생산성이 떨어지는 것이 원인일 수 있다. 아무튼 군집화되어 있다.

한 번 더 깊게 들어가보자. 여러분은 인터넷 검색을 통해 스타벅스의 메뉴판에 군집별 상품 수와 김밥천국의 군집별 상품 수를 비교해 보라. 심리학에서 평균적인 인간이 기억할 수 있는 숫자의 범위가 7개에서 2개를 넘거나 적다고 한다는 점을 고려할 때, 스타벅스는 7개 이내로 주로 구성되어 있지만 김밥천국은 이것을 벗어난 군집 내 상품 수를 제시하고 있다. 누가 더 쉽게 선택할 수 있을까? 만약 고객들이 메뉴판을 보고 선택에 이르는 시간을 측정한다면 스타벅스가 김밥천국보다 빠른 선택시간을 갖게 될 것을 추론할 수 있다.

지금까지 논의된 사항을 정리하면 다음과 같다.

- 소비재뿐만 아니라 산업재에서도 기업의 상품을 군집화한다.
- 군집화된 상품군 내에서 내림차순으로 가격리스트를 작성한다.
- 기업의 업무매뉴얼에 군집화와 내림차순을 명시해 놓고 조직 내재화작업을 한다.
- 청주 한국병원 옆 '손만두칼국수'집도 메뉴를 군집화해야 한다.

6. Inner Positioning or not!

이 이슈는 매장 내부에서 고객에게 노출되는 상품의 가격대가 기업이 기획한 품질-가격포지셔닝 안에서만 이루어져야 하는가? 아니면 포지셔닝을 넘나드는 제품계열과 가격을 노출시킬 것인가 하는 이슈이다. 고객 눈 앞에 펼쳐진 상품과 가격대가 포지셔닝 안에 있지 않으면

- 부자들은 낮은 포지셔닝의 제품과 자신이 사고 싶어하는 제품이 함께 디스플레이 되어 있는 것 자체를 싫어하기도 하고, 동시에 이 회사를 싸구려 파는 회사로 생각해서 이탈 가능성이 증가한다.
- 상대적으로 경제력이 약한 사람들은 자신이 사고자 하는 제품과 자신의 경제적 능력을 벗어난 제품과 가격이 함께 노출되어 있으면 높은 포지셔닝의 제품과 가격에 대해 좌절할지도 모르고, 동시에 이 회사의 상품에 접근불가능하다는 인식을 할 수도 있다. 이탈가능성이 역시 증가한다.

예를 들어 현대자동차를 구매하기 위해 매장에 가 보면 AVANTE부터 G90까지 구매가능한다. G90 full option을 구매하러 온 고객은 자신이 구매하고자

그림 14-10 현대자동차와 Lexus의 매장 내 상품포지셔닝 분포

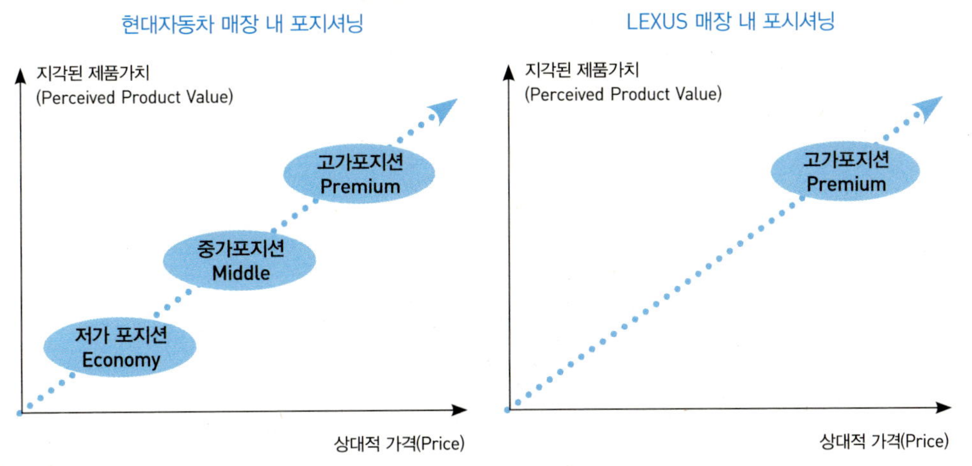

하는 차량 옆에 가격이 1/4인 AVANTE가 전시되어 있는 상황을 좋아할까? 반면에 토요타의 Lexus는 미국에서 Toyata딜러상과는 다른 별도의 매장에서만 구매 가능하다. 저자들의 눈에는 별도의 유통망을 구축하지 않는 현대자동차는 Genesis브랜드를 Lexus와 경쟁하는 상표로 키울 생각이 없는 모양 같아 보인다. 저자는 Genesis브랜드만의 별도 판매유통망 구축은 목표시장의 큰 환영을 받을 것으로 예상한다.

7. Mad Max!: 미친 척하고 비싼 상품을 맨 앞에 내세우기

바로 앞에서 다룬 inner positioning전술과 모순된 전술이 'Mad Max!'가격전술이다. 고객에게 미친 척하고 맨 위에 아주 비싼 상품을 배치하면, 그 바로 밑의 상품이 상대적으로 저렴해 보여서 구매를 유도하는 전술이다. 오프라인의 와인 리스트에서 많이 사용한다. 온라인에서 상품 디스플레이에서도 사용가능하다. 아주 비싼 상품을 Mad Max로 상품과 가격을 보여주면서 그 밑에 마진이 좋고 상품성과 매출이 좋은 중점상품을 평상시보다 약간 가격을 올려서 배치시킨다.

그렇다면 부산 해운대 COSTCO 매장 입구에 전시된 3억에서 2천만원짜리

그림 14-11 mad max! 아주 비싼 상품을 맨 위에 배치한다.

POMEROL

1979	Petrus	8,900,000
2005	Petrus	7,000,000
2007	Petrus	3,200,000
1995	Ch. LE PIN	6,500,000
1998	Ch. Belle Brise	375,000
2004	Ch. Certan de May	320,000
2006	Ch. Gazin	260,000
2005	Ch. Certan Marzelle	245,000
2000	Ch.St Pierre	185,000
1999	Ch. Pomeaux	185,000
2005	Clos Rene	180,000
2004	Clos des Templiers	125,000
2005	Ch. Hermitage Mazeyres	120,000

예

이름	가격	선택비중
mad max	$7.50	0%
저축통장 겸 신용카드	$2.50	86%
신용카드	$2.50	2%
저축통장	$1.00	12%

그림 14-12 COSTCO 매장 입구에 전시된 다이아몬드 액세서리

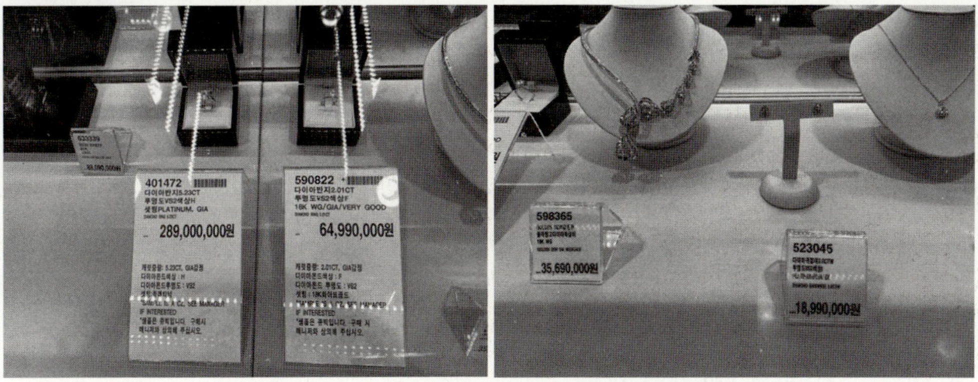

다이아몬드 액세서리는 Mad Max!인가? 아니다. 이런 경우는 매장매력성을 높여 집객효과 및 fun을 고객에게 제공하는 이미지상품일 뿐이다.

8. 가격인하는 생각하지도 마!(가격기대효과 price expectation effect)

가격이 인하되는 경험이 있는 제품은 가격이 떨어질 것을 예상하고 구매를 늦추는 경우가 있다. 이를 가격인하기대효과라 한다(price decrease expectation effect). 중가 여성의류, 가전, IT제품의 경우와 같이 시간이 지남에 따라 가격인하 세일 등의 경험이 있는 경우에 발생한다. 기업은 정상가격에서 판매량을 유지하는 것이 유리하므로 가격인하 기대효과가 발생하는 것을 방지해야 한다. 절대 가격인하나 세일을 실시하지 말아야 한다.

그 반대의 경우로 가격이 인상되는 경험이 있는 제품은 가격이 오를 것을 예상하고 영혼까지 끌어모아 구매를 앞당기는 경우가 있다. 이를 가격인상기대효과라 한다(price increase expectation effect). 부동산가격 및 명품의 경우와 같이 지속적으로 가격이 인상된 경우에 발생한다.

이 책에서는 가격인하기대효과만을 다룬다. 고객의 머릿속에 '우리 회사 이름이나 상표'와 '가격인하', '세일', '공짜', '무료'라는 단어를 묶여 연상되게 해서는 안 된다. 가격인하를 하면 그 낮은 가격이 고객이 지불하고자 하는 새로운 기준(준거가격)이 되기 때문이다.

그렇다면, 가격인하를 고민하는 위기의 순간에 기업은 어떤 결정을 내려야 할까? 이럴 때는 제품변경과 가격을 동시에 사용하기를 많은 학자들이 권한다.

- 낮은 품질 제품을 개발하고 상대적으로 기존 제품보다 낮은 가격을 매긴다.
- 다른 제품카테고리와 묶어 팔거나
- 대량구매시 할인 해 준다.

예를 들어 오뚜기를 보면 판매가 부진하거나 경쟁이 심해지면 '햇반 5개+김', '햇반 5개+라면' 묶기 등 다양한 상품조합이 등장하는 것을 흔히 마트에서 발견한다. 어떤 때는 이 회사사람들은 정말 아이디어를 내고 실행하고 있구나 하는 느낌이 팍팍 든다. 또 오리온은 중국에서 우리나라에서 판매하지 않는 포장단위를 선보이기도 하는데 32개짜리, 20개짜리, 2개짜리 등 다양한 조합으로 포장을 변경한 바 있다.

9. 가격 하방 경직성

한 번 올라간 가격은 절대 내려오게 하지 말라는 전술이다. 아래쪽(하방)으로는 움직일 수 없다(경직성)는 전술이다. 앞서 지적한 가격기대효과와 관련성이 높다. 독일의 가격전문가 Simon(2017)은 가격변화의 방향성에 대해 다음과 같은 몇 가지 조언을 남겼다.

- 가격인하를 경험한 고객의 준거가격은 낮아진다.
- 가격은 시간이 지남에 따라 항상 인상되는 것을 고객에게 학습시켜야 한다.

그림 14-13 가격변동의 방향성

가격인하(세일 등)	가격인상
• 정상가격일 때 판매부진 • 가격인하 시에 판매증가 • 고객이 지불하고자 하는 가격(준거가격)수준을 낮춤	• 정기적인 가격인상 바람직 (가격인상 훈련 실시) • 가격인상과 더불어 상품이 변화해야 함 • 품질이 향상되는 것을 인식할 수 있는 정도의 상품 변화 반드시 실시 • 준거가격을 지속적으로 상승시킴

그래야 미래 가격통제권은 회사가 가질 수 있다.

- 불경기여서 판매가 부진할 경우 가격인하보다는 판매량 감소를 감수하더라도 가격을 인하하지 않는 것이 낫다!
- 2020년 코로나19의 팬데믹상황에서도 프랑스나 이태리의 명품패션상품은 가격인상을 예고했고, 일부 고객들은 백화점의 명품패션상품 판매매장 앞에 마스크를 쓰고 가격인상 전 상품구매를 위해 줄을 섰다. 이를 오픈런이라 한다. 실제 2020~2022년 샤넬, 루이비통을 포함한 패션명품상표는 1년에 4번 이상 가격을 인상했다.
- Stressless라는 노르웨이상표는 스칸디나비아 디자인의 편안한 가구를 만드는데 할인을 절대 안 해 주는 것으로 유명하다. 6년 전 구매한 상품의 리클라이너 의자마저도 가격은 떨어지지 않았고, 그 의자를 갖고 있는 고객은 중고가격도 높아서 매우 만족한다.

10. 가격은 움직이는 거야!(가격변동성)

고객에게 제시되는 가격이 시간 장소 상품에 따라 변동하는 모습을 계속 보여주면 변동하지 않았을 때보다 미래에 가격인상이 손쉽다. 기업의 이익증가를 보장한다. 하지만 가격이 변동하지 않으면 고객 준거가격이 확실해지고 지불용의가격이 고정된다. 따라서 고객의 머릿속에 시장·장소·상품에 따라 가격이 변동됨을 학습시켜 놓아야 한다.

동일 품질의 상품을 동일한 가격에 절대 제공하지 않는다. 가격은 계속 올라간다.

첫째, 시간에 따라 가격은 움직이는 것을 학습시키는 경우이다.

- 비행기가격이 언제 예약을 하는지에 따라 다르다. 2018년 여름 중국국제항공(China Air) 부산출발 – 북경 – LA도착 항공권은 출발 6개월 전에는 74만원이었다. 출발 3개월 전에는 47만원이었다. 출발 직전에는 100만대 초반 가격이었다.
- 애플과 삼성전자는 아이폰과 갤럭시 시리즈를 1년에 한 번씩 출시하면서 반드시 가격인상을 한다.

둘째, 장소에 따라 가격은 움직이는 것을 학습시키는 사례이다.

- 프랑스 파리 어느 카페는 커피를 어디서 마시는가에 따라 가격이 세 가지가 있다. 매장 안에서 서서 커피를 마시는 경우, 매장 안에서 앉아서 커피를 마시는 경우, 매장 밖 테라스에서 커피를 마시는 경우.
- EPL 아스널 에미레이트 스타디움의 좌석은 여전히 프리미어리그에서 가장 비싸다. 아스널에서 가장 저렴한 시즌권 가격은 891파운드(약 135만원)이다. 가장 비싼 건 1,768파운드(약 267만원)다.

결론적으로 고객의 니즈에 맞춰 가격변동전술을 사용하여 이익을 높인 사례를 통해 CEO가 가격은 항상 고정되어 있지 않게 해야 한다는 조언을 제시하고자 한다.

11. 모를 땐. 2/3법칙!

사람들이 익숙하지 않은 상품은 가격리스트 위에서 2/3선의 제품이 많이 선택한다는 보고가 있다. 상대적으로 마진이 좋고 상품성이 좋은 중점상품을 메뉴판 또는 상품배치의 위에서 2/3선에 배치해 보는 것은 어떨까?

- 이 전술은 소매상 가격리스트(식당 메뉴판 등)에 해당된다. 특히 고객들이 외국어 등으로 표기되어 있거나 신제품과 같이 상품에 익숙하지 않는 상황에서 작동된다.
- 하지만 산업재의 영업 상에서도 응용할 수 있다. 기술적으로 복잡한 제품의 경우에는 '가격이 품질의 지표'로 사용되어 비싼 제품이 상대적으로 저렴한 것보다 더 잘 팔린다.
- 따라서 Mad Max를 가장 위에 배치할 때처럼 전체 가격리스트의 2/3선상에 집중적으로 고객이 선택가능한 상품을 배치한다.

12. Joker가격전술: 가격간격과 분포문제

두 개의 상품만이 있고, 가격 간의 차이가 많으면, 낮은 가격쪽 선택확률이 높아진다는 실증연구 결과가 있다. 한편, 상품의 종류가 많으면 가격분포가 많은 곳에 선택이 증가한다는 결과가 있다. 아래 실험 2에서 '신용카드'를 판매상품(열위한 상품)에 넣자, 상대적으로 유리한 상품에 대해 고객들의 선택비중이 높아졌다. 따라서 마진이 높고 생산성이 높은 제품계열에 상대적으로 많은 상품을 나열하면서 그들 간에는 가격간격을 좁혀 놓아야 한다. 그러면 분포가 조밀한 쪽에서 우위한 상품의 선택확률이 높아진다.

이런 효과를 만들기 위해서 〈그림 14－15〉의 실험 2와 같이 기존상품에 없던 '경쟁열위'의 신용카드 상품을 품질대비 상대적으로 비싼가격에 배치했는데

그림 14-14 가격간격이 좁고 많은 상품이 몰린 곳에서 판매가 좋다.

실험 1

상품	가격	선택비중
저축통장 겸 신용카드	$2.50	59%
저축통장	$1.00	41%

실험 2

상품	가격	선택비중
저축통장 겸 신용카드	$2.50	81%
신용카드	$2.50	2%
저축통장	$1.00	17%

이런 상품을 Joker라 한다. 그런데 반드시 경쟁열위상품을 추가할 필요는 없다.

한 가지 사례를 더 들어보자. 제품이 두 개 있다고 가정하자. 한 개는 10달러, 두 번째는 20달러라고 하자. 새로운 신제품을 개발하여 이 두 개 제품 사이에 넣는다면, 어느 가격수준을 매겨야 할까?

- 12달러짜리 신제품을 넣는 경우
- 18달러짜리 신제품을 넣는 경우

먼저 12달러짜리 신제품을 새롭게 출시되면, 세 개의 상품 중 10달러와 12달러의 선택확률이 높아진다. 반대로 18달러짜리 신제품을 넣는 경우에는 18달러와 20달러짜리 고가격의 선택확률이 증가한다는 보고가 있다. 분포가 밀집한 곳에서 선택이 이루어지는 경향이 있기 때문이다. 따라서 Joker를 새롭게 우리 제품계열에 넣을 때는 상대적으로 높은 가격수준의 상품을 개발하여 우리 상품 mix를 구성하는 게 이익을 증가시킨다.

사실 '미끼상품'도 joker!이다. 부산과 경남에 있는 '탑마트' 체인은 '수목돌풍'이라는 전술을 사용한다. 다른 요일보다 낮은 가격대 제품을 구매할 수 있는 요일을 고객 머릿속에 심어 놓는 작전이다. 수목돌풍 며칠 전에는 아파트 단지에 '수목돌풍' 때 낮은 가격으로 제시되는 물품을 소개하는 전단지가 뿌려진다. 고객은 수목요일에 매장에 와서 수목돌품 물품 이외에 다른 상품도 구매한다(cross sales). 가능하면 미끼상품은 다른 제품의 보완재이면 더욱 좋다. 제품간 교차구매를 촉진하기 때문이다.

13. 기억하기 쉽지 않은 복잡한 숫자가 좋다

가격기억에 대한 두 가지 이슈를 다루고자 한다. 시각적 기억에 관한 odd pricing과 장기기억과 관련된 가격수준에 대한 것이다.

이슈 1: odd pricing 효과증명은 없다.

끝이 9나 8로 끝나는 숫자를 가진 복잡한 가격(odd pricing)이 0등으로 끝나는 기억하기 쉬운 가격보다 매출이 좋다는 실증연구결과는 없다(Simon 2017). 일반인들이 odd pricing에 익숙해져 있을 뿐이다라고 Simon은 주장한다.

이슈2: 기억하기 쉬운 가격은 피해야 한다.

26,000원은 25,856원보다 고객의 머릿속에 기억하기 쉽다. 30,000원보다는 32,300원이 더 좋은 가격이다. 기억하기 쉽지 않기 때문이다. 가격은 기본적으로 고객의 돈을 판매자가 뺏는 것이다. 고객이 구체적으로 기억하는 숫자로 가격을 매기면 빼앗기는 기억이 선명하다. 가격숫자가 복잡하면 고객이 빼앗기는 '感'만 있고, 구체적인 숫자를 기억하지 못한다. 따라서 고객에게 제시하는 가격은 숫자가 복잡할수록 판매자에게 유리하다. 나중에 가격인상하기도 좋고!

마케터에게 드리는 조언 '가격은 기억시키는 것이 아니다'.
그래서 난 나의 20대 때 '미스미스터라인'이라는 여성의류상표의 머천다이저로 일할 때 의류가격을 1만원 단위로 매긴 것에 대해 매우 후회하고 있다!

- 피자헛 가격을 기억하시나요? 메뉴판을 보십시오. 백원단위까지 가격을 매긴 경우도 있었습니다.
- 삼성전자 갤럭시 노트 시리즈 가격을 기억하시나요? 계속 비싸지기만 했다는 것은 기억하시죠?
- IT제품을 미국 달러로 표시하는 게 좋을까요? 한국 돈으로 표시하는 게 좋을까요? 한국 돈의 자릿 수가 많아서 마케터는 한국에서 가격매기는 것이 고객에게 가격을 기억시키지 않은 기회가 더 많아요.

- 식당에서 마케터에게는 한국처럼 세금포함한 가격이 좋을까요? 미국처럼 세금이 포함되지 않는 가격을 메뉴판에 표시하는 것이 좋을까요? 당연히 팁까지 숨어 있는 미국에서 가격매기는 것이 유리하죠.

14. 왼쪽에서 오른쪽으로!

제품이 가로로 나열되어 있으면, 왼쪽 것이 상대적으로 많이 선택된다는 결과가 학술적으로 보고된 적이 있다. 그러므로 고객동선이 왼쪽에서 오른쪽으로 흐르면 왼쪽 바로 오른쪽에 마진이 좋고 이 곳에 중점상품을 배치해야 한다. 일본과 중동은 반대이다. 이들 국가나 지역은 문자를 오른쪽에서 왼쪽으로 쓰거나 위에서 아래로 글을 배치하는 문화가 있어서 오른쪽부터 본다.

그림 14-15 고객동선 상 제품위치가 매출에 미치는 영향(강진석)

사각라인	골드라인	소구라인
3.2%	19.7%	6.1%
4.4%	27.2%	8.4%
3.4%	21.1%	6.5%

→ 소비자 동선 진행방향

15. 독자들의 연습장

저자들은 독자 여러분이 다른 사람의 매장 메뉴를 보고 개선하는 작업을 돕고 싶다. 그래야 자신의 메뉴(상품+가격)도 잘 구상할 수 있을 것으로 판단한다.

그림 14-16 메뉴판 진단-개선하기

이름 ______________________ 날짜______________________

연습: 매장을 하나 선택하라. 메뉴판을 사진을 찍어라

1. 이 메뉴판의 문제점을 진단하라
2. 이 메뉴판을 앞서 제시한 여러 법칙을 이용하여 개선안을 제시하고 그 이유를 적어라

현재 메뉴 상태 사진 또는 작성	문제점 진단	개선안 제시와 그 근거

Chapter 15

판매시설(property), 제공방식(presentation), 발행물 관리(publication)

북경 조양구의 고급 식당은 청나라 시대의 건물을 그대로 사용하고 있다. 외국인 눈에는 진기한 체험일 뿐만 아니라, 중국인들끼리는 고급 식당의 요리를 제공하는 멋진 공간이 된다. 중국 조양구의 인디고(indigo, 颐堤港)에 있는 이 식당은 외국 와인을 멋지게 진열해 놓았다. 젊은 중국인 커플들이 많이 고객으로 들어온다.

북경의 어느 식당

북경 인디고의 어느 식당

이 장에서는 장소마케팅 모듈 6P 중 판매시설(property), 제공방식(presentation), 발행물 관리(publication)를 다룬다. 이 세 가지 모듈은 기업, 상표, 매장의 물리적 표현방식을 구성한다. 마케터의 세 가지 물리적 준비사항이 매장을 구성한다. 이 구성이 고객의 구매행동에 영향을 미치게 된다. 따라서 치밀하게 기획되고 일관성있게 집행되어야 한다.

〈표 15－1〉 판매시설, 제공방식, 발행물노출 사례

구분	의류소매회사	호텔	온라인 쇼핑몰
판매시설 (property)	• 사무실 • 쇼룸 • 소매점포(가두점)	• 건물 외관 • 건물 실내장식 • 리무진 • 정원	
제공방식 (presentation)	• 포장물 • 태그(tag) • 포장지 • 배경음악 • 제품 디스플레이	• 종업원 복장 • 조명 • 향	• UI • 로고 • 색상 • 제품 디스플레이 • 폰트
발행물노출 (publicaiton)	• 소비자광고 • 카탈로그 • 소책자	• 레스토랑 냅킨 • 호텔 객실 비치 양식 • 문구류	

1. 판매시설

판매시설(property)이란 판매를 위해 공간을 구성한 물리적 자산(asset) 일체를 말한다. 판매시설(property)은 업종에 따라 다르지만 일반적으로 다음과 같이 분류할 수 있다.

- 외관관리(exterior)
- 내부장식관리(interior)

1.1. 외관관리(exterior)

매장에 고객을 유인하기 위해 매장의 밖에서 고객이 관찰할 수 있는 일체의 시각적 요소 중 물리적 공간요소를 일컫는다. 외관의 매력성이나 진기함이 고객을 이끌게 한다.

그림 15-1 미국 라스베가스의 '뉴욕뉴욕'호텔의 외관

1.2. 내부장식관리(interior)

건물의 내부에 고객이 인식할 수 있는 일체의 공간에 관한 물리적 요소를 말한다.

그렇다면 우리 매장에 가장 적합한 외부공간관리와 내부공간관리의 내용은 무엇일까? 이것은 제12장 매장콘셉트 시간에 다룬 style과 theme에 일치시키면 된다.

그림 15-2 피렌체 어느 식당의 와인냉장고

2. 제공방식(presentation)

장소마케팅에서 마케터가 매장구성을 위해 관리해야 할 대상인 제공방식(presentation)이란 제품이나 서비스에 직접적으로 둘러싼(surrounding)을 말한다. 크게 매장체험도구, 서비스체험도구, 제품체험도구로 구분할 수 있고, 이 셋이 모여서 고객에게 상품가치를 증가시킨다.

그림 15-3 제공방식의 분류

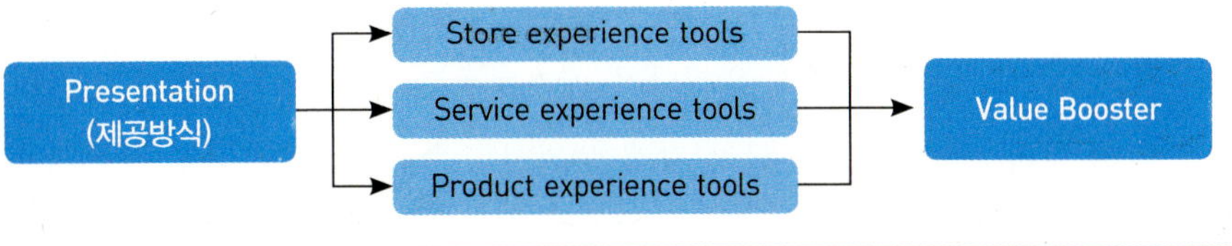

2.1. 제품체험도구(product experience tools)

상품과 함께 물리적으로 제공되어 상품가치를 증가시키는 일체의 도구를 말한다.

- 포장
- 판매지원도구

〈그림 15-4〉의 에르메스의 포장을 보자. 고객은 에르메스의 이 주황색 포장용기를 자랑스럽게 생각한다. 심지어 샤넬백의 포장가방은 돈을 주고 구매하기도 한다. 저자들이 생각하기에 이런 포장에 가장 감격적인 경험을 제공해 주는 나라는 일본과 프랑스 이탈리아가 있는 듯하다.

그림 15-4 상표마다의 독특한 포장

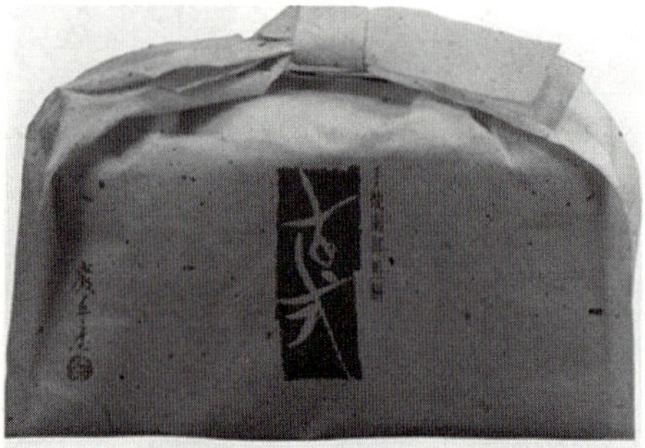

스테이크의 고기종류를 선택하기 어려운 경우를 대비하여 고든 램지 식당은 〈그림 15-5〉와 같이 거울이 달린 도구를 준비해 두었다. 고기의 옆면과 윗면을 동시에 보여줄 수 있어서 고객의 선택을 돕는다. 이런 경험을 처음한 고객은 고든 램지 식당을 기억하게 된다.

제품체험도구의 차이는 상품가치에 매우 많은 차이를 발생시킨다. 스타벅스가 제공하는 콜라잔과 우리나라 패스트푸트 체인점이 제공하는 콜라잔을 비교해 보라. 마케터는 자신의 고객과 적합도 높은 것으로 아주 신중하게 제품체험도구를 제공해야 한다.

그림 15-5 고든 램지 식당의 스테이크 선택을 돕는 기구

그림 15-6 콜라잔이 제품체험도구로 사용된 경우

2.2. 서비스체험도구(service experience tools)

상품과 함께 제공되어 상품가치를 증가시키기는 서비스측면 도구를 말한다. 〈그림 15－7〉은 피렌체에 있는 비건 파스타 식당이다. 와인을 차갑게 하는 도구와 물을 인상적으로 제공하고 있다

그림 15-7 피렌체 simbiosi매장의 와인 쿨러와 물병

그림 15-8 프랑스 파리 '르 프로코프'매장의 냅킨 말이 종이

〈그림 15-8〉 프랑스 파리의 최초의 카페인 '르 프로코프'매장의 냅킨 말이 종이는 1686년이 표시되어 있어서 고객에게 이 매장의 역사를 알려준다.

2.3. 매장체험도구

매장의 상품판매 순간에 고객을 자극하는 물품의 제공방식을 말한다.

〈그림 15-10〉의 오스트리아 'Fischer am See' 호텔의 노출물을 보자. 호텔

방안에서 음식을 주문하기 위해 비치된 메뉴판은 나무로 되어 있다. 아침 조식을 먹으러 가면 각 테이블에 예약자 이름이 조그만 나무의자에 적혀져 있다. 삶은 달걀은 펠트소재 닭모양 커버로 따뜻하게 제공해 준다.

그림 15-9 수안보 청솔식당은 항상 반찬을 이렇게 노출시킨다.

그림 15-10 오스트리아 'Fischer am See' 호텔의 노출물

3. 발행물(publication)

발행물(publication)은 브로셔명함, 프로모션 용품, 광고, 홈페이지, 투자의향서, 간판, POP물 등 출판 관련 모든 것을 말한다. 발행물과 관련된 몇 가지 이슈를 정리해 보자.

- 발행물과 관련하여 너무나 많은 판매촉진도구가 존재한다. 마케터가 주의할 점은 발행물 간과 경쟁자의 발행물 간의 간섭이나 혼동을 피해야 한다는 것이다.

그림 15-11 돌출간판과 입간판이 서로 간섭하거나 혼란스러운 상태

- 다른 경쟁사와 차별적인 발행물을 제시했을 때 고객이 갖는 인상이 매우 긍정적이다. 〈그림 15-12〉를 보면 어느 중국인의 명함이다. 독창성과 정체성이 명확하다. 〈그림 15-13〉을 보면 파리 오르세 박물관의 식당에서 발견되는 식사집기포장과 냅킨이다. 냅킨은 주황색이고 식사집기포장은 dull 톤의 파란색이다. 이 식당의 냅킨을 집으로 가져오는 한국인 관광객도 보았다. 예쁘기 때문이다.

그림 15-12 중국 디자이너의 명함

그림 15-13 파리 오르세 미술관 카페의 냅킨과 포장

4. 요약

그렇다면, 마케터는 우리 매장의 판매시설(property), 제공방식(presentation), 발행물 관리(publication)를 어떻게 개발하고 적용할 것인가? 저자들은 독자들이 다른 매장을 많이 관찰하고 다니기를 권한다. 자기가 본 만큼 자신의 매장을 꾸밀 수 있기 때문이다.

독자들의 연습장

내가 담당한 매장을 하나 선택하여 그 업종을 적어보아라. ____________________

그 매장의 presentation 도구를 5가지만 선택하라. ____________________

그 도구의 지금 상태와 미래의 바람직한 상태를 적어보아라. ____________________

참고문헌

Schmitt, B. and Simmons, A.(1997), Marketing Aesthetics, The Free Press.

Turner, J.(1998), Desingin with light: Retail space, A Roto Vision Book.

Pegler, M. and Kong, A.(2018), Visual merchandising and display, Fairchild Pulications.

Chapter 16

서비스 접점인

(people, service encounter)

라스베가스에 고든 램지가 운영하는 스테이크 집에 근무하는 서비스 접점인(종업원)은 영어를 잘 못하는 동양인 손님을 맞이했다. 메뉴판에 그림 없이 소개되어 있으며, 각국에서 생산된 스테이크에 사용될 소고기 종류에 대해 손님이 익숙하지 않다고 판단한 직원은 손님 앞에 각종 스테이크 원자재의 윗면과 옆면을 동시에 보여주는 도구를 끌고 와서 전시해 주었다. 손님들은 쉽게 자신이 먹을 스테이크 종류를 선택했다.

라스베가스 고든 램지 식당의 종업원과 서비스도구

또한 손님은 6명인데 모두 조그마한 위를 가지고 있어서 4명분의 스테이크를 주문하자 스테이크를 나누어 먹을 수 있는 추가 접시 2개를 아무 말 없이 웃음과 함께 갖다주었다. 물론 그는 팁도 많이 받았다. 6명의 손님들이 매우 만족했기 때문이다.

이 장에서는 장소마케팅 모듈 6P 중 서비스 접점인(people, service encounter)을 다룬다. 서비스 접점인은 각종 서비스종사자 중 오프라인의 매장에서 고객을 대면 서비스로 접점을 갖고 있는 영업직원과 온라인에서 구매자를 응대하는 모든 영업직원을 포함한다.

이 장에서는 크게 세 가지를 다룬다.

- Service encounter에 대한 영업권한 위임문제
- Customer journey map을 통한 서비스 설계 및 자원 구축문제
- 업종별 service person의 고객지향성(customer orientation) 구축문제

1. 영업권한 위임(empowerment)

고객을 만족시키려면 고객접점에 있는 사람들(service encounter)이 충분히 동기부여가 되어 있어야 하고, 고객만족을 시킬 수 있는 능력을 갖추고 있어야 한다. 특히 영업을 하는 서비스 접점인의 동기부여를 위해 충분하게 권한위임이 되어 있어야 한다.

저자들은 모두 회사에서 영업을 해 본 사람들이다. 기업의 리더보다는 영업을 하는 사람들이 벌어오는 돈으로 기업의 모든 식구들이 월급을 받아 간다고 생각하는 사람들이다. 서비스 접점인의 능력을 최대로 극대화할 수 있는 조직과 인사정책 및 자원공급이 필요하다.

이 책은 결코 경영자의 리더십을 간과하는 것이 아니다. 고객의 주머니에서 우리 회사의 계좌로 돈을 이동시키는 결정적인 역할을 하는 영업인에 대해 사회의 인식이 제고되어야 함을 말하고자 한다. 저자는 성공적인 리더에 대한 많은 책을 접할 수 있었다. 하지만 성공적인 영업을 위한 지침서는 상대적으로 적다는 것을 발견하였다. 더 나아가 경영진과 영업진과의 관계에 대한 책은 더더욱 적다. 저자는 스스로 영업을 하면서 경험에서 배우거나 선배들의 조언을 받는 것이 많았다.

이 장에서는 경영진과 영업진 사이에 일어날 수 있는 갈등의 요인을 몇 가지 이슈로 삼고, 영업인의 사기를 높이는 동시에 회사의 이익을 증대시킬 수 있는 방안을 도모하고자 한다. 이 장에서 다루는 이슈는 '영업하는 직원에 대한 경영진의 권한위임'에 대한 것들이다.

- 영업진이 영업조직을 스스로 구축할 권한을 경영진이 위임하는 문제
- 판매량, 판매금액, 이익 중 어느 것을 영업목표로 삼을 것인가 하는 문제
- 영업조직의 목표를 영업진이 스스로 설정할 수 있는 권한위임 문제
- 가격조정권한을 영업진이 갖는 문제
- 영업조직의 인사를 영업진이 갖는 문제
- 영업매뉴얼에 대한 문제

〈표 16-1〉 영업 권한위임(empowerment)상의 경영진과의 갈증 이슈

구분	경영진	영업진	비고
조직 구축	본사 경영진의 경영의사결정	영업현장의 실정에 맞는 조직개편 필요	
영업목표 종류	주로 판매량이나 판매금액	이익	판매량은 많은데 이익이 적은 경우를 회피
영업목표수준	본사가 결정 및 부과	영업현장에서 설정 및 관리필요	
가격조정권한	본사 권한	영업현장 권한필요	
인사권한	본사 권한	영업조직 내 인사 필요	
영업매뉴얼	본사 작성	영업현장별 상황적 접근 권한 허용	

그림 16-1 영업권한위임의 주요이슈

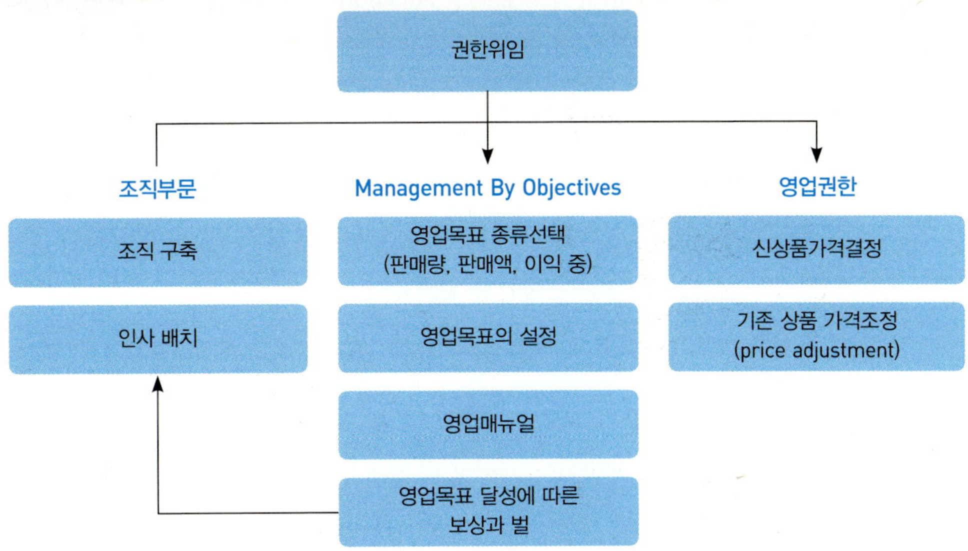

1.1. 조직구축에 대한 권한위임

기업이 원하는 목표를 달성하기 위해 조직을 만들고 그 조직 내부에 한 사람 한 사람을 선발하여 배치하고 동기부여하고 일을 부과하는 것을 인사관리(인적자원관리)라 한다. 이렇게 모인 한 사람 한 사람을 어떻게 묶어주어야만, 조직이 원하는 목표를 가장 효과적이고 효율적으로 달성할 수 있을까를 고민하는 것이 조직론이다.

조직론에서 다루는 이슈는 두 가지이다. 어떤 형태의 조직을 만들어야 가장 효과적·효율적 성과를 낼 것인가 하는 형태(structure 또는 form) 문제이다. 이 문제 속에는 조직 크기를 얼마로 해야 가장 효과적·효율적 성과를 낼 것인가를 고민하는 scale과 scope도 포함한다. 그런데 이런 질문에는 정답이 없다. 각 경영자가 다양한 조직형태와 규모를 고민하여 구조화해야 그 조직이 최대의 기능을 발휘하게 된다(function). 조직의 합목적성을 달성하게 된다. 우리는 이런 의사결정문제를 단 두 단어로 요약할 수 있다.

Form과 function

경영전반의 조직을 분석단위로 하지 말고 영업현장만을 분석단위로 해 보자. 저자들은 영업현장에도 form(조직형태)와 function(기능)을 생각해야 하며, 영업현장별로 업종별 지역별로 form과 function이 달라야 한다고 주장한다.

- 지역별 차이 가능성: 오리온의 한국 내 영업조직과 오리온의 중국 내 영업조직형태는 달라야 하나? 동일해야 하나? 당연히 시장상황이 다르므로 동일업종에 동일한 상품을 판매하는 데에서도 영업조직구조는 달라야 한다. 영업을 잘하는 기능을 수행하기 위해서다.
- 업종별 차이 가능성: 오리온의 중국 내 영업조직과 중국 내 삼성전자 영업조직은 업종별 차이로 인해 당연히 구조가 다르다.

그렇다면 영업을 책임지는 사람에게 경영자는 조직구조 결정권한을 위임해야 하지 않을까? 중국의 삼성전자 영업조직과 미국의 삼성전자 영업조직을 상상해 보자. 중국과 미국의 전자제품 유통조직과 문화가 동일하지 않으므로 당연히 삼성전자의 영업조직구조도 상이해야 한다.

- 가전제품의 카테고리킬러인 미국의 Best buy나 circuit city처럼 중국에서도 동일한 유통업태인 궈메이(國美)나 따종(大中) 등이 있다. 이런 업종특성 측면에서는 동일한 영업조직을 국가별로 구축하는 것이 맞다.
- 미국의 삼성전자 영업부는 라스베가스의 3,000개 이상의 객실을 가진 대규모호텔에 TV를 납품하는 영업이 가능하도록 조직을 가져야 하지만, 중국에서는 이런 조직구매자를 대응하는 영업조직을 삼성전자가 갖추어야 하나? 이런 고객성격 측면에서는 동일한 영업조직을 국가별로 구축하지 않는 것이 맞다.
- 중국의 도시규모 및 소득수준의 차이에 따라 1선도시에서 5선도시까지 영업직원이 접촉할 수 있는 유통망과 고객 수가 매우 다르다. 상대적으로 미국은 LA 뉴욕 시카고 등의 대도시 몇 개를 제외하고는 규모가 큰 도시가 중국에 비해 상대적으로 적다. 이런 지리적 특성 측면에서는 동일한 영업조직을 국가별로 구축하지 않는 것이 맞다.

저자들의 결론
현장 영업조직에게 조직구조 권한위임을 해야 한다! 현재 본사가 결정한 영업조직이 현장에서 매출과 이익을 극대화하는 조직형태가 아닐 가능성이 있다.

1.2. 영업목표의 종류

영업직원들에게 판매량, 판매금액, 이익 중 어느 것을 영업목표로 부여해야 하나?

위의 질문에 대한 답을 저자 중 한 사람은 30년 전 독일 컨설팅계의 대부이신 헤르만 지몬(Hermann Simon)의 1989년도 책에서 읽은 적이 있다. 그 책은 매출량보다는 이익을 우선시 하는 목표를 부여하자 영업이익이 과거보다 증가했고, 판매량은 그다지 줄지 않았다고 적혀있었다. 그로부터 30여 년이 지난 2022

년에 출간한 그의 책에서도 이 주장은 약 30쪽에 걸쳐 일관되게 계속되고 있다.

매출량을 영업직원들에게 목표로 부여하면 회사의 이익을 줄이는 가격할인 등을 사용하여 매출목표를 달성하는 대신에 이익이 많이 줄어드는 경향이 있다는 것이다. 반면에 그의 책에서 영업직원에게 회사가 이익을 목표로 부여하면 매출량을 목표로 할 때보다 회사의 이익은 증가하는 경우가 많다는 것을 보고하고 있다.

회사가 '계속기업의 원칙(기업이 이익을 계속 창출해야 기업이 생존할 수 있다는 대전제)'에 충실한다면 매출량보다는 이익을 영업직원에게 목표로 부과해야 할 것이다. 하지만 많은 우리나라 기업들은 매출관련 성과변수를 이익보다 중시하는 것처럼 보인다. 회사의 가격－품질 포지셔닝을 포함한 전략적 선택을 주로 '매출'관련 성과로 삼는 듯하다. 매출량이 많아야 생산 제조에 투입된 인력과 기계장치를 지속적으로 가동할 수 있기 때문인 경우가 많다.

- 오뚜기 라면은 농심 라면보다 수량 측면에서는 많이 파는 듯하다. 하지만 오뚜기의 단가가 낮아서 매출금액은 농심이 많다.
- 삼성전자가 2021년에 가장 많이 판매한 아이템은 A시리즈의 갤럭시 핸드폰이다. 그리고 애플보다 많은 수량을 전 세계에 팔았다. 그런데, 2021년의 두 회사의 영업이익을 보면 애플이 압도적으로 삼성전자의 실적보다 많다.

다시 한 번!
매출은 경영진을 우쭐하게 만들지만, 이익은 주주를 부유하게 만든다.
(헤르만 지몬, 유필화(2022))

저자들의 결론

현장 영업조직에게 이익을 목표로 부여해야 한다. 그래야 회사이익을 보전할 수 있다. 이익목표를 달성함으로써 영업직원도 보상을 받으므로, 회사이익과 개인이익을 서로 극대화할 수 있다.

그림 16-2 매출수량이 많은 삼성전자보다 이익이 많은 애플이 알짜배기로 보인다!

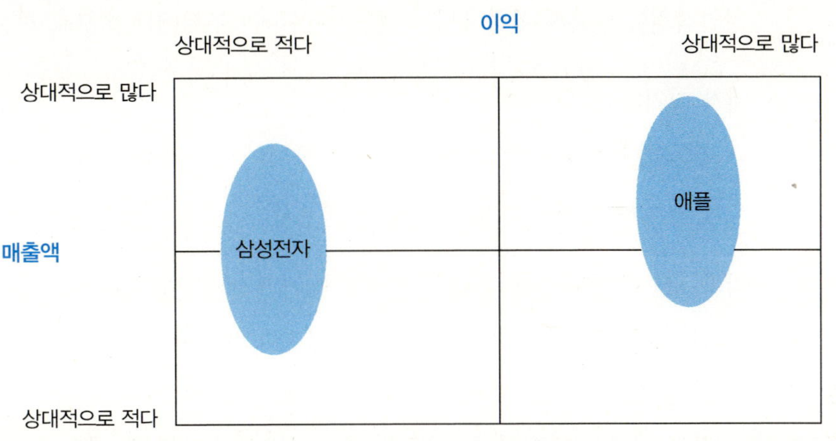

레스토랑에서 일하는 서비스 접점인에게 각 식사 메뉴에서 이익이 많은 상품을 인지시키고, 이를 고객에게 메뉴 추천할 때 활용하도록 하며, 테이블당 매출액과 이익에 따라 성과급을 준다면 식당의 이익과 종업원 개인의 성과급도 증가하지 않을까? 우리가 와인바에서 와인을 추천받을 때 종업원이 와인별 이익률을 알고 있을까?

1.3. 영업목표수준

저자들의 생각에는 경영진이나 통제를 하는 부서에서는 영업조직에게 스스로 목표를 결정해 오라고 하면, 그들이 손쉽게 달성 가능한 낮은 목표수준을 마련할 것이라고 생각하는 것 같다. 반면에 영업직원들은 본사가 제시하는 영업목표수준이나 통제를 담당하는 부서에서 제시하는 영업목표 실적수준은 과다하다고 생각하는 것이 틀림없다. 그렇다면 이 갈등과 불신의 현상을 어떻게 조정할까?

저자들이 영업을 할 때 경영진으로부터 들었던 아주 기분 나쁜 말들!

- 그것밖에 못해!
- 의지가 부족해!

- 남들은 하는데 왜 너는 못하니?
- 내가 땅 파서 너희들에게 월급주냐!

  영업직원들이 본사나 통제나 목표를 부여하는 부서에게 속으로 하는 말.

- 네가 여기와서 팔아 봐!
- 한 번도 팔아본 적이 없는 놈들이! 관리부서에서 이래라 저래라 꼭 한다!
- 내가 통제할 수 없는 이상한 일들이 아주 많아! 그것들이 판매를 막지!

저자들은 이 갈등을 해결할 근본적인 결론을 갖고 있지 못하다. 다만, 목표가 낮으면 성과급도 낮은 것을 공유하고 제도화하는 것이 필요하다. 영업조직에게 영업목표를 스스로 정하도록 한 다음, 목표가 달성되지 않았다면 당연히 보상도 적을 것임을 명확히 하는 것이 좋을 듯하다. 아래 몇 가지 대안을 제시한다.

- 영업조직이 스스로 정한 판매목표보다 일정비율(예 10% 이상) 판매량이 더 증가했다면 수요예측에 실패한 것이므로 초과성과에 대한 보상은 적게 한다.
- 1인당 매출액, 1인당 이익 달성 등의 다양한 목표를 동일 판매등급의 타 지역 실적 또는 동일 업종의 실적과 비교하여 상대적 성과로 보상을 실시할 것을 명시한다.
- 개인에게 판매가능성이 높은 지역이나 상품을 선택할 자유나 기회를 부여한다.

저자들의 결론

현장 영업조직이 스스로 영업목표수준을 한 번만 스스로 결정하게 해 보십시오.
무슨 일이 일어나고 어떤 성과를 내는지를 한 번만 실험하십시오.
경영진과 영업조직원 모두에게 스스로 자각할 일이 발생할 것입니다.
다만, 돈을 투자하고 고용을 창출한 사장님의 속은 타 들어가고 있다는 것을 모두 압시다!

1.4. 가격조정권한

저자들이 발견한 사실이 하나 있다. 어느 전자회사는 세계 모든 곳에서 팔리는 자사의 상품가격을 서울 본사에서 통제한다. 절대 현지에서서는 가격조정을 할 수 없다.

- 중국에서는 보상판매가 자동차, 핸드폰, 가전 제품 등 다양한 상품군을 대상으로 실시된다. 이 전자회사의 상품은 중국에서 이미 1억 대가 넘게 판매되었다. 하지만 보상판매를 했다는 사실을 저자들은 아직까지 발견할 수 없다. 본사가 중국 내 보상판매 여부 결정권한이 있는 듯하다. 중국 현지법인에서는 가격결정권한이 없는 듯하다.
- 중국 전자제품 시장 중 모니터제품이나 TV제품, 핸드폰 등의 가격동향을 보면 하루에도 몇 번인지 셀 수 없을 정도의 가격경쟁과 가격변동이 심한 것을 목격할 수 있다. 또한 중국은 고객접점에서 판매영업사원과 고객 간의 협상이 매우 빈번히 일상화되어 있는 나라이다. 이런 곳에서 경쟁자는 빈번하게 가격조정을 실시하고 있는데, 하나하나 서울 본사의 결정을 기다리는 회사가 있다면 회사의 매출목표달성과 이익을 보전하기가 쉽지 않다.
- 미국 동부의 가전전문판매매장도 중국 카테고리 킬러매장의 가격변동만큼이나 많이 움직이는 것을 저자들이 TV상품에서 목격한 바 있다.
- 서유럽 국가 간 가전제품의 가격차이와 유통망 간 가격차이도 쉽게 변화하고 있음을 발견한 적이 있다.

> 일단, 가격 컨설턴트로서 꼭 말하고 싶다.
> 제발 중국에서 보상판매해 보세요.

한 상품의 가격결정은 상품의 생노병사 중에 두 가지로 구분할 수 있다. 즉, 신상품가격결정과 기존상품 가격조정(price adjustment)이다.

영업조직에게 가격조정권한을 주고 대신에 달성해야 할 이익률을 부과하는 것이 현지 영업에게는 도움이 된다. 본사가 이렇게 가격권한을 갖고 있는 이유는 '회색시장(가격이 낮은 곳에서 우리 회사가 아닌 다른 개인이나 조직이 상품을 구매하여 가격이 높은 곳에 가서, 상대적으로 낮은 가격에 판매하는 현상)'을 막으려는 것임을 충분히 이해할 수 있다.

본사가 신상품 가격결정을 갖는 것은 전략적 선택이므로 당연한 것이다. 다만 기존 상품 가격조정권한은 현지 영업직원에게 부여하되

- 회색시장이 발생하지 않을 가격조정범위
- 이익률 증가 또는 보전을 유지하는 가격조정범위를 사전에 촘촘히 공고히 하는 것이 필요하다.

> 저자들의 질문
>
> 당신의 회사는 충분히 현장 영업조직에게 가격조정결정권한을 주고 있나요?
> 가격조정결정권한이 회사 전체의 이익을 해치지 못하게 하는 통제장치를 제도적으로 충분히 꼼꼼하게 갖고 있나요?

1.5. 영업조직 내 인사권한

경영학에는 인사관리라는 학문이 있고, 조직론이라는 학문이 있다. 기업이 원하는 목표를 달성하기 위해 조직을 만들고 그 조직 내부에 한 사람 한 사람을 선발하여 배치하고 동기부여하고 일을 부과하는 것을 인사관리(인적자원관리)라 한다. 이렇게 모인 한 사람 한 사람을 어떻게 묶어서 조직이 원하는 목표를 가장 효과적이고 효율적으로 달성할 수 있을까를 고민하는 것이 조직론이다.

이 중 경영학의 인사자원관리에서 정의 내리는 인사란 '조직 내 인력의 충원에서 퇴직에 이르는 일련의 과정에서 조직이 개별 인력에 대해 행하는 일체의 관리과정'이라고 말할 수 있다.

그림 16-3 인사관리의 제 활동 중 일부

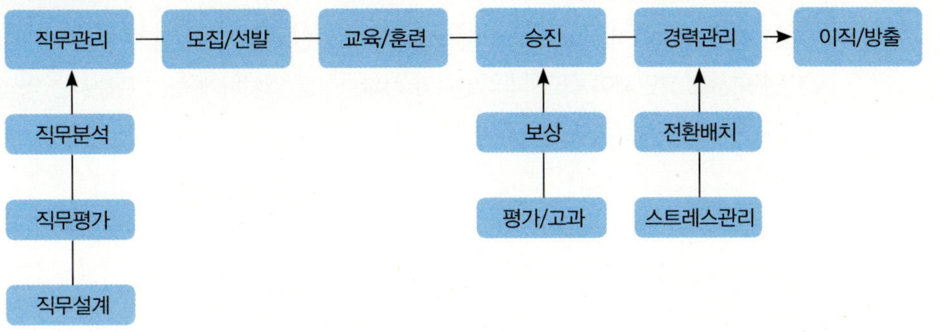

2022년에 총리로 내정된 사람의 말

'조직의 책임자들이 자신의 철학과 어젠다를 집행하는 데 가장 효율적으로 예산과 인사에 대해서 자율권을 갖도록 권한을 늘려보자'

위의 멘트에서 주목되는 지점이 '영업조직을 이끄는 사람에게 '예산'과 '인사'권을 부여하는 정도에 관한 것이다. 영업조직을 이끄는 상부가 영업현장직원의 예산과 인사권을 어느 정도 부여하는 것이 좋을까?

'영업조직을 진두지휘하는 현장의 장군이 현장영업직원의 예산과 인사권의 자율권을 갖는 경우'와 '본사가 파견한 인력의 예산통제와 인사권을 행사하는 경우'에 어느 상황이 더 회사의 성과를 높일 것인가? 저자들은 전자라고 생각한다.

현장영업조직을 지휘하는 상부가 영업현장직원에게 일을 지시하고, 보상은 본사의 통제부서가 할 경우를 상상해 보자. 업무진행이 수월치 않을 것이다. 군사는 자신에게 동기부여하고 보상할 수 있는 현장리더를 따르지 않는가?

저자들의 결론

현장 영업조직이 이끄는 상부에 현장영업직원의 인사관리 권한을 어디까지 부여할까를 회사는 고민해야 한다. 과업부여와 성과보상를 일치하게 하기 위해서는 영업현장에 인사관리 자율권을 부여해야 한다.

1.6. 영업매뉴얼

기계처럼 사람이 본사가 사전에 작성한 영업매뉴얼을 반드시 따라야 하는가? 아니면 현장의 고객반응과 요구에 따라 영업매뉴얼 이외의 상황적 해결방식을 사용해도 되는가?

- 일본의 ANA항공사 직원은 나리타공항에서 미국에서 도착하여 한국으로 트랜스퍼하는 저자의 환승시간을 줄여주었다. 5시간을 나리타공항에서 기다려야 하는 손님에게 2시간만 기다리게 비행기 좌석을 바꾸어주고, 수화물도 정확하게 변경된 비행기에 선적되도록 조치해 주었다.
- 차박차박이라는 해외유튜버는 아프리카 '카보베르데'라는 국가에 입국하다가 입국이 거부되었다. 그는 '로열 에어 모로코'에 태워져서 모로코 카사블랑카로 되돌려 보내졌다. 이 항공사는 1) 카보베르데에서 모로코 카사블랑카까지 차박차박이 되돌려 보내지는 비행기 값을 받지 않았다. 2) 모로코 카사블랑카 공항에서 대기하는 차박차박에게 식사를 무료로 제공했다. 3) 카보베르데에서 파리로 가는 비행기를 예약했던 것을 모로코 카사블랑카에서 프랑스 파리로 가는 비행기표로 변경해 주었다. 이 서비스를 받은 동영상을 10만 명 이상이 시청했다.
- 저자가 미국에서 대학원을 다니면서 예상했던 것보다 학점을 더 신청해서 등록금을 더 납입하러 학교 등록사무실에 갔더니, 담당직원이 '너는 장학금 혜택'이 살아있으니 이미 납입한 등록금 중 일부를 환불받아야 한다고 안내를 했다. 내일 내가 수표를 만들어 놓을테니 픽업해 가라고 웃으면서 말해

주었다. 다음 날 저자는 그 수표를 받아와서 맛있는 음식을 먹었다. 현장직원이 나의 학점과 등록금, 장학금 혜택상황을 스스로 점검해 주어서 발생한 수표였다.

위의 몇 가지 사례를 보면 서비스 접점인들이 얼마나 유연하게 고객을 생각하는 마음으로 일을 처리해 주었는지를 보여준다. 그렇다면 이렇게 영업현장직원에게 상황적 접근(contingency plan)을 실행할 수 있는 권한을 주는 것이 맞지 않을까? 그래야 고객만족도 높아지고 회사의 장기적인 이익에 도움이 될 것이다.

저자들의 결론
현장 영업조직이 엄격한 영업매뉴얼을 따라야 하는 정도에 자유도(degree of freedom)를 주어보자.

2. customer journey map

아래 사례들은 저자들이 경험한 customer journey 관리가 부족한 매장을 보여주고 있다.

- 부산 알라딘 중고서점 부산센텀점은 처음 가는 사람은 입구를 찾기 어렵다.
- 청주 알라딘 중고서점 청주점은 1층에서 매장으로 올라갈 때 어느 엘리베이터나 어느 계단을 이용해야 하는지 찾기 어렵다.
- 진주 남강로 진주초밥은 오마카세가 맛있다. 문제는 이 매장이 입점한 건물에 돌출간판이 없고, 건물 1층에도 3층매장까지의 안내표시가 잘 안 보여서, 매장을 알고 오지 않는 한 매장에 들어가기가 쉽지 않다. 심지어 카카

오맵 댓글에 '숨은 맛집'이라고 표시되어 있다. 진짜 숨어있다. 사장님이 일부러 이런 숨는 작전을 쓰는 것이 아닌가 하는 생각도 했다.

Service journey map은 실무적으로나 교과서적으로 많이 소개되어 있는 개념이므로 이 책에서는 필요성과 간단한 사례만을 제시하고자 한다. 고객이 서비스 접점인과 만났을 때 받게 되는 서비스수준이 사전에 회사에 의해 결정되어 있지 못하거나 충분히 자원으로 지원받지 못하는 것을 막기 위해 회사가 고객을 맞이하기 전에 갖추는 것이 customer journey map이다. customer journey map은 Service Blue Print와 함께 작성되면 회사가 사전에 service encounter들과 공유하여야 한다. 이를 통해 각자가 맡은 일이 전체 그림에서 얼마나 중요하며, 각자의 역할이 이루어지지 않으면 고객의 만족도가 떨어지게 됨을 인식하게 된다.

- 첫째 행에 고객이 접하는 물리적 상황을 제시한다.
- 둘째 행에는 고객의 움직임(customer journey)이 우리 매장에 들어서기 전부터 매장방문 및 출구 상황까지를 나열하게 된다.

그림 16-4 어느 극장의 customer journey map의 일부

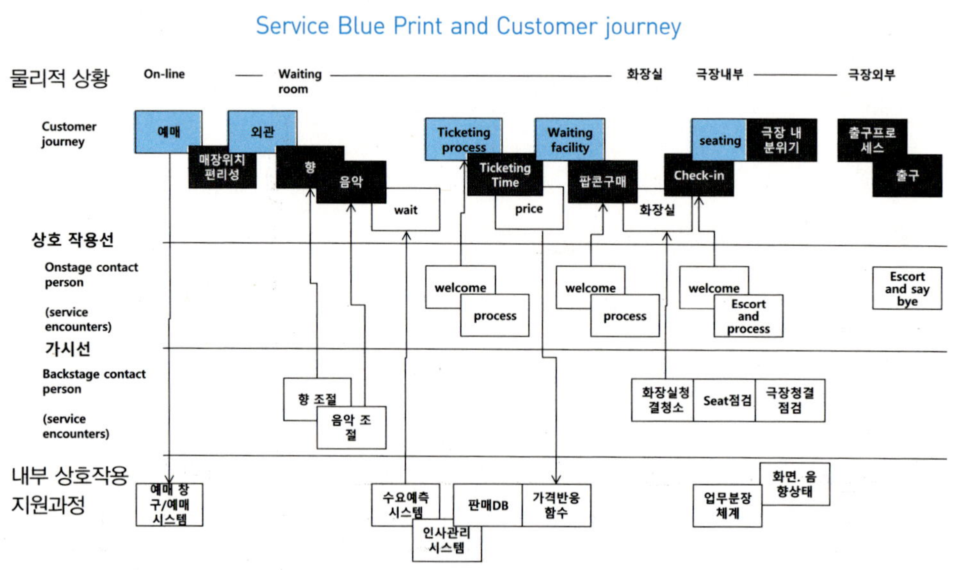

- 셋째 행은 각 고객의 customer journey별로 직접 고객과 대면접촉하게 되는 service encounter가 해야 할 일을 명시하게 된다(onstage contact points 점검).
- 네번째 행은 고객의 customer journey별 고객 눈에 보이지는 않지만 고객에게 서비스를 제공하기 위해 사전에 준비해야 할 것을 나열하게 된다(back-stage contact points 점검).
- 다섯 번째 행은 고객의 customer journey별로 회사가 시스템적으로 사전에 구축해야 할 물리적 시스템이나 노하우를 집적하는 단계를 나열한다.

〈그림 16-4〉는 어느 극장체인이 갖고 있는 customer journey map의 일부이다. 독자 여러분은 위의 그림에서 누락되어 있는 고객동선을 쉽게 찾을 수 있다. 만약 고객이 차량을 갖고 매장을 방문한 경우에 주차장에 주차한 후 매장에 이르는 '표시'들을 건물에 부착하거나 전시하는 것이 누락되어 있다. 또한 극장 출구로 나간 후 주차장으로 다시 되돌아가는 과정이 누락되어 있다. 여러분 스스로 위의 그림을 더 정교하게 그려보자.

3. customer orientation of service encounters (서비스 접점인의 고객지향성)

3.1. 고객지향성의 정의

서비스 접점인의 고객지향성(customer orientation of service encounters)이란 서비스 접점인이 고객을 만족시킬 능력의 정도를 말한다. 다시 말해 고객지향성이란 고객에게 서비스를 직접 제공하는 서비스 접점인 한명 한명이 고객에 대한 서비스를 얼마나 잘 수행할 수 있는 능력을 갖추고 있는지를 파악하는 것으로 고객에 대한 서비스 접점인의 서비스 정신 및 구체적인 행동실천 자세 정도를 측정하는 것으로 정의한다.

영업성과가 높은 직원들의 특성은 무엇일까? 혹은 비슷한 경력과 교육수준, 유사한 시장환경 내에서 영업성과가 왜 차이가 나는가? 그러면 영업성과가

그림 16-5 고객만족과 고객지향성, 종업원만족도와의 관계

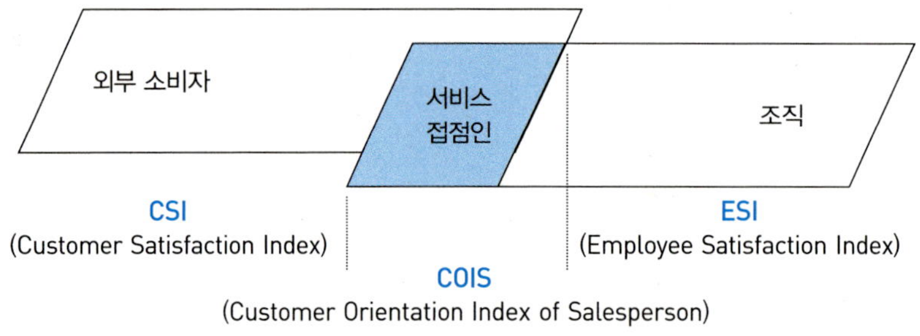

낮은 직원들은 어떻게 관리해야 할까? 이러한 의문은 모든 기업들이 매일 일상적인 과제들일 것이다. 이 장에서는 이러한 문제를 서비스 접점인의 고객지향성(COIS: Customer Orientation Index of Service Encounter)이라는 관점에서 접근하고자 한다.

CS(customer satisfaction)가 고객이 기업/상표/제품 등에 대해 얼마나 만족하고 있는가를 측정한다면, COIS는 기업이 얼마나 고객을 만족시킬 능력이 있는가를 측정한다고 할 수 있다. 따라서 COIS는 CS의 선행요인이라 할 수 있다. 우리회사가 만약 서비스 접점인(판매원)이 있는 회사라면 CS를 측정하면서 동시에 COIS를 측정할 필요성이 있다. 대부분의 서비스업의 고객불만은 서비스 접점인의 잘못된 접점행동에서 비롯하기 때문이다.

서비스 접점인의 고객지향성은 박대현(1996) 백화점 판매종사자를 대상으로 측정한 이후에 의류판매업, 항공사승무원, 제약사 영업직원, 외식산업 종사자 등 다양한 산업에서 측정되고 보고되고 있다. COIS의 특징은 산업별로 그 구성요소가 다르다는 것이다. 즉, 산업별·업종별로 종업원이 고객을 만족시키기 위해 갖추어야 할 고객지향성의 구성요소가 매우 상이하다는 것이다. 따라서 각 업종마다 service encounter를 대상으로 한 독자적인 고객지향 능력을 측정해야 한다. 〈그림 16-6〉은 보험판매업에 종사하는 영업직원을 대상으로 한 COIS의 구성요소를 보여주고 있다.

그림 16-6 보험설계사의 고객지향성 구성요소

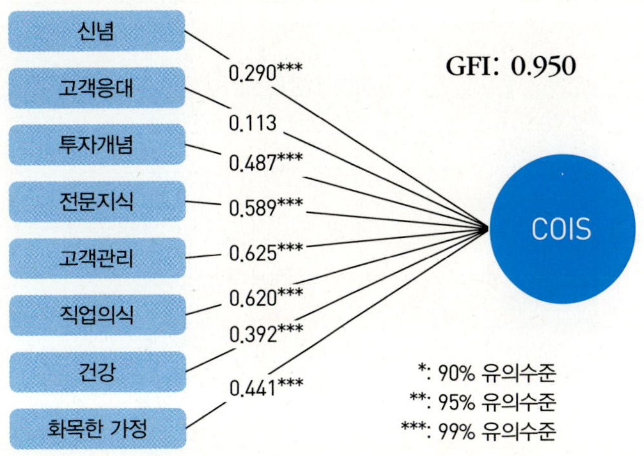

3.2. 고객지향성의 활용: 측정

이 모형에 의해 각 보험설계사가 얼마나 고객을 만족시킬 능력이 있는지를 측정할 수 있었다. 만약 이 고객지향점수와 수당과의 관계를 그림으로 그리면, 어느 집단은 고객을 만족시킬 능력에 비해 수당을 많이 가져가고 있고, 어느 집단의 보험설계사는 그 반대의 모습을 보이는 것을 진단할 수 있다. 〈그림 16-7〉은 고객지향성과 수당으로 각 보험설계사별로 인사관리를 해야 하는 과제를 보여주고 있다.

위의 결과를 토대로 이 회사는 아래와 같은 인사관리를 실시할 수 있다.

A: 자율 설계사 집단

B: 관망 설계사 집단 - COIS는 낮으나 성과가 높은 집단으로 관망하며 COIS 개선 노력 필요

C: 중점 관리 설계사 집단

D: 기회손실 유발 가능 설계사 집단

E: 시장적응설계사 집단 - COIS는 높으나 현재의 성과는 낮은 집단으로 시장 기회 부여

그림 16-7 어느 보험사의 가상적인 수당과 고객지향성 matrix

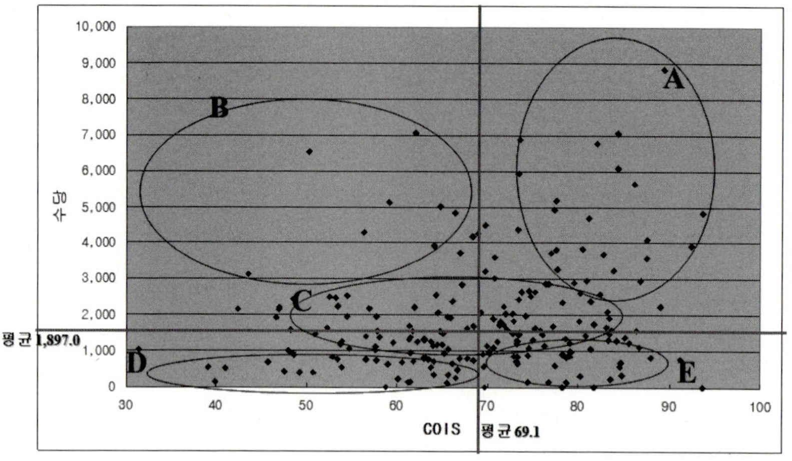

위의 분석결과는 개인별 고객지향성을 보여주고 있다. 그런데 이것을 지점별 지역별로 분석한다고 가정하자. 그러면 본사차원에서 개인별 지점별 지역별 인사고과에 활용할 수 있다. 본사가 이 고객지향성을 악용할 경우에는 개인의 경우에 D집단에 속하는 보험설계사의 퇴출을 고려할 수도 있다.

3.3. 고객지향성 활용: 개인별 COIS증진

COIS 구성요소가 여러 개로 되어 있으므로 〈그림 16-8〉과 같은 상황 아래에서는 구체적으로 개인별로 COIS에서 어느 구성요소를 중점적으로 개선해야 하는지를 조언할 수 있다.

그림 16-8 개인별 고객지향성 구성요소 부족요인 확인

고객지향성 지수에서 특정 요소별 미비점을 확인하고 개별 서비스 접점인의 고객지향성 개선작업에 반영하여 고객만족 제고를 위한 교육훈련 및 연수활동에 활용할 수 있음

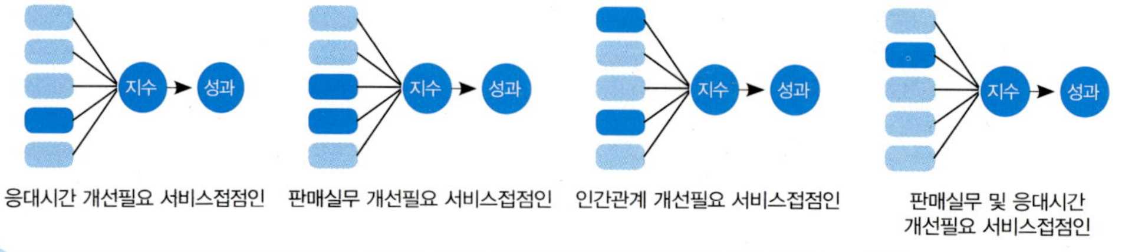

그림 16-9 가상적인 어느 개인 설계사별 진단 및 개선작업표

이름	지점	영업소	사번	관리구분	COIS등급	수당등급	신건등급	환산등급	성과등급	
곽영식	A지점	강남	33333	시장적응	3	5	5	6	17	
구분	신념	고객응대	투자개념	전문지식	고객관리	직업의식	건강	가정	COIS	환산 COIS
점수 개인 점수	7	2.2	4.6	3.1	4.8	7	7	4	59.2	70.6
점수 전체 평균	4.9	4.3	5.5	4.4	4.8	5.7	5.1	5.7	58.2	69.1
요인 중요도	1	0.367	1.197	1.717	1.644	2.154	1.562	1.677		
개선 가능 범위	0	1.8	2.9	6.6	3.7	0	0	5	79.2	100
개선 목표	0	0.8	1	2.2	0.1	0	0	2.8	66.2	80.8

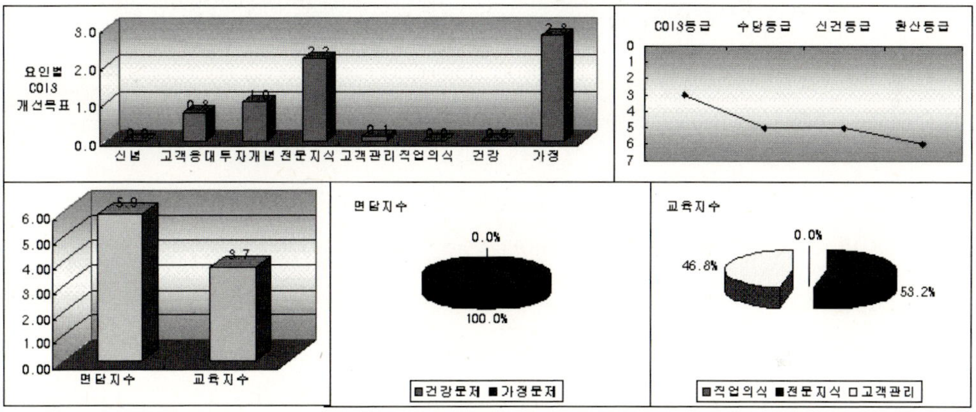

위의 보기는 '곽영식'이라는 보험설계사의 COIS에 의한 진단 및 개선작업표를 보여준다. 각 COIS 구성항목별로 곽영식의 성과를 보여주며, 이것이 전체평균과 얼마나 차이가 있는지를 확인할 수 있다. 따라서 곽영식은 이 차이 발생에 많은 영향을 준 것이 전문지식과 가정 내 화목 문제임을 COIS조사를 통해 확인할 수 있었다. 이 문제를 해결하기 위해 이 생명보험사가 하기로 한 해결방법은 '면담'과 '교육'이었다. 이 사람은 면담이 더 필요한 것으로 나타났다. 또한 교육도 병행되어야 했는데, 주로 고객관리요령과 보험제품에 대한 전문지식을 강화시키는 교육이 필요한 것으로 나타났다.

저자들의 결론

현장 영업조직의 개인별 조직별로 고객지향성을 측정할 필요성이 있다. 고객지향성이 높고 낮음에 따라 보상 및 교육을 포함한 인사관리에 사용할 수 있다.

참고문헌

곽영식(2005), 기법과 사례를 통한 마케팅관리, 서울: 대명출판사.

마르크 스틱도른, 야코프 슈나이더(2012), 서비스디자인 교과서, 서울: 안그라픽스.

박대현(1996), 판매원의 고객지향지수 개발 및 진단도구로서의 활용. 성균관대학교 박사학위논문.

유필화, 박대현, 곽영식(1996), 판매원의 고객지향지수 개발 및 판매원 성과와의 상관관계분석, 소비자학연구, 7(2), 59-85.

Simon, H.(1989), Price management, North-Holland.

Simon, H. and 유필화(2022), 이익이란 무엇인가?, 서울: 샘앤파커스.

추신: 영업하는 모든 사람들에게 축복이 있기를 … 당신의 위대함으로 모든 직원과 가족이 월급을 받아 갑니다. 당신 노동의 수고로움에 존경을 표합니다!

이동수 패션 창업자. 고 이동수 회장님이 회사 입구에 써 놓으신 문구

못 팔면 죽는다!

이동수 패션 창업자. 고 이동수 회장님이 가장 자랑스러워 하신 일 중의 하나!

내가 사장하면서 한 번도 월급을 미루어 준 적이 없어!
그 돈으로 우리 직원과 직원가족이 모두 먹고 살았지!

【저자소개】

곽영식(Kwak, Youngsik, 郭荣植教授)

현재 한국 韓國 경상국립대학교(慶尙國立大学校) 경영학부(经营学)教授(2003-)
Benet Pricing 대표이사(代表理事)
Eigenmax 이사 理事
중국 中國 Opentide China 자문교수 諮問教授
중국 中國 Cheil Pentai 자문교수 諮問教授
대우경제연구소(大宇经济研究所) 시장전략팀(市场战略部门) 연구위원
missmr line merchandiser
성균관대학교 경영학과 경영학사 成均馆大学经营学学士
성균관대학교 경영학과 일반대학원 경영학석사 成均馆大学经营学硕士
Texas Tech University: Clothing, Textile and Merchandising, Master of Science
성균관대학교 경영학과 일반대학원 경영학박사(마케팅) 成均馆大学经营学博士(marketing)

홍재원(Hong, Jaewon, 洪在元教授)

현재 韓國 경상국립대학교(慶尙國立大学校) 국제통상학부(國際通商学)教授(2015-)
韓國 동서대학교(東西大学校) 경영학과(经营学)教授(2008-2015)
대우경제연구소(大宇经济研究所) 시장전략팀(市场战略部门) 연구위원
Benet Pricing 이사 理事
Eigenmax 이사 理事
성균관대학교 경영학과 경영학사 成均馆大学经营学学士
성균관대학교 경영학과 일반대학원 경영학석사 成均馆大学经营学硕士
성균관대학교 경영학과 일반대학원 경영학박사(마케팅) 成均馆大学经营学博士(marketing)

이윤경(Lee, Yunkyung, 李允慶)

한국문화관광연구원(韓國文化觀光研究院) 문화산업연구센터 연구위원(2005~)
Benet Pricing 이사 理事
Eigenmax 이사 理事
대우경제연구소(大宇经济研究所) 시장전략팀(市场战略部门) 연구위원
성균관대학교 의상학과 의상학사 成均馆大学服装学学士
성균관대학교 의상학과 일반대학원 의상학 석사 成均馆大学服装学硕士
성균관대학교 의상학과 일반대학원 의상학 박사(패션마케팅) 成均馆大学服装学博士
San Jose State University: Visiting Scholar

유통 및 장소 마케팅

초판 발행 2022년 7월 10일

지은이 곽영식 · 홍재원 · 이윤경
펴낸이 박노일

총괄기획 최준규
편 집 심성보

펴낸곳 pnc publishing and culture 피엔씨미디어
경기도 고양시 일산동구 강송로 153 310-1501
등록 제396-2012-000203호
전 화 070)7550-3758 팩 스 02)718-8554
홈페이지 www.pncmedia.co.kr 이메일 pnc@pncmedia.co.kr
ISBN 979-11-5730-840-8 93320

정 가 20,000원